高等学校航海与海事类系列教材

航海教学实习指南

主　编　李胜为
副主编　郝国柱　吴小红　陈立家
主　审　张进峰

武汉理工大学出版社
·武　汉·

图书在版编目（CIP）数据
航海教学实习指南 / 李胜为主编. -- 武汉 : 武汉理工大学出版社, 2024. 6. -- ISBN 978-7-5629-7084-2
Ⅰ. U675
中国国家版本馆 CIP 数据核字第 2024MW1431 号

项目负责人:陈军东　　责任编辑:黄　鑫
责任校对:余士龙　　版式设计:冯　睿
出版发行:武汉理工大学出版社
地　　址:武汉市洪山区珞狮路 122 号
邮　　编:430070
网　　址:http://www.wutp.com.cn
经 销 者:各地新华书店
印 刷 者:武汉邮科印务有限公司
开　　本:787×1092　1/16
印　　张:17.875
字　　数:395 千字
版　　次:2024 年 6 月第 1 版
印　　次:2024 年 6 月第 1 次印刷
定　　价:52.00 元
凡购本书,如有缺页、倒页、脱页等印装质量问题,请向出版社发行部调换。
本社购书热线:027-87515778　87515848　87785758　87165708(传真)

前　言

航海教学实习是航海技术专业和海事管理专业教学过程中的重要组成部分，是提高航海专业人才培养质量的重要环节，其目的是使学生认识和了解船舶航行、靠离泊、锚泊、装卸货等船舶作业过程，获得与本专业有关的基本航行作业技能，巩固已学的知识，并为进一步学好专业知识做准备，培养和提升学生的专业思想、职业道德、安全意识和海员素养。

通过航海教学实习，可以使学生了解船上生产组织情况和船员职责，培养学生适应船上生活的能力，引导其学习船员的高度组织纪律性和团结协作的工作作风，锻炼其坚毅、果敢、顽强的海员性格。在实习过程中，学生通过指导教师和船舶驾驶员的指导，深入学习航行值班和停泊值班业务，完成船舶驾驶员的基本训练，将船舶驾驶员必备的理论知识和实际操作技能有机地结合起来。对于航海类毕业生，在学习船舶驾驶员业务、完成实习作业的同时，还须按所在船舶的实习情况，根据在校所选毕业设计题目，在船舶驾驶员和指导教师的指导下，写出具有一定水平的毕业设计报告。

为了改进和完善航海教学实习的教学工作水平，武汉理工大学立项展开了多项航海教学实习方面的研究工作。本书作者在相关研究成果的基础上，结合航海专业理论教学积累、船舶运输实践和航海教学实习指导经验，综合参考国内外相关教材与资料，编写了本书。

本书共分为八章，第一章“概述”，对航海教学实习进行了概述，并介绍了船舶基本资料、船体结构、船舶操纵性能、甲板设备、机舱和舵设备等；第二章“航行实习基础知识”，着重介绍了航行实习涉及的海图识读、海图改正、陆标定位等基础知识，并对航标识别、测罗经差、船舶气象信息的获取和应用等作了介绍；第三章“航行值班”，介绍了开航前的准备工作、驾驶台航行值班及舵令与操舵等；第四章“停泊值班”，介绍了船舶停泊期间驾驶员值班、水手值班、货物装卸中的安全规则与监舱等；第五章“系离泊和锚泊”，介绍了船舶系离泊和锚泊作业及其注意事项；第六章“船体保养与水手工艺”，介绍了船舶的清洁工作、船舶防锈、除锈与油漆等船体保养与水手工艺；第七章“船舶导助航仪器”，介绍了航海雷达、AIS、GPS 等导助航仪器，也介绍了六分仪和 GMDSS 等；第八章“船舶应急”，介绍了船舶救生、消防设备状态的保持、船舶应急反应计划与应急准备、船舶应急演习与训练、船舶应急行动等。另外，附录介绍了航海教学实习涉及的图、表等要素。

本书内容满足航海类院校航海技术专业关于航海实习的教学要求，可作为航海类院校航海技术专业和海事管理专业的航海教学实习教材，各院校可根据实际教学条件对实习项目（或内容）进行适当调整。同时，本书还可作为航海实习指导教师及航运公司管理人员的参考书籍。

本书由武汉理工大学李胜为主编，郝国柱、吴小红、陈立家任副主编，张进峰任主审。其中，第 1、6、8 章由李胜为、郝国柱编写，第 2、3 章由吴小红、陈立家编写，第 4、5、7 章由郝国柱、李胜为、陈立家编写，附录由郝国柱整理，图表由郝国柱、李胜为绘制，全书由李胜为负责统稿。本书在编写和出版过程中，得到了多方专家和同仁的大力支持与热心帮助，在此表示诚挚的谢意。本书在编写过程中参阅了大量国内外文献资料，未能一一列出，借此向这些文献的原作者表示衷心的感谢。

由于编者的经验和水平有限，本书中不免存在不妥和疏漏之处，敬请同行及读者批评指正！

编　者

2024 年 1 月

目　　录

第一章

概　述

航海教学实习是列入航海技术专业、海事管理专业等教学计划的专业实践性教学环节，是课堂教学的延伸，主要包括航海认识实习和毕业实习等。

航海教学实习的目的是使航海技术专业和海事管理专业的学生了解行业、接触航海实践，学习与本专业相关的航行技术和管理方面的实际知识，培养学生的实际操作能力和独立工作能力。

航海教学实习应达到如下要求：

(1)使学生初步了解所学专业的地位、作用及发展趋势，激发学生热爱本专业、奋发学习、立志成才的热情。

(2)增强学生对本专业学科知识的感性认识，收集有关资料，并为后续专业课程的学习做好准备。

(3)训练学生从事本专业技术、管理等相关工作所必需的各种基本技能，提高实践能力。

(4)巩固学生所学的航海理论知识，培养学生分析、研究、解决实际问题的基本能力。

(5)增强学生劳动观念、群众观念和社会责任感，培养学生热爱劳动的品质和爱岗敬业、开拓创新、团结协作的精神。

航海教学实习专注于学生在航海领域实践技能的培养，涵盖了广泛而深入的知识技能，旨在帮助航海类专业学生全面了解并掌握现代航海的各方面知识，涉及航行设备、船舶值班、紧急处理、航海科学等多个重要主题。从船舶概况、航行基础知识、值班操作，到停泊、系离泊和锚泊等实际操作相关知识，再到船体保养与水手工艺、船舶导助航仪器以及船舶应急，每个模块都深入而全面地介绍了航海类专业学生上船实习所掌握的相关内容。通过系统的学习，航海类专业学生将全面掌握航海实习所需的理论知识和实际操作技能，为未来在航海领域取得成功打下坚实基础。

航行实习基础知识通过详细的图文说明，使学生能系统地了解船舶的构造、分类以及基本功能，学习如何使用船舶锚设备、系缆设备和装卸设备等技能，能够在实际操作中掌握航行的核心要点。

航行值班和停泊值班展现了在日常工作中的实际航海操作，是航海实习中不可或缺的一部分。详细介绍船舶值班的操作流程、船舶导航规则、通信技巧以及应对紧急情况的基本策略，为学生提供在船上值班时的实用指导。深入探讨停泊值班的要点，包括船舶停泊程序、锚泊技巧、危险货物处理等，使学生熟悉不同的停泊情景及其应对措施。系离泊和锚泊是船舶在港口、锚地之间转移的关键操作，详细介绍正确的系泊和锚泊程序，以及应对不同天气和水域条件的技巧，能够帮助学生熟练掌握这一重要技能。

船体保养对于船舶的长期持久运营至关重要，因此航海教学实习注重培养学生在船舶维护方面的实际操作技能。船体保养涵盖各个方面，包括防锈处理、涂漆、船体结构检查等，通过对水手工艺的介绍，能培养学生在船上进行一些基本修理和保养的能力。

导航和辅助航仪器在航海中扮演着关键的角色。介绍不同类型的导航和辅助设备，包括雷达、GPS、罗经等，帮助学生熟练运用这些工具以保证船舶的安全航行。通过实践操作，学生将熟悉各类导助航仪器，提高在复杂海况下驾驶船舶的能力。

船舶应急是航海领域至关重要的一环，因此须特别强调应急情况下的处理程序。从救生、消防到应急演练，学生将学会迅速而有效地应对各种紧急情况，保障船舶和船员的安全。实际演练和模拟案例让学生能够在真实场景中模拟处理问题，提高应对突发事件的实际操作水平。

航海教学实习也应关注航海科学的前沿知识，包括海洋气象、海洋生态等领域。通过深入浅出的讲解，学生将了解到航海实践中经常面临的各种气象条件，以及海洋生态对船舶安全航行的影响。这些知识不仅为学生提供了全面的航海视野，也提高了他们在复杂环境中作业的适应能力。

总的来说，航海教学实习通过理论与实践相结合的方式，为学生提供了系统的航海教育，不仅满足了学生在航海领域知识的需求，同时也为他们未来的职业发展与规划奠定了坚实基础。

第一节　船舶基本资料

船舶基本资料的内容见表 1-1，一般可在“船舶登记簿”“船级证书”“船舶检验证书簿”等船舶证书以及“航海日志”“轮机日志”等船舶文书中进行查询。

表 1-1　船舶基本资料

船舶名称		船舶呼号		船籍港	
IMO 编号		船舶登记号		MMSI 编号	
船级符号		船舶所有人		船速	

续表 1-1

船舶建造商名称		建造时间		下水日期	
总吨		净吨		夏季载重量	
总长		垂线间长		压载水量	
型宽		型深		最大高度	
散装容积		包装容积		满载排水量	
满载吃水		空载吃水		空船排水量	
货舱数		舱盖类型		起货设备类型	
主机类型		主机转数		主机功率	
发电机台数		发电机功率		电压/频率	
主机燃油		主机日耗油		经济航速日耗油	
发电机燃油		航行日耗油		停泊日耗油	

(1)船舶呼号(call sign):船舶所有国政府指定给该船的一组字母和数字,通常由四个或四个以上的英文字母与数字混合组成。呼号是国际范围内统一分配的,不仅代表某一特指的船,还代表国籍。如字母"B"代表中国籍船舶。

(2)船籍港(registered port):船舶登记的港口。

(3)IMO 编号(IMO No.):每一国际航行的船舶建造时向国际海事组织申请的编号,由七位数字组成。该编号是永久的,不论该船更改国籍或所有人与否都不改变。

(4)MMSI 编号(maritime mobile service identity):水上移动通信业务标识码,是船舶无线电通信系统在其无线电信道上发送的,能独特识别各类台站和成组呼叫台站的一列九位数字码。第一位数字代表区域,第二至第三位数字代表国家或地区代码,后六位数字为船舶或岸站的唯一标识。

(5)船级符号(class):从事国际航行的船舶应向船级社申请入级检验以取得"船级证书"。我国船级社符号为"CCS",勘划于载重线圈两侧。

(6)船舶登记号(registered No.):购买船舶时船舶所有人须向一国政府登记,由登记国政府赋予编号。

(7)总吨(gross tonnage,GT):又称容积总吨(gross registered tonnage,GRT)、注册总吨,是指按船舶内部全围蔽空间(可扣除带有符合一定标准的开口场所空间)乘以一定系数,再除以 100 ft^3(或 2.83 m^3)所得的商数。按定义,总吨应是无量纲量,但实际使用中常加上吨作为单位。总吨用以表示船舶规模的大小,是计算 P & I(船东互保)费的基准。

(8)净吨(net tonnage,NT):根据有关国家主管机关制定的丈量规范丈量确定的船舶有效容积,可理解为船舶用来载货或载客的处所的容积。净吨是计算各种港口费用(港务费、码头费、引航费、吨税等)或税金的基准。

(9)垂线间长 L_{bp}:沿设计夏季载重线,由首柱前缘量至舵柱后缘的长度。

(10)压载水量:船舶各压载舱的压载水量的总和。

(11)型宽 S(breadth):在船体的最宽处,由一舷的肋骨外缘量至另一舷的肋骨外缘之间的水平距离。

(12)型深 O(depth):在船长中点处,由平板龙骨上缘量至甲板横梁上缘的垂直距离。

(13)最大高度:从船舶龙骨量至主桅的最大高度。

(14)散装容积(gross capacity):指干货舱内所能容纳无包装的小颗粒货物的最大容积。

(15)包装容积(bale capacity):干货舱内所能容纳具有一定尺度的成件包装或裸装货物的最大容积。

(16)满载排水量(loaded displacement):指船舶吃水达到规定满载水线(夏季载重线)时的排水量。

(17)空船排水量(light displacement):无载重时的排水量,等于空船质量。

(18)满载吃水(loaded draft):船舶满载时的吃水,通常指船中载重线的吃水。

(19)空载吃水(light draft):空船时的船中吃水。

(20)主机类型:船舶动力装置的型号。

(21)主机转数:船舶主机发出额定功率时的转数。

(22)主机功率:船舶主机的额定功率。

(23)主机燃油:船舶主机燃烧的燃油型号。有 G. O、D. O、120CST、180CST、360CST 等。

(24)主机日耗油:船舶主机海上航行 24 h 的燃油消耗量。

(25)经济航速日耗油:船舶主机使用经济航速时航行 24 h 的燃油消耗量。

(26)发电机燃油:一般发电机使用 G. O 或 D. O。

(27)发电机日耗油:船舶航行 24 h 发电机的燃油消耗量。

(28)发电机停泊日耗油:船舶停泊时的燃油消耗量。

以"长航福海"轮为例,该船基本资料(部分)如表 1-2 所示。

表 1-2 "长航福海"轮基本资料(部分)

船舶名称	长航福海	船舶呼号	BSIT	船籍港	上海
IMO 编号	9529140	船舶登记号	010013000094	MMSI 编号	412379820
船级符号	CCS	船舶所有人	民生金融租赁股份有限公司	全速船速	10.2 kn (约 5.25 m/s)
船舶建造商名称	渤海船舶重工有限责任公司	建造时间	2012.11.19	下水日期	2014.1.8
总吨	27986	净吨	15672	夏季载重量	46303 t

续表 1-2

船舶名称	长航福海	船舶呼号	BSIT	船籍港	上海
总长	189.99 m	垂线间长	182.00 m	压载水量	17436.4 m^3
型宽	32.26 m	型深	15.80 m	最大高度	41.25 m
散装容积	58294.7 m^3	包装容积	—	满载排水量	55315.60 t
满载吃水	11.00 m	空载吃水	5.827 m	空船排水量	9011.66 t
货舱数	5	舱盖类型	钢质风雨密折叠式舱盖	起货设备类型	—
主机类型	单作用二冲程柴油机	主机转数	120 r/min	主机功率	8000.00 kW

第二节　船舶结构图

船舶结构可在船舶居住区张贴的船舶总布置图中识读，总布置图是全船舱室划分和机械设备的布置图，反映了全船总布置情况。它由侧视图、各层平台与甲板的俯视图、舱底平面图及船体主要尺度和技术性能数据等几部分组成。

一、船舶主要尺度和技术性能

以文字形式表示，有总长、两柱间长、船宽、吃水、型深、满载排水量等。

二、侧视图

将船舶的右舷侧面向中线面投影所得的视图。主要表示如下内容：

(1)全船的概貌，如船体轮廓、上层建筑位置。

(2)船体内部舱室划分概况，如机舱位置、货舱分布、横舱壁位置和数量、甲板及平台位置。

(3)船舶设备布置情况，如锚与系泊设备、救生设备、起货设备等。

三、平台和甲板平面图

各层平台和甲板的俯视图，包括：

(1)某层甲板或平台上的每个舱室、门、舷窗、通道、扶梯等在船长方向和船宽方向的具体位置。

(2)甲板或平台上的各种设备、家具、用具等的具体位置。

四、舱底平面图

舱底的平面图，表示内底板、导门、污水井等位置。

第三节　实习船的操纵性能要素

驾驶台张贴有船舶操纵性能要素，包括船舶旋回性能、船舶停车与倒车冲程、船舶浅水航行船体的下沉量，目的是使船长、引航员、驾驶员进行船舶操纵时对船舶周围环境有充分的估计和了解，保证航行安全。

一、船舶旋回要素

船舶旋回性是船舶最基本的操纵性能之一，通常采用满舵时旋回初径 D_T 与船长 L 之比 D_T/L 表示，主要要素(图 1-1)有：

(1)反移量 K：船舶重心偏离原航向、线向操舵相反一侧横移的距离。

(2)进距 A_d：船舶自初始航向转过任一角度时船舶重心所移动的纵向距离。通常船舶旋回资料给出的是初始航向改变 90°的进距。

(3)横距 T_r；船舶自初始航向转过任一角度时船舶重心所移动的横向距离。通常船舶旋回资料给出的是初始航向改变 90°的横距。

(4)旋回初径 D_T：指自初始航向改变 180°时船舶重心所移动的横向距离。

(5)定常旋回直径 D：船舶作定常旋回运动时，重心轨迹圆的直径。

(6)滞距 R_e：从发令位置起，船舶重心至定常旋回曲率中心的纵向距离。

(7)漂角 β：船舶旋回时，船舶首尾线与首尾线上任何一点的旋回切线速度 v_t 方向之间的夹角。一般指重心处的漂角。漂角大，旋回性能好，旋回直径小。

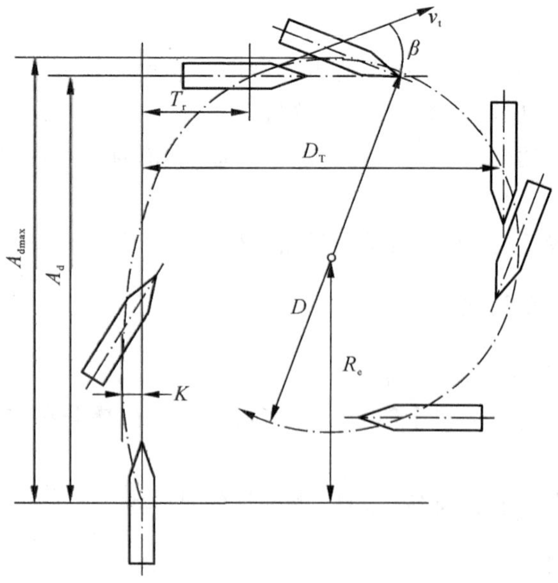

图 1-1　船舶旋回圈及其要素

(8)旋回中的船速：船舶旋回过程中船速不断下降，定常旋回阶段船速下降达最大值并趋于稳定。肥大型船船速下降可达40%～50%，如“长航福海”轮方形系数为0.8316，属肥大型船。

(9)旋回时间：船舶旋回360°所需的时间。与初始船速、船舶排水量有关。

二、船舶停车、倒车冲程

掌握船舶停车、倒车冲程数据对船舶避碰及靠泊和锚泊作业时摆好船位有重要意义。

(1)停车冲程：船舶以某一速度航行，从发出主机停车令到船舶对水停止移动所需的时间和距离。一般以维持舵效最小速度来计算，一般船为2 kn(1 kn=1.852 km/h)，大船为3～4 kn，可以保持航向。

(2)倒车冲程：船舶主机从全速前进中开全速倒车，从发令起到船舶对水停止移动的时间与距离。受倒车横向力的影响船首右偏，不能保持航向(图1-2)。

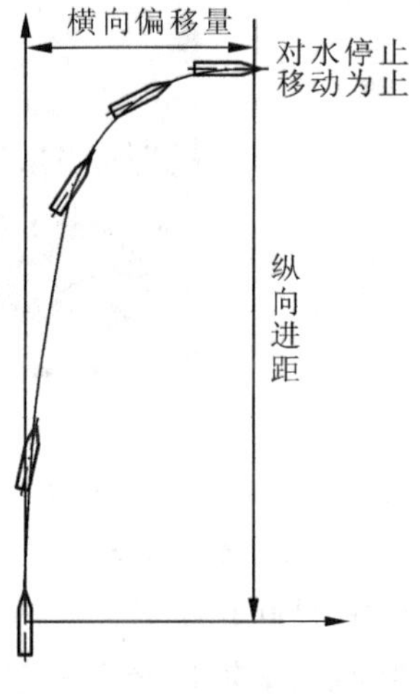

图1-2　船舶倒车冲程实验轨迹

三、船舶浅水航行船体下沉量

船舶在深水区航行时，与之相对运动的是从船的两舷和底部由船首流向船尾的三向度水流。当船舶进入浅水区时，由于水面积减小，流速增加，使船底压力下降，导致船体下沉。

日本学者本田启之辅在《操船通论》中考虑船型因素和水深吃水比给出关于浅水区船体下沉量计算的公式：

$$S = 1.5L\left(\frac{d}{H}\right)\cdot\frac{C_b}{L/B}\cdot F_n^2 \tag{1-1}$$

式中，L为船长(m)；H为水深(m)；d为船舶吃水(m)；C_b为船舶方形系数；B为型宽；傅汝德数$F_n = v/\sqrt{gL}$，v为船速，g为重力加速度。有些船舶下沉量的数据张贴在驾驶台，也可用公式验算。

第四节 船舶锚设备、系泊设备和装卸设备

一、锚设备

1. 锚设备的组成

锚设备由锚、锚链、锚链筒、制链器、锚机带式制动器、锚机、锚链舱、锚链管和弃链器等组成(图 1-3)。

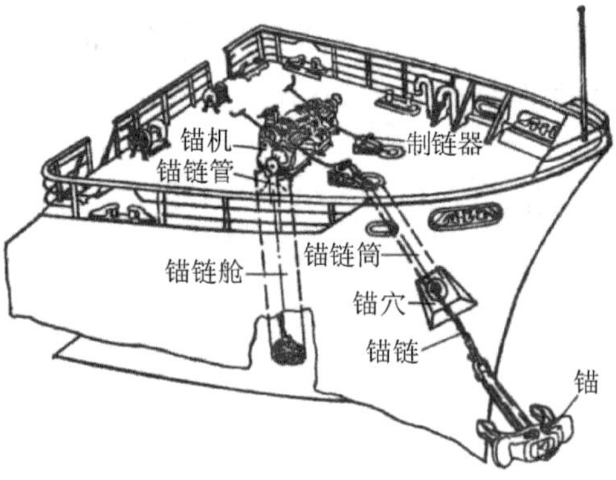

(a)

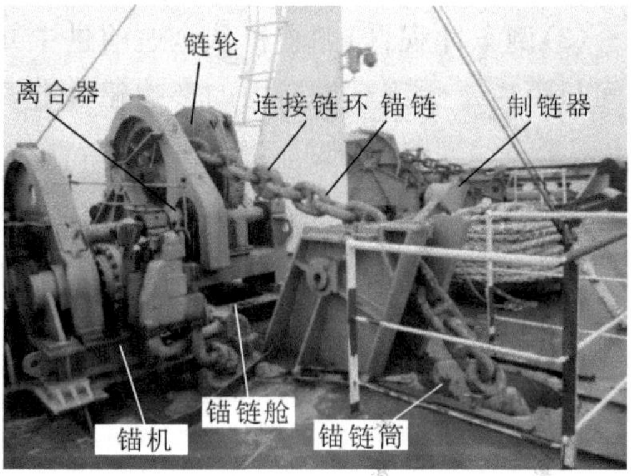

(b)

图 1-3 锚设备的组成

(a)示意图;(b)实物图

(1)锚：由锚干、锚爪、销轴、横销、锚卸扣组成。一般商船均配备霍尔锚或斯贝克锚。

①霍尔锚：锚干与锚头是活动的，用销轴连接在一起。以锚干为中心线，锚爪可以左右各转 45°。

②斯贝克锚：霍尔锚的改良型。锚头重心位于销轴中心线下方。收锚时自然朝上，接触船壳板即翻转，不会损伤船体。如“长航福海”轮即配备 2 个斯贝克锚，如图 1-4 所示。

(2)锚链：连接锚和船体之间的链条，用来传递和缓冲船舶所受的外力。

①锚链每一节为完整段，每节 27.5 m，用连接链环连接。一般左右锚链均配 12 节左右。如“长航福海”轮的左右锚链分别为 11 节和 12 节。

②标记：为迅速准确掌握抛锚、起锚时锚链在水中的节数，在每节锚链连接链环处应做明显标记。各节之间的连接链环漆成红色，第几节锚链即将连接链环前后几个链环漆成白色，并在连接链环前后第几个链环撑档绕上金属丝或白钢环(图 1-5)。

图 1-4　斯贝克锚

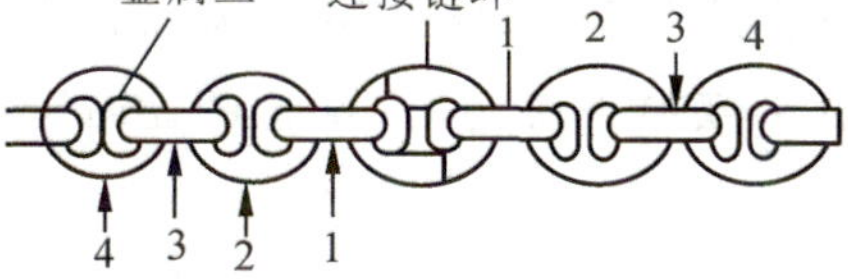

(a)

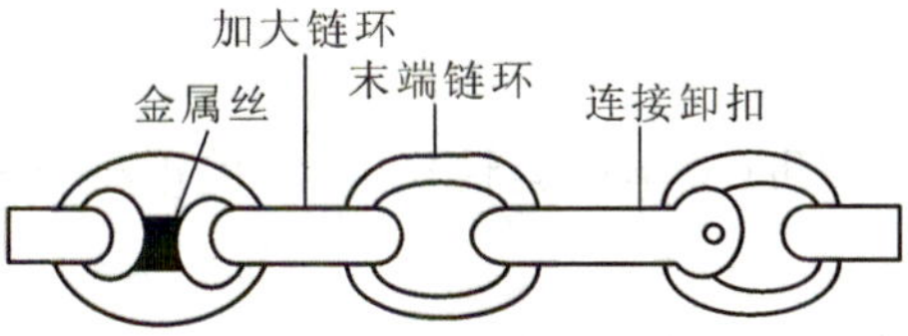

(b)

图 1-5　锚链标记

(a)第四节的标记方法(使用连接链环);(b)第二节的标记方法(使用连接卸扣)

③检查:链环的撑档有无松动,Ⅰ类航区(远海航区)链环直径不小于原直径的 88%,Ⅱ类航区(近海航区)、Ⅲ类航区(沿海航区)链环直径不小于原直径的 85%。如“长航福海”轮的航区属于近海航区,锚链直径 73 mm,船舶营运期间应确保链环直径不小于 62.05 mm。

(3)锚链筒:锚链通往舷外的通道,内设喷水孔,用于起锚时冲洗锚链和锚。

(4)制链器:设置在链轮和锚链筒之间,用于夹住锚链,承受锚链拉力。主要有螺旋式制链器和闸刀式制链器。前者动作慢,后者动作快,有利于尽快刹住锚链,操作时要防止刹车带刹不住而使闸刀弹出造成危险。

(5)锚机带式制动器:抛锚时用于备锚状态及控制锚链滑动速度。它由连杆结构、制动钢带、钢丝石棉带、与主轴相连的钢轮组成。

(6)锚机:抛锚、起锚和绞锚的机械装置。锚机有蒸汽、电动和电动液压三种形式。目前商船多用电动锚机。电动锚机由电机经过减速后驱动锚机链轮和卷筒转动。离合器用于控制链轮与驱动主轴的离合。锚系泊作业中,当离合器脱开时,主轴和卷筒转动而链轮不转,可抛锚或绞缆作业。当离合器合上时,卷筒和链轮同时转动,可绞锚或送锚作业。

(7)锚链舱:用于存放锚链。一般分为左右锚链舱。舱底为木板,上涂沥青或抹水泥。有排水装置。舱底常积水和泥,必要时应清舱。

(8)弃链器:使锚链末端与船体相连并且在紧急情况弃锚时能迅速解脱锚链的一种装置。要求装设在锚链舱壁或其他人员易到达的地方。弃链器主要有横插式和螺旋式两种形式。

2. 锚的作用

船舶用锚基本上可以分为系泊用锚、操纵用锚和应急用锚等几种情况。

(1)系泊用锚:是为了船舶装卸货物、避风、守护、候泊及检疫等的需要,用于在锚地抛锚停泊。根据停泊区域的自然条件又分单锚泊和双锚泊两种形式。

(2)操纵用锚:是在限制水域掉头或转向、紧急避让时减刹船速、靠离泊时控制船身等动态的用锚作业。

(3)应急用锚:如船舶搁浅时,提前沿脱浅方向抛锚,当收绞锚链时帮助脱浅之用。

3. 抛锚作业

(1)抛锚准备工作

①通知机舱供电,试验锚机(空车试运转)。冬季使用时要提前预热。

②准备好锚球或锚灯。

③观察舷外锚的下方是否有小船或驳船等。

(2)抛锚作业

①备锚(standby anchor)

合上离合器,移开锚链筒盖板,打开制链器,松开刹车带,开动锚机将锚松出锚链筒,垂挂在水面以上。再刹紧刹车带,脱开离合器。此时锚已处于随时可以自由抛落状态。

②抛锚(let go anchor)

a. 抛锚时机:当船舶略有退势时。

b. 得到抛锚口令后,大副应立即观察舷外锚的下方有无船舶靠近,然后迅速指示木匠或其他甲板船员松开刹车带,让锚凭借重力下落。待锚着底后,用刹车刹住锚链,并立即升起锚球或开启锚灯。当送出 1.5～2 倍水深的链长时,应刹住锚链,利用船的拉力使锚抓入泥中。为防止将锚拉走而破坏抓土,必须在锚链尚未完全被拉直时再松出一段锚链(约半节),然后再刹一下刹车。如此松松刹刹,反复进行,直到松出所需的链长为止。

c. 按计划松出足够的锚链长度后,如果锚链向前拉紧,并有规律地在水面上下抬动,则说明锚已抓牢;反之,锚链虽然拉紧,但是不在水面抬动,且时而发生抖动,则说明锚正在水底拖动,应立即报告船长。

d. 抛锚过程中大副必须将锚链方向通过对讲机或手势报告船长。木匠或其他协助抛锚人员敲钟,报告出链长度。

e. 水深超过 25 m 时,为防止锚与海底的冲击力过大以及锚链松出太快,抛锚时须用锚机将锚送至距海底 10 m 左右,再自由抛下。若水深超过 40 m,则须用锚机将锚一直松到底,然后再用刹车慢慢松出锚链。

报告锚链方向一般采用钟点法。即以锚链孔为中心,本船的正前方为十二点钟方向,本船的正右方为三点钟方向,本船的正后方为六点钟方向,本船的正左方为九点钟方向。

4. 起锚作业

(1)准备工作

通知机舱接通电源并供给甲板水,试验锚机,合上离合器,松开制链器及刹车。

(2)绞锚(heaving up anchor)

得到起锚命令后,大副根据锚链受力情况指示木匠或其他甲板船员用适当的速度绞锚,并随时将锚链方向报告船长,以钟声或 VHF 报告锚链在水中的节数。如果锚链绷得较紧,这时不可硬绞,待船向前移动后再绞。若锚链横过船首,收绞时会使锚链受力过大,锚机也会超负荷。应报告驾驶台以使用车舵配合,将船逐渐拎直后再绞。

(3)锚离底的判断

在锚爪离底的瞬间,锚会突然向船边荡过来,可以此来判断锚是否离底。锚爪将要出土时,锚机的负荷相对较大,速度减慢,声音沉重。当锚离底时,锚机负荷突然降低,锚机转速由慢到快,这也是判断锚离底的可靠方法。大副在锚离底时应向驾驶台报告,木匠或其他协助起锚人员立即敲一阵乱钟,并降下锚球或关闭锚灯。要注意观察锚爪是否钩住东西。

(4)收锚

若锚不再使用需收进锚链筒,应慢慢绞进直到锚爪与船舷紧贴为止。合上制链器,用锚机倒出一点锚链,使制链器受力,然后上紧刹车,脱开离合器。停止供给锚链水,盖上锚链筒防浪盖,罩好锚机,用链式制链器加固锚链,封好锚链管口,通知机舱关闭锚机电源。

5. 锚设备的日常检查与保养

(1)平时应轮流使用左右锚,使锚和锚链平均磨损。每次起锚时应冲洗锚和锚链。

(2)对锚卸扣及其横销的磨损以及变形松动进行检查、保养。对锚爪是否弯曲变形进行检查,每次起锚后应检查锚爪是否钩挂杂物。

(3)锚链：

①白天起锚时应检查锚链及标志，标志应保持清晰。

②检查连接卸扣有无裂纹、变形，检查磨损程度。

③检查转环是否转动灵活。

(4)锚机：

每次使用前应先空转片刻，并先试车。检查刹车情况并使其润滑。减速箱内的机油应定期检查更换，保证清洁。应经常检查刹车是否良好、离合器是否轻便灵活，经常加油以保证在良好的润滑环境条件下运转。应特别注意零件各摩擦面的润滑；减速箱内的机油应定期检查更换，以保证其清洁。链轮的轮齿容易磨损，若发现有滑链、跳链现象，应及时焊补；固定锚机的紧固螺栓与底座应检查其是否有松动、锈蚀，如有缺陷，应及时修复。锚机底座的蚀耗一般应小于原厚度的25%。除底座外一般应三个月检查一次。

对锚机的要求如下：

①锚机应由独立原动力驱动。

②在额定拉力时绞锚的平均速度应不小于9 m/min。

③锚机在额定拉力和额定速度下，应能连续工作30 min，并应能在不小于1.5倍的额定拉力的过载拉力作用下连续工作2 min。

④刹车与离合器应操纵方便、可靠。

⑤链轮和驱动轴之间应装有离合器，且有可靠的锁紧装置。

⑥锚机安装时应保证锚链筒、制链器、链轮成一直线。

(5)制链器、导链轮等部分加油润滑。

(6)起锚时不要硬绞，必要时用车舵配合。

(7)深水抛锚时应用锚机松出锚链，以免撞坏锚或崩断锚链。

(8)抛完锚和收妥锚后应上妥制链器。

二、系泊设备

除系船缆外，系泊设备还包括挽缆装置、导缆装置、系泊机械和缆车及附属用具等。图1-6展示了船舶部分系泊设备。

1. 系泊设备组成

(1)缆绳：一般船舶都使用化纤缆，也有船舶备有钢丝缆，但钢丝缆带缆操作困难，很少用。一般船舶船首尾各备6条缆绳，大船除首尾各备8～12条缆绳外，主甲板还备若干条。

(2)绞缆装置：

①自动系缆绞车：随着船舶的大型化和自动化，不少新船配备自动系缆绞车。带缆作业完毕后，调定张力值可使绞车自动收放。

②系缆绞车：每部绞车卷筒固定一根系缆，人工操作收放。

③锚机滚筒：由锚机带动与卧式锚机相连的滚筒。操作时，将离合器与链轮脱开，将缆绳缠上滚筒，操纵锚机使滚筒转动进行绞缆。

(3)导缆装置：有导缆孔、导缆钳、导向滚轮、导向滚柱等。

为顺利引导系船缆由舷内通向舷外，改变系缆走向，限制其导出位置，减少缆绳磨损及加强舷墙开口处的强度，通常在船首、船尾及两舷都设有导缆装置。

图 1-6　系泊设备(部分)

①导缆孔：一般嵌在主甲板带缆桩附近的舷墙上，结构简单，使用便利，使系缆收放顺利，但对缆绳的磨损比较严重。

②导向滚轮：装设在甲板上的圆台形基座上，位于舷边导缆器与绞缆之间，是引导缆绳改变方向通向绞缆机卷筒的单滚轮导缆器。

③导缆钳(图 1-7)：装设在首楼、尾楼的舷墙上边，一般均采用有滚轮装置的导缆机钳，以减少缆绳的摩擦，延长缆绳的使用寿命。

④滚轮导缆器(图 1-8)：一般设置在船舷，由数个并立的滚轮组成。

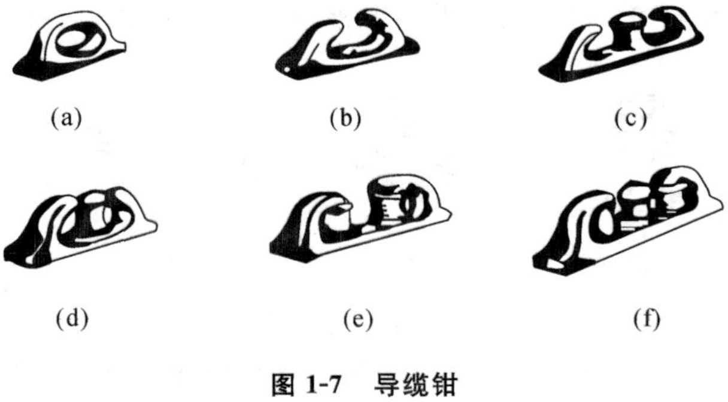

图 1-7　导缆钳

(a)闭式；(b)开式；(c)单柱式；(d)单滚轮；(e)双滚轮；(f)三滚轮

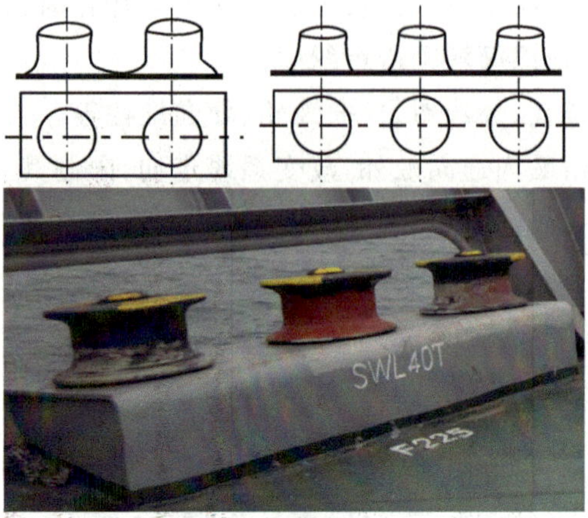

图 1-8 滚轮导缆器

⑤滚柱导缆器(图 1-9):设置在舷边,由数个直立和水平的柱形滚筒围成,可以引导来自任意方向的缆绳。

图 1-9 滚柱导缆器

(4)系缆装置(图 1-10):各种类型的系缆桩,要求基座牢固,底部均有加强板。

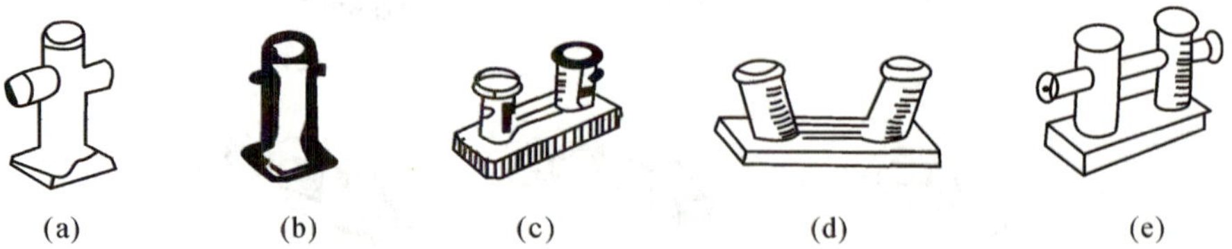

图 1-10 系缆桩

(a)单十字式;(b)单柱式;(c)双柱式;(d)斜式双柱;(e)双十字式

(5)止索绳与止索链:一端用卸扣或琵琶头生根在缆桩基座靠近出缆方向一侧的地令上,船舶系解缆时临时用于制止缆绳溜出,以便将系缆从滚筒上取下挽桩,或从缆桩上取下上滚筒绞收。止索绳用于纤维缆，止索链则用于钢丝缆。止索绳有单根及双根之分，止索链则由一段链条、一个卸扣及一段绳索组成。船首、船尾经常使用的带缆桩附近，都应装设与所带缆绳相适应的止索绳或止索链。

(6)撇缆绳：靠码头时一般使用撇缆绳来传递大缆。撇缆绳为长 30～40 m、直径 6～8 mm 的蜡旗绳或化纤绳。

(7)碰垫：碰垫俗称靠把、靠球，用来缓冲船舶与码头以及船舶与船舶之间的擦碰，以保护船体。

(8)防鼠挡(图 1-11)：用金属或塑料制成的圆形或伞形挡板，系挂在船舷系船缆上，用于防止鼠类沿缆绳来往于船岸之间，防止疫病传染。国际公约严格规定，船舶挂靠码头期间，每一根系船缆上都必须装防鼠挡，并切实挂好。这也是各港口当局重点检查项目。

图 1-11　防鼠挡

2. 系泊设备的检查保养

应经常检查缆绳的磨损、锈蚀和断丝等情况，以及检查撇缆、碰垫和防鼠挡是否齐全，如损坏或丢失，应及时换新补充。

每个航次，应检查甲板眼环是否锈蚀、磨损，检查链(索)是否变形。如有腐蚀磨损应及时除锈油漆，磨损变形严重者应予换新。

每个季度，应检查一次绞缆机和缆车，包括其外壳底脚螺栓和支架的锈蚀情况，卷筒损坏、磨耗、腐蚀情况，操纵控制器的水密情况，转动部分是否轻便灵活，刹车和离合器是否轻便可行，并加油润滑，做好磨损记录。如装有自动系缆绞车，应检查其有效性。

每个季度，应检查钢丝缆的锈蚀和断丝情况，以及绳内油麻芯含油情况；对植物纤维缆要检查其磨损情况，股内有否霉点；对合成纤维缆要检查其外表磨损和粗细情况。

每半年，应检查带缆桩、导缆孔、导缆钳和导向滚轮以及缆索卷车的锈蚀和磨损情况，有无裂纹，滚轮是否活络，检查并记录其底脚锈蚀和垫木的腐烂情况，对转动部分应定期加油并做好其记录。

对修理后的绞缆机要进行试验，运转试验应进行 1～2 h，并测定转速、拉力负荷。绞缆速度应能达到 15 m/min，绞缆拉力应能达到所配置的系船缆破断力的 75%左右，在试验过程中还应进行制动和过载保护装置的试验。

三、装卸设备

有些货船配备装卸设备，现在绝大多数散货船、集装箱船、油轮等仅有上物料的小型吊。船舶上通用的吊装设备主要有吊杆装置与甲板起重机两大类。

1. 吊杆装置

吊杆装置是一般货船上传统的装卸设备，它结构简单可靠、成本低廉、维修方便、起重范围大，因此仍是货船上使用广泛的一种货物装卸设备。典型吊杆装置如图 1-12、图 1-13 所示。

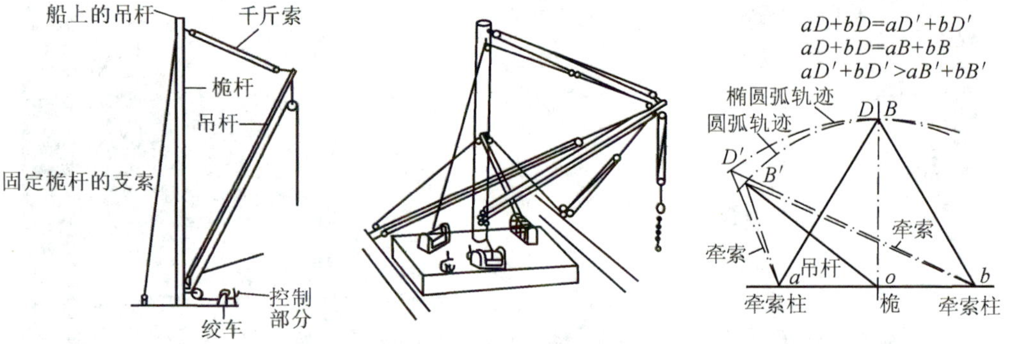

图 1-12 K-7 式单吊杆起货机

图 1-13 双吊杆起货机

(1)分类

吊杆按吊货重量不同可分为轻型吊杆(light derrick)、重型吊杆(heavy derrick)；按结构和使用形式不同可分为轻型单吊杆、轻型双吊杆、一般重型吊杆、特殊“V”形重型吊杆。

实际使用中吊杆是以吊货重量来区分：

轻型吊杆：安全工作负荷(SWL)等于或小于10 t的吊杆。

重型吊杆：安全工作负荷大于10 t的吊杆。在装卸货物时，其允许吊起的最大货物重量要小于吊杆自身的安全工作负荷。

(2)起落吊杆的安全操作注意事项

吊杆的起落操作应在水手长指挥下进行。操作前，应将操作要点及注意事项交代清楚并试验起货机。轻型单吊杆的起落操作比较简单，轻型双吊杆的起落操作如下：

①起吊杆

a. 先打开吊杆支架的铁箍，并将稳索、吊货索、千斤索整理清楚，检查各个卸扣插销、细丝有无松动、脱落现象，再将吊货索松出。

b. 将调整稳索的活端扣结在舷边眼环上，再将辘绳在羊角上挽一道，握住尾端，起吊杆时适当溜出，使吊杆不左右摆动，同时由一人把中稳索作适当的收放。

c. 操纵千斤索升降机使吊杆升起，同时松出稳索。当吊杆起至需要高度时，按制动开关使升降机停住，插上保险销子。

d. 调整好吊杆位置，将调整稳索收紧挽住，然后将保险稳索系妥，收紧扣住。

②落吊杆

a. 解开保险稳索，将舷外吊杆拉入舷内。

b. 拔出千斤索升降机的保险销，脱开自动铁舌，启动升降机反转，松落吊杆。

c. 在吊杆接近支架时，必须特别缓慢细心地操作，以免发生事故。

d. 支架受力后，扣上铁箍，将稳索、吊货索整理清楚，检查保险销、制动铁舌是否放好。

③起落时注意事项

a. 操作人员应精力集中，注意指挥者的命令，不要左顾右盼。

b. 指挥者应站在适当的地点，使作业人员能清楚地看到指挥动作，以便正确执行。

c. 不准人员站在吊杆底下。

d. 应配备足够的作业人员。如果人员不足，应一根一根地起落。

e. 双杆同时起落时，操纵起货机者应互相配合好。

f. 在起落中，如发现滑车或起货机的转动有不正常的声音，应暂时停止工作并进行仔细检查，以防发生事故。

g. 一切绳索必须整理清楚，勿使在吊杆的起落过程中有攀住或钩住它物的现象发生。

2. 甲板起重机

起重机又称克令吊，具有占地面积小、结构紧凑、操纵灵活、装卸效率高，吊货后可随意改变吊货钩着落点、作业前准备工作少等优点，但同时也具有结构相对复杂、投资高、维修难度较大的缺点。甲板起重机按动力源的不同，分电动式和液压式两种。按照结构形式的不同，甲板起重机可分为回转式起重机、悬臂式起重机、组合式起重机和龙门起重机等，如图 1-14 至图 1-16 所示。

图 1-14　回转式起重机

图 1-15　悬臂式起重机

(a)　　(b)

图 1-16　组合式起重机

(1)回转式起重机

回转式起重机的结构由基座、回转塔架、吊臂、操纵室和操纵装置等组成。基座穿过甲板与船体结构连接，并有旋转支承（即上座圈、下座圈）、外围支承板和旋转结构（即电动机、小齿轮、大齿轮）。回转塔架支承在基座上，包括上下两层，上层为操纵室，下层装有三部电机，分别控制吊货索起升、吊臂的变幅及塔架旋转。吊臂根部固定在回转塔架底部，可绕根部支点上下俯仰，其头部有两套滑车组供吊货索和千斤索用。

固定回转式起重机应用最广，可以单独或成对地在左右舷作业。起重量一般为 3～5 t。在多用途船上，要求单吊能吊起 20 ft 集装箱，双吊能吊起 40 ft 集装箱(30 t)，起重量可达 25～30 t。

(2)悬臂式起重机

悬臂式起重机主要用于集装箱装卸。与普通回转式起重机相比，具有结构简单、装卸效率高、维修方便等特点。

(3)组合式起重机

组合式起重机又称双联回转式起重机，它由两个单回转式起重机一同装于同一个转动平台上，可各自进行独立的作业，也可合并在一起使用，合并使用时起重量为单独使用时的两倍。主要设置在集装箱船及多用途船上，用以吊起重量较大的货箱或重件货。

（4）龙门起重机

这种起重机为全集装箱船和载驳船所广泛采用，通常为四足形或C形。有一根可伸出的吊臂、吊重横档和一个可移动的桥架及驾驶室。桥架的水平主梁高出堆装在甲板上的集装箱，并有自动定位装置，装船时可以把集装箱准确地落放在集装箱分格中或堆放在甲板上。载驳船上的龙门起重机数量比集装箱船上的多，起重量可达几百吨。

第五节　机舱各主要设备的配置及作用

机舱设备主要有集控室、主机、发电机组、应急发电机、锅炉、压缩空气系统和各种船用泵、阀。

（1）集控室：机舱人员接受驾驶台指令和做出各种动作的工作控制室，自动化程度的船舶均可在集控室完成指令。

（2）主机：船舶的动力装置，有蒸汽动力装置、柴油机动力装置、核动力装置。绝大多数船舶都是柴油机动力装置。

（3）发电机组：提供船舶电源，由原动机与发电机组成。大型船舶要求装置两台及以上型号的发电机组。

（4）应急发电机：当主电源失去供电能力时，可以向船上部分用以保证船舶安全的用电设施、设备进行供电的独立电源。应急电源应足够用 36 h，沿海航行不少于 12 h。

（5）锅炉：一种将水加热使之蒸发的产汽设备。用于加热燃油和润滑油以及日常生活用水，取暖等。

（6）压缩空气系统：由空气压缩机、空气瓶、调节阀、截止阀、压力表及管路组成。主要用于主副柴油机的启动，主机操纵系统和遥控系统的气源、汽笛等。

（7）船用泵、阀：有燃油泵、滑油泵、冷却水泵、压载水泵、淡水泵等。用于运送燃油、滑油、冷却水、压载水、舱底水、污油水、淡水等。

第六节　舵设备

舵设备是由安装在驾驶台的操舵装置、舵机房的舵机及转舵装置、船尾的舵叶组成。

一、驾驶台操舵装置

驾驶台操舵装置安置在驾驶台内船首尾线上，由随动操舵舵轮、应急操舵舵柄、操舵分罗经、自动操舵调节旋钮、舵角指示器等组成，如图 1-17 所示。

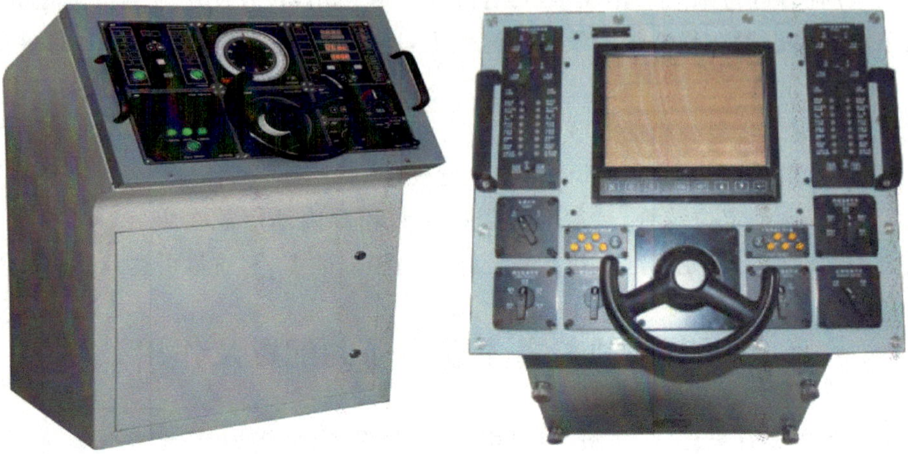

图 1-17 操舵仪

二、液压操舵装置

3000 总吨以上船舶一般都安装液压操舵装置，它是由电动机带动一主油泵运转。当有操舵信号时，主油泵开始排吸油，产生的高压油通过管路系统进入转舵油缸，推动油缸中的柱塞运动，从而带动舵杆、舵叶转动；当舵转至要求的舵角后通过反馈系统使油泵停止排吸油，舵就停止在所需的舵角上。

商船以四缸柱塞式液压舵机最为常见，如图 1-18 所示。

图 1-18 船舶液压舵机

三、舵叶

商船均采用流线型舵。驾驶人员应了解本船舵叶的高度或舵叶上缘的水尺，当舵叶没于船尾水中时，转舵力矩最大，如图 1-19 所示。

图 1-19　船舶流线型舵叶

第七节　船员职务

船舶的安全、高效营运必须通过船长和船员来完成。营运的安全状况和经济效益，与船员的职业素质和工作效率密切相关。船长和船员只有充分了解自己在船上应承担的责任和应尽的义务，明确各部门和各自的岗位职责，才能有序高效地发挥船员的积极性和创造性，使海上人命财产安全、海洋环境保护和船舶营运效率得到保障。

一、部门分工

随着《1978 年海员培训、发证和值班标准国际公约(1995 年修正案)》(STCW 78/95)的全面生效，并借鉴国际通行做法和管理方式，船员组织系统正酝酿着进一步的调整；无线电电子员的工作逐步由持相应证书的船长、驾驶员担任(驾通合一)；电机员的工作逐步由轮机员担任(机电合一)；水手、机工逐步走向一体化(水机合一)。如果按职能发证取得更多的任职资格，船员便可以相应地跨部门任职，有利于在确保船舶安全、正常运作的前提下更合理地配置和利用人力资源。船上船员和业务按部门归类，一般来说，船舶设置甲板部(驾驶部)、轮机部和事务部三个部门，如图 1-20 所示。

各部门的主要职责分工如下：

1. 甲板部(驾驶部)的主要职责分工

(1)负责船舶营运、船舶驾驶和船舶操纵；

(2)负责货物运输，包括积载，装卸准备，货物的分隔、衬垫、绑扎、通风、途中保管，以及装卸的协助和监督；

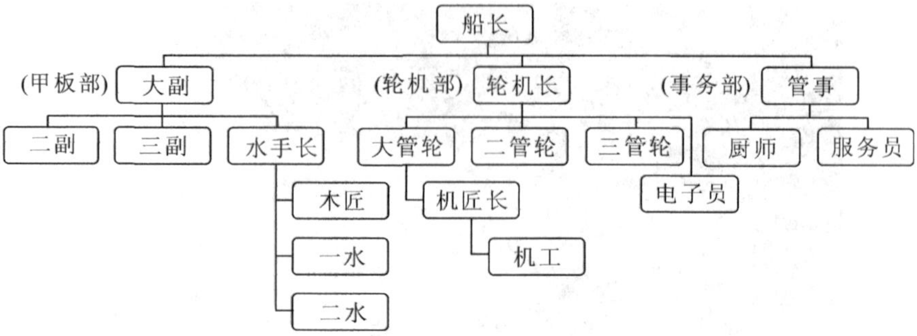

图 1-20　货船组织结构

(3)负责船体保养；

(4)主管货舱系统和在机舱外的淡水、压载水、污水系统的使用和保养；

(5)主管舵设备、锚设备、系缆设备、装卸设备、开关舱设备、舷梯及其属具的使用和机械部分的一般性保养；

(6)主管驾驶设备和助航仪器、信号、旗帜、海图及航海图书资料的管、用、养、修和添、换；

(7)主管救生、消防、堵漏工作及其设备器材的管理和维护；

(8)负责船舶通信、对外联络；

(9)负责系泊、锚泊安全和船舶保安，负责人员上下船安全；

(10)负责全船医务和其他有关事项。

2. 轮机部的主要职责分工

(1)负责主机、辅机、锅炉等包括发电机在内的各种辅助机械及其管系的管、用、养、修；

(2)负责全船电力系统及用电设备的管理和维护；

(3)负责全船的明火作业，舱面机械转动部分的保养、修理，舱面管系的修换；

(4)负责轮机部人员的管理、培训和考核；

(5)负责燃油的补给、移驳和其他有关事项。

3. 事务部的主要职责分工

负责全部人员的伙食、卧具、公共场所卫生，来客招待及主管船舶财务等。不设事务部的船舶，其人员和业务归属于甲板部，大副负责其日常管理。

二、船长的基本职责

船长受船公司委托，负责船舶的管理和驾驶，领导全体船员贯彻执行党的路线、方针、政策，遵守国际公约以及国家法律法规，熟悉和执行公司的安全和环境保护方针，根据船公司的要求安全优质全面地完成运输生产任务。

船长的基本职责包括以下几方面：

(1)开航准备职责；

(2)航行安全职责;

(3)停泊安全职责;

(4)审签“航海日志”“油类记录簿”“垃圾记录簿”等职责;

(5)货物运输职责;

(6)保安职责;

(7)船舶碰撞事故处理职责;

(8)海上人命救助职责;

(9)船舶的经营管理和经济核算职责;

(10)船舶安全管理体系运行职责;

(11)船舶证书管理、报告与监督;

(12)船舶维修、维护和保养职责及防污染等具体职责和工作内容。

船长在保障水上人身与财产安全、船舶保安、防治船舶污染水域方面,具有独立决定权,并负有最终责任。船长的责任主要有以下几个方面:

(1)保证船舶和船员携带符合法定要求的证书、文书以及有关航行资料;

(2)制订船舶应急计划并保证其有效实施;

(3)保证船舶和船员在开航时处于适航、适任状态,按照规定保障船舶的最低安全配员,保证船舶的正常值班;

(4)执行海事管理机构有关水上交通安全和防治船舶污染的指令,船发生水上交通事故或者污染事故的,向海事管理机构提交事故报告;

(5)对本船船员进行日常训练和考核,在本船船员的船员服务簿内如实记载船员的服务资历和任职表现;

(6)船舶进港、出港、靠泊、离泊,通过交通密集区、危险航区等区域,或者遇有恶劣天气和海况,或者发生水上交通事故、船舶污染事故、船舶保安事件以及其他紧急情况时,应当在驾驶室值班,必要时应当直接指挥船舶;

(7)保证船舶上人员和临时上船人员的安全;

(8)船舶发生事故,危及船舶上人员和财产安全时,应当组织船员和船舶上其他人员尽力施救;

(9)弃船时,应当采取一切措施,首先组织旅客安全离船,然后安排船员离船,船长应最后离船。在离船前,船长应当指挥船员尽力抢救航海日志、轮机日志、油类记录簿、无线电台日志、本航次使用过的航行图书和文件,以及贵重物品、邮件和现金等。

根据《国际安全管理(ISM)规则》和《国际船舶和港口设施保安(ISPS)规则》的规定,船长应:

(1)负责保持船上安全管理体系和海上保安体系,执行公司的安全和环境保护方针;

(2)激励船员遵守这些方针和规定;

(3)以简明方式发布指令;

(4)审核具体要求的遵守情况；

(5)复查安全管理体系和海上保安体系，并向岸基管理部门报告其不足。

船长为履行其职责，可以行使下列权力：

(1)决定船舶的航次计划，对不具备船舶安全航行条件的，可以拒绝开航或者续航。

(2)对船员用人单位或者船舶所有人下达的违法指令，或者可能危及有关人员、财产和船舶安全或者可能造成水域环境污染的指令，可以拒绝执行。

(3)发现引航员的操纵指令可能对船舶航行安全构成威胁或者可能造成水域环境污染时，应当及时纠正、制止，必要时可以要求更换引航员。

(4)当船舶遇险并严重危及船上人员的生命安全时，船长可以决定撤离船舶。

(5)在船舶的沉没、毁灭不可避免的情况下，船长可以决定弃船，但是，除紧急情况外，应当报经船舶所有人同意。

(6)对不称职的船员，可以责令其离岗。船舶在海上航行时，船长为保障船舶上人员和船舶的安全，可以依照法律的规定对在船舶上进行违法、犯罪活动的人员采取禁闭或者其他必要措施。

(7)船长在其职权范围内发布的命令，船上所有人员必须执行。

三、大副基本职责

大副是船长的主要助手。除航行值班并协助船长搞好安全航行外，在船长的领导下全面负责甲板部的工作，主管货物装卸、运输和甲板部的维修保养。贯彻执行上级指示和船务会议决定，制定并落实甲板部各项工作计划，保证本部门工作的高效、优质、安全和部门间的良好协作。大副的主要工作内容除驾驶员的一般工作外，还包括：

(1)领导甲板部的全部工作，并协助船长，负责甲板部的安全生产，主持甲板部的安全活动，督促二副、三副做好本职工作，保证本部门安全管理体系的有效运行。负责甲板部船员及实习生的技术业务培训；负责航海日志、船舶垃圾记录簿的正确记载和保管，以及甲板部其他图纸、资料和文件的保管；负责甲板部人员的考勤、值班、公休等安排。

(2)主管货物运输。负责货物的配载、装卸、交接和运输管理。保证货舱适货，合理积载，正确批注大副收据，安全装卸和妥善保管货物，防止货损货差。

(3)保证满足船舶的稳性、强度、吃水(差)、系固和水密的要求。

(4)熟悉本船船体结构、甲板机械设备性能、正确操作方法，负责维护船体、货舱、舱面建筑、装卸设备和属具、救生消防和应急操舵装置等设备，使之处于完好状态，并按规定定期检查，并做好测量记录。

(5)汇总本部门修船项目，领导厂修时甲板部的监修和自修；负责编制甲板部的年度、季度和航次保养维修计划，交船长审批后执行。

(6)督促并保证救生设备、消防设备、堵漏器材防污染器材等处于良好状态；应变演习时担任现场指挥并负责将应变演习的情况记入航海日志。

(7)督促做好航前准备和到港准备工作;进出港时在船首值守,靠离泊时指挥系解缆及抛起锚工作。

(8)负责淡水舱、压载水舱、污水舱的测量记录和管理,包括:

①按船长授权负责压载水管理,制定压载水管理计划。

②负责管理淡水的储量和消耗,制定节水措施和应急供水办法,经船长批准后实施。

③经船长同意后,指示木匠、三管轮进行压载水舱、淡水舱的注入、排出和移注工作,并做好记录。

④按规定向港口当局报告压载水情况。

(9)负责甲板部物料管理,包括:

①负责并监督甲板部备件、物料、工具、劳保用品及家具、器皿、办公用品的申领、验收、保管、使用、盘点和报销工作。

②负责上报甲板部物料消耗报表。

(10)保管全船的通用、备用钥匙。

(11)船上未配医生时负责全船的医疗工作,包括:

①负责医疗室和病房的管理,保持医疗器械设备正常完好。

②检查药品的有效期,负责药品的申领、保管和发放,并建立药品清单。

③按麻醉品管理规定,做好保管、使用和申报工作。

④负责患病船员的急救、医护,按规定填写“船员就医登记本”,发现急危病情况及时报告船长。

⑤发现船员患有急重病或负重伤时,应立即报告船长、政委,采取有效措施。

⑥发现传染性疾病,应立即采取隔离和预防措施,防止疾病蔓延。

(12)防止甲板部发生任何形式的污染海域事故,包括:

①根据防污染公约和船舶垃圾管理计划的要求,主管船舶垃圾的收集、存放和处理。

②按规定填写“船舶垃圾记录簿”,按要求送船长签阅。

③向垃圾接收船或岸上排放船舶垃圾时,应向接收单位索取收据并妥善保管。

(13)航行中值 0400～0800、1600～2000 班。

(14)船长因故不能履行职务时,临时代理船长职务。

四、二副基本职责

(1)在船长、大副的领导下履行航行和停泊值班的职责,负责向大副报批驾驶员停泊值班排班表,按大副的指示管理货物装卸;主管航海仪器和航海图书资料;协助船长做好航次计划。

(2)主管驾驶台仪器设备的管用养修,负责更新、添置、修理的申报,并向新到任的驾驶人员介绍仪器设备的性能和操作注意事项。

(3)负责海图和航海图书资料的改正、管理和添领,张贴驾驶室规则、驾驶轮机联系制度和重要仪器设备的操作说明。

(4)保证国旗、号旗、号灯、号型以及驾驶台求救信号、器材和设备等充足有效，并处于随时可用状态；保持所管库室的整洁。

(5)开航前备妥要用的航海图书资料并改正到最新，按船长指示画妥航线；检查并启动有关助航设备。

(6)管理天文钟和船钟，负责航行中跨时区拨钟；每天填写并与二管轮互换正午报告；航次结束后及时填报航次报告。

(7)靠离泊时按船长指示在船尾指挥系解缆工作，观察船尾附近有关情况并及时向船长报告。

(8)修船时，做好所管项目的自修、监修和验收工作，船舶进坞后、出坞前对测深仪等仪器的水下部分进行检查、保养并记录；做好大副指派的其他工作。

(9)航行中值 0000～0400、1200～1600 班。

(10)大副因故不能履行其职责时代理大副职务。

五、三副基本职责

(1)三副在船长、大副领导下履行航行和停泊值班的职责；主管救生、消防设备；按大副指示管理货物装卸。

(2)负责管理全船救生、消防设备和器材，并将其登记入册；按规定向船员讲解救生、消防知识和各种设备、器材的操作使用方法；开航前按大副指示编妥船舶应变部署表及船员应变任务卡，经大副审核、船长批准后公布执行；张贴有关救生、消防的规章和图表。及时向新到船员介绍应变岗位和具体职责。

(3)负责管理救生艇、救生筏、救生圈、救生衣、救生浮具及其属具备品，定期进行检查、保养，保持清洁、完整，更换淡水、食品和电池，使其处于有效使用状态，保持各种救生信号在有效期内(属二副管理的除外)。

(4)熟悉各种消防设备及火警报警装置的操作使用方法，定期进行检查、保养、换剂并做好记录，确保其处于良好的技术状态。

(5)负责救生、消防设备及器材的保养、维修和更新、添置、厂修的申报。按时向大副提出所管设备的保养计划和修理项目；修船时，做好所管项目的自修、监修和验收工作；完成大副指派的其他工作。

(6)船舶进出港口，靠离移泊，抛、起锚时，在驾驶台工作。

(7)航行时值 0800～1200、2000～2400 班。航行途中晚餐时，替换大副值班，大副用餐半小时。

(8)二副因故不能履行其职责时，代理二副职务。

第二章

航行实习基础知识

掌握航行实习基础知识对于实习人员的专业能力的提升有着非常重要的作用。本章重点介绍海图识读、海图改正、陆标定位、航标识别及测罗经差等航行实习基础知识。

第一节　海图识读

航行时航用海图上的航海资料是按其各自的地理坐标，用一定的符号或缩写绘制的。这种绘制海图的符号与缩写，叫作海图图式。我国出版的海图是根据国家市场监督管理总局和国家标准化管理委员会 2022 年 7 月发布的《中国海图图式》(GB 12319—2022)绘制的，英版海图是根据《英版海图 5011“英版海图图式和缩写(Symbols and Abbreviations used on Admiralty Charts)”》绘制的。

在查阅海图时发现不明白某海图图式或缩写含义时，驾驶员可根据该图式或缩写的类别在《中国海图图式》正文中的相应部分查找其详细的解释；或在改正海图时发现知道某改正对象的名称而不知其标准的海图图式，驾驶员可在《中国海图图式》相应处查找其海图图式，然后正确改正在海图上。

下面介绍中版和英版海图图式中常用的重要图式。

一、海图标题栏与图廓注记

1. 海图标题栏(chart legend)

海图标题栏的内容包括出版机关的徽志、图幅的地理位置、图名、比例尺、投影方式、深度和高程的基准面及计量单位和坐标系等编图资料的说明等。

海图标题栏通常还印有图区内禁航区、雷区、禁止抛锚区、航标、分道通航制和地磁资料等与航行安全有关的说明和重要注意事项或警告。有些海图标题栏还附有图区内重要物标的对景图、潮信表、潮流表和换算表等资料。使用海图时，首先应仔细阅读海图标题栏内有关重要说明，特别是其中用洋红色印刷的重要图注。

2. 图廓注记(marginal notes)

在海图图廓四周注记有许多与出版和使用海图有关的资料，如：

(1)海图图号(chart number)：中版海图图号是按海图所属地区编号的，印在海图图廓的四个角上，不论该图怎样放置，图号均可保持从该图的右下角读出。英版海图图号与地区无关，是按出版海图的时间先后编号的，刊印在海图图廓外右下角和左上角。

(2)出版和发行情况(publication note)：印在图廓外下边中间，给出新图(new chart)的出版和发行单位、日期。其右边还印有该图新版(new edition)或改版(large correction)日期。

(3)小改正(small correction)：印在图廓外左下角，用以登记该图出版(新版或改版)以来改正过的所有小改正的通告年份和通告号码，以备查考该图是否已及时改正至最新版。

(4)图幅(dimensions)：印在图廓外右下角，在括号内给出海图内廓界限尺寸，用以检查海图图纸是否有伸缩变形。中版海图以毫米为单位，英版米制海图以毫米为单位，拓制海图以英寸为单位。

(5)对数图尺(logarithmic scale)：在某些大比例尺的港湾图和航行图的外廓图框上，通常印有对数图尺，位于该图右下方或左上方，以便用来速算航程(S)、航速(v)和航行时间 (T)之间的关系。

(6)阅图号：印在图廓外，或图廓内适当地方，表示相同或相近比例尺的邻接图图号。

二、海图基准面

1. 高程基准面(height datum)

海图上所标山头、岛屿和明礁等高程的起算面称为高程基准面。我国沿海海图高程基准面一般采用“1985 国家高程基准面”或当地平均海面。英版海图采用平均大潮高潮面(以半日潮为主的海区)、平均高高潮面(以日期为主的海区)或当地平均海面(在无潮海区)为高程基准面。

2. 深度基准面(chart datum)

海图上标注水深的起算面称为海图深度基准面，也是干出高度的起算面。我国沿海系统测量区域采用理论最低潮面(旧称理论深度基准面)为深度基准。英版海图水深通常采用天文最低潮面(lowest astronomical tide，LAT)作为起算面。

三、重要海图图式

1. 高程、水深和底质

(1)高程：在海图的陆地上所标数字，以及部分水上带括号的数字，都表示该数字附近物标的高程。物标高程为自高程基准面至物标顶端的海拔，它们的起算面和单位一般在海图标题栏内加以说明。中版海图高程单位为米，英版米制海图高程单位为米，拓制海图单位为英尺。

(2)水深：海图深度基准面至海底的深度，凡海图水面上的数字均表示水深。

常见的图式有：

$\mathit{17}_6$：实测水深，一般以斜体数字表示。在 1：500000 或更小比例尺图上，水深注记一律用斜体表示。

13_8：直体数字注记的水深，表示深度不准或采自旧水深资料或小比例尺图。

$\underline{5}_8$：干出高度，表示深度基准面以上的高度。

$\overline{\dot{1}98}$：测到所标深度尚未着底的深度。

(3)底质：海底的性质，为测深辨位和选择锚地时提供参考，中版海图和英版海图标记底质的方法基本相同。底质种类有：沙(sand,S)；泥(mud,M)；黏土(clay,Cy)；淤泥(silt,Si)；岩(rock,R)；石(stone,St)；珊瑚(coral,Co)、贝(shell ,Sh)等。底质记载的顺序是先形容词后底质种类，形容词主要有：细(fine, f)；中(medium,m)；粗(coarse,c)；碎(broken,bk)；软(soft,so)；硬(stiff,sf)；坚硬(hard,h)等。如"软泥"(soM)、"粗沙"(cS)。两种混合底质，先注成分多的，后注成分少的，例如"泥沙"(MS)。双层底质先注上层，后注下层，例如：

缩写"M/S"表示分层底质，上层为泥，下层为沙。

缩写"S. M. "表示沙的成分多于泥的成分的混合底质。

2. 航行障碍物

海上的航行障碍物包括各种礁石(rock)、沉船(wreck 或 Wk)和其他障碍物(obstruction 或 Obstn)。常见的礁石、沉船和其他障碍物海图图式如表 2-1 所示。

表 2-1　常见的礁石、沉船和其他障碍物海图图式

危险物	中版图式	说明	英版图式
明礁(屿)	(2.6)　(1.3)　·(1.2)	平均大潮高潮面时露出的孤立岩石	4.1 (3.1)　(1.7)
干出礁	($\underline{2}_1$)　＊($\underline{1}_8$)　(＊)($\underline{1}_8$)	平均大潮高潮面下，深度基准面上的礁石	(＊)($\underline{1}_6$) ＊ ($\underline{1}_1$) ($\underline{3}_7$) Dr 1.6m
适淹礁	#　(#)	在深度基准面适淹的礁石	#　(#)
	+　(+)	在深度基准面下，深度不明的危险暗礁	+　(+)
暗礁	+($\mathit{4}_1$)　(+)($\mathit{4}_9$)	在深度基准面下，已知深度的危险暗礁	+($\mathit{4}_6$)　(+)($\mathit{11}_2$)　$\mathit{4}_8$ R
	23 岩	非危险暗礁(中版水深大于 20m)	30 R

续表 2-1

危险物	中版图式	说明	英版图式
水下珊瑚礁	+ + + 珊 + +	位于深度基准面以下的珊瑚礁	+ + Co + Co +
浪花	5_2 浪花	多礁区，海浪冲击波涛汹涌，船只不能靠近的区域	5_8 Br
船体露出水面沉船	船	船体露出大潮高潮面，按比例画出	Mast(1.2) *Wk*
干出沉船	船	大潮高潮面下，深度基准面上，按比例画出	*Mast*($\underline{1}_2$) *Wk*
已知深度水下沉船	2_4 船	深度基准面下已知深度沉船，按比例画出	5_2 *Wk*　5_2 *Wk*
深度不明水下沉船	船	深度基准面下深度不明沉船，按比例画出	*Wk*　*Wk*
部分船体露出沉船		部分船体露出深度基准面，不按比例画出	
仅桅杆露出的沉船	桅	仅桅杆露出深度基准面以上的沉船	Mast(1.2) *Mast*($\underline{1}_2$) Funnel　Masts
已知最浅深度沉船	4_6 船　2_7 船	经测深已知最浅深度的沉船	4_6 *Wk*　2_5 *Wk*
经扫海探测的沉船	4_6 船　2_7 船	经扫海（或潜水员探测）的最浅深度沉船	4_6 *Wk*　2_5 *Wk*
危险沉船		深度≤20m（英版深度≤28m）的沉船	
非危险沉船		深度大于20m（英版深度大于28m）的沉船	
未精测沉船	2_7 船	未经精确测量，最浅水深不明的沉船	2_0 *Wk*
沉船残骸及其他碍锚地	碍锚地　#	沉船残骸及其他有碍抛锚和拖网地区	Foul　#　Foul

续表 2-1

危险物	中版图式	说明	英版图式
深度不明的障碍物	碍　碍	深度不明的障碍物	Obstn　Obstn
已知最浅深度的障碍物	2 碍　17 碍	已知最浅深度的障碍物	4_6 Obstn　17_3 Obstn
经扫海的障碍物	6 碍　17 碍	经扫海或潜水探测的最浅深度障碍物	4_6 Obstn　16 Obstn
渔栅		捕鱼用木栅、竹栅或系网捕鱼的桩等	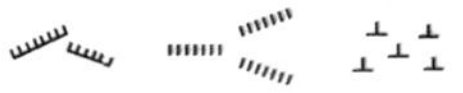
渔礁	 (2_6)	深度不明或已知深度的渔礁	 (2_6)
贝类养殖场	贝	养殖贝类的场地	Shellfish Beds

(1)礁石

礁石是海中突出的孤立的岩石。它又可以分为明礁、干出礁、适淹礁和暗礁等多种。明礁是指平均大潮高潮时露出的孤立岩石。干出礁是指平均大潮高潮面下,深度基准面以上的孤立岩石。适淹礁是指与深度基准面适淹的礁石。暗礁是指深度基准面以下的孤立岩石。

(2)沉船

沉船分为部分露出的沉船、桅杆露出的沉船、危险沉船、非危险沉船、经扫海的沉船、测得深度的沉船和深度未精测的沉船。危险沉船指其上水深 20 m 及 20 m 以内的沉船,或深度不明但有碍水面航行的沉船;英版资料中则为凡其上水深不明,有碍水面航行安全的沉船。非危险沉船是指其上水深大于 20 m(英版资料中为水深超过 200 m)的沉船,或深度不明但不影响水面航行的沉船。

(3)其他障碍物

凡危险物外加点线圈者,均为对水面航行有碍的危险物,提醒航海者予以特别注意。危险物位置未经精确测量的,须加注"概位"(PA);对危险物位置有疑问时,则加注"疑位"(PD);对危险物的存在有疑问时也加注"疑存"(ED)。

3. 助航标志

助航标志,简称航标。它包括灯塔、灯标、浮标、立标、雷达站、无线电导航设备及雾号等。航标以特定的标志、灯光、音响或无线电信号等展现,供船舶确定船位和安全航行、避离危险以及供其他特殊需要,其图式见表 2-2。

表 2-2 常见的航标海图图式

名称	中版图式	说明	英版图式
灯塔、灯桩		左图为灯塔，右图为灯桩	Lt Lt Ho
设灯的平台		装有灯标的海上平台	
塔形灯桩	黑黄 塔形	塔形灯桩用此符号表示	BY Bn Tr Bn Tower Bn Tr
灯船		中版海图上，区分有人(左)和无人(右)看守	Lt V
蓝比(大型航标)		表示大型助航浮标(LANBY)	
导灯	269°17′	两个或两个以上前后重叠，构成导航线的灯	Occ.4s12M Oc.R 4s10M Lights in line 269°
海岸雷达站	雷达	根据船舶要求，能提供其方位和距离的海岸雷达站	Ra
雷达指向标	雷信	表示能连续发射信号的雷达信标	Ramark
雷达应答标	雷康(K)	具有莫氏信号(K)，在3 cm频带内应答	Racon(K)
雷达应答标	雷康(K)(10cm)	具有莫氏信号(K)，在10 cm频带内应答	Racon(K)(10cm)
雷达应答标	雷康(K)(3&10cm)	具有莫氏信号(K)，在3 cm和10 cm频带内应答	Racon(K)(3&10cm)
雷达反射器		用于装有雷达反射器的航标所用标志	Ra.Refl.
雷达显著物标		用于雷达影像显著的物标所用标志	Ra conspic
无线电信标	环向	全向无线电信标	Name RC

续表 2-2

名称	中版图式	说明	英版图式
无线电信标	定向269°.5	定向无线电信标	RD 270° RD
无线电信标	旋向	旋转辐射无线电信标	RW
无线电测向台	测向	提供无线电定位业务的岸基无线电测向台	RG　Ro.D.F
无线电答询台	答询	海岸无线电答询指向台	R　Ro
航空信标	空指向	供航空用的无线电信标	Aero RC　Aero RC

4. 其他重要海图图示

除前面介绍的各种图式外，还应了解和掌握表 2-3 所示的重要海图图式。

表 2-3　常见的其他重要海图图式

名称	中版图式	说明	英版图式
生产平台及其他平台、井架	青龙	生产平台及其他平台、井架，并加注名称或编号	Z-44
已知最大吃水航道	6.5m	已知最大吃水深度的航道	7.3m
已知最大吃水推荐航道	6.5m	已知最大吃水深度的推荐航道	7.3m
深水航道	深水26m	已知最浅水深供深吃水或限于吃水船的航道	DW20m
无线电报告点	3	又称船舶动态报告点，数字表示编号	3
限制区界限		用以表示因某种原因，航行受限制的区域界限	
引航站		表示引航巡逻船或引航船会船（登船）位置	Name　Note　H

第二节　海图改正

海图是航海必备的工具，海图和航海图书资料是船舶安全航行的重要依据。然而，海图和航海图书资料出版发行后，其描述的海区的事物总在不断变化，为了能表明变化了的情况，必须及时对它们进行改正。

一、航海通告

航海通告(notice to mariners)是改正海图及其他航海图书资料的依据。

航海通告通常每周出版一期，不同国家还出版每月、每年的各种汇编、摘要。通告的内容按其生效情况可分为永久性通告、临时通告和预告通知三种。由英国海军水道测量部出版和美国国防制图局出版的《航海通告》发行较广。中版《航海通告》有两种版本：中英文对照版由中国航海图书出版社出版，主要对外使用；纯中文版由海军航保部出版，主要用于对内部使用的航海资料进行改正，两个版本在内容编排上基本相同。《航海通告》的发行有传统的纸面印刷和数字化发行两大类。数字化《航海通告》现已在不少船上使用，随着计算机和无线电技术的不断发展和在船上的日益广泛应用，这种《航海通告》更加普及。

(一)中版《航海通告》

中版《航海通告》每周出版一期，每年 52 期。

1. 中版《航海通告》的内容

(1) Ⅰ部分为说明、航海信息、图书信息；

(2) Ⅱ部分为索引、海图改正、临时通告；

(3) Ⅲ部分为航行警告；

(4) Ⅳ部分为航海书表改正。

2. 使用中版《航海通告》的注意事宜

(1) Ⅰ部分图书信息用来每月汇总一次当月图书信息。

(2) Ⅱ部分的索引有“地理区域索引”和“关系海图索引”，分别表明本期航海通告的内容所涉及的海区和需要改正的海图。

海图改正的通告为正式通告，所记位置均以最大比例尺海图为准，用经纬度或方位距离表示，无特殊说明，系采用 CGCS2000 坐标系(2000 国家大地坐标系)，所记方位均系真方位。其中光弧、两标一线的方位系指海上视灯标的真方位。通告中使用的符号应参考《中国海图图式》(GB 12319—2022)。关系海图图号后小括号内的数字代表海图只改正本项内容中的小项号数，中括号的数字为该图前次通告小改正的年份和通告号。当通告中涉及改正航标时，只给出该标所在《航标表》的书号、出版年份及航标编号(见通告例)，其详细改正内容在第Ⅳ部分“航海书表改正附条”中反映。

临时通告编排在海图改正之后，单面印刷。临时通告项号前注有“T”字，在通告标题后面注“(临)”(见临时通告例)，它们对海图不作正式改正，故这部分通告中的海图图号不列入第Ⅰ部分关系海图索引中，仅供使用该通告时参考。每月最后一期列出仍然有效的临时通告索引，每年的年中和年底出版《有效临时通告汇编》，以供航海人员查找使用。

(3)Ⅲ部分为覆盖国际 NAVAREA Ⅺ航区的无线电航行警告，单面印刷。

(4)Ⅳ部分包括航路指南、港口指南和航标表的改正，其改正内容只适用于改正所列版次的航海书表，单面印刷。《航路指南》及《港口资料》的改正按我国《航路指南》及《港口资料》的卷号顺序编排。如本期无改正内容，则不列出本部分。《航标表》改正附条按我国《航标表》的卷号、航标编号顺序编排，附条单面印刷，格式与《航标表》相同，便于剪贴操作。附条中的符号“...”表示该栏内容不变，“—”表示删去该栏内容。如本期无改正内容，则不列出本部分。

3. 通告正文

每一通告一般包括通告号与标题，通告正文，关系海图和前次改正的通告号及资料来源等。例如 2013 年第 8 期 241 号的通告如图 2-1 所示。

该通告须改正海图 15500 等 8 张，其中 15500(1)表示对 15500 号海图仅改正通告中的第 1 款内容，而〔2013-148〕则表示该海图的上一次小改正应是 2013 年的 148 号通告。

241 南海　万山群岛西南方——存在沉船

加绘	据报⋕(2013)		(1)21°27′54″N,113°30′06″E
	⋕		(2)同上述(1)
海图	15500(1)[2013-148]	15010(1)[2013-42]	15020(1)[2013-148]
	10015(2)[2013-42]	10016(2)[2013-148]	10017(2)[2013-42]
	F10516(1)[2013-2321]	F11008(2)[2013-230]	
资料来源	粤航警 20130011 号	(0205/2013)	

图 2-1　2013 年第 8 期 241 号通告

(二)英版《航海通告》

1. 概述

英版《航海通告》(admiralty notices to mariners, ANM)每周末出版一期。它汇集英国水道测量部发布的全部航海通告，提供对所有英版海图及其他航海图书的改正资料，并重印无线电航海警告及其他变化资料，还复印澳大利亚和新西兰的航海通告(不包括临时通告和预告)，以供改正英国复制的澳大利亚和新西兰海图用。

英版《航海通告》按每年发布的时间顺序连续编号，通告号码用 * 号标注的，表示该通告来源于原始资料。

英版《航海通告》，通常包括图 2-2 所示的内容。

ADMIRALTY
NOTICES TO MARINERS

Weekly Edition 13

26 March 2023

(Published on the UKHO Website 10 March 2023)

CONTEN TS

图 2-2　英版《航海通告》内容

2. 各部分内容的说明

(1) Ⅰ注释与图书清单

第Ⅰ部分主要包括网络版《航海通告》的使用说明;注释;海图、出版物的出版、新版、作废等信息;月末、季末周版的增加内容。

注释是关于每期通告的截止日期、通告内容和航海图书资料的改正等的说明;图书的出版与作废信息包括图书清单中的相关海图(admiralty charts affected by the publication list)、新图与新书(new admiralty charts and publication)、新版图与新版书(new editions of admiralty charts and publications)、即将出版的海图(admiralty charts to be published)、作废的海图和图书(admiralty charts and publications permanently withdrawn)、废除的海图(admiralty charts independently withdrawn)。

月末一期周版刊有仍有效的临时性通告和预告一览表。

在每季度末出版的一期航海通告中还包括:

季度版航海图书一览表(current hydrographic publications),内容有:《航路指南》及其补篇、《灯标和雾号表》、《无线电信号表》、《潮汐表》等图书现行版本一览表,以便读者了解最近航海图书的新版情况。

(2) Ⅱ航海通告、标准航用海图的改正

第Ⅱ部分主要包括三个索引、正式(永久性)通告、临时性通告和预告、改正海图的贴图。

①为改正海图提供方便的三个索引

a. 地理索引(geographical index)

地理索引有 27 项,第 2 项～第 26 项是海区名称,用以索查所航行地区改正海图的航海通告。该索引摘录如图 2-3 所示。

GEOGRAPHICAL INDEX

(1)Miscellaneous ······ 2.5
(2)British Isles ······ 2.5—2.10
(3)North Russia, Norway, The Faroe Islands and Iceland ······ 2.11
(4)Baltic Sea and Approaches ······ 2.12—2.13
(5)North Sea and North and West Coasts of Denmark, Germany, Netherlands and Belgium ······ 2.13
(6)France and Spain North and West Coasts, and Portugal ······ 2.14
(7)North Atlantic Ocean ······
(8)Mediterranean and Black Seas ······ 2.14—2 18
(9)Africa, West Coast and South Atlantic ······ 2.18
(10)Africa, South and East Coasts, and Madagascar ······
(11)Red Sen, Arabia. Iraq mid Iron ······ 2.19
(12)Indian Ocean,Pakistan, India Sit Lanka, Bangladesh and Myanmar ······ 2.19—2 20
(13)Malacca Strait, Singapore Strait and Sumatera ······ 2.20— 2.21
(14)China Sea with its West Shore and China ······ 2.21

图 2-3　地理索引摘录

改正海图的航海通告是按地区顺序编排的,要了解航线附近本周版有无航海通告,可根据航行地区在相应的页码中索查即可。

b. 通告和图夹索引(index of notices and chart folios)

通告和图夹索引摘录如图 2-4 所示。

INDEX OF NOTICES AND CHART FOLIOS

Notice No.	Page	Admiralty Chart Folio	Notice No.	Page	Admiralty Chart Folio
1362	2.21	155～	1419(T)/13	2.48	
1363	2.22	55	1420(T)/13	2.48	64
1364	2.22	55	1421(1)/13	2.49	65
1365	2.22	55	1422	2.25	52
1366	2.22	55	1423	2.25	48
1367	2.22	55	1424 *	2.33	96
1368	2.23	55	1425	2.33	98
1369	2.23	53, 55	1426	2.32	74
1370	2.23	53	1427	2.17	25
1371	2.23	54	1428	2.11	13
1372	2.24	54	1429	2.17	26, 27
1373	2.24	54	1430	2 13	10
1374	2.24	54	1431	2.13	10

图 2-4　通告和图夹索引摘录

本索引按通告号的顺序排列，给出该通告内容所在的页码和需改正的海图所在的图夹号(chart folio)。因此，当已知通告号后，可利用本索引查通告页码。例如，已知通告号为 1374，查本索引得其改正内容在第 2.24 页，翻到第 2.24 页便可查得 1374 通告的具体内容。该通告号涉及 54 号海图图夹中要改正的海图。

c. 应改海图索引(index of charts affected)

应改海图索引摘录如图 2-5 所示。

INDEX OF CHARTS AFFECTED

Admiralty Chart No.	Notices	Admiralty Chart No.	Notices
2	1389	2258	1435
18	1463	2262	1402
45	1395P	2291	1452
84	1408P,1409	2296	1406, 1407
86	1393	2299	1407
90	1409	2303	1403
119	1439T	2506	1424
140	1440T	2537	1464
144	1395P	2538	1464
187	1429	2589	1455
194	1464	2638	1462
219	139D	2676	1431
237	1391	2680	1430
242	1381	2765	1467
245	1389	2817	1406
278	1438P	2862	1411
291	1389,1438P	2873	1411
299	1452	2881	1384
306	1401	2893	139SP
319	1396T	2894	1434

图 2-5 应改海图索引摘录

本索引按本期应改正的英版海图的图号顺序排列，给出改正该海图的通告号。因此，利用本索引，可索查本船所备有的英版海图有无需要改正的，若有则应摘录出相关通告号，登记到海图卡片或海图改正记录簿中去。改正时，根据这些通告号到通告和图夹索引查得它们的页码，再从相应页码中查得改正资料的具体内容。

例如，若本船有海图 2676，便可查得改正该图的正式通告为 1431。根据通告号 1431 从通告和图夹索引中查得其所在页码为 2.13。

②改正海图的正式航海通告

英版海图出版或新版后的改正主要通过周版《航海通告》进行。航海通告分为正式通告、临时性通告和预告三种。通告的格式如图 2-6 所示。

1363　JAPAN-Honshu-East Coast-Kashima Ko-Lights. Depths. Jetty.

Light List Vol. M, 2012/13 , 6492. 4

Source: Japanese Notice 9/165/13

Chart JP 1097[*previous update 1362/13*] WGS84 DATUM

Insert the accompanying block, showing am endments to lights, depths find jetty centred on: 35°56′00″N, 140°41′50″E

图 2-6　通告的格式

其格式内容有：通告号（如 1363）；通告涉及的地点（由大到小排列）与标题（如 Lights, Depths）；资料来源（Source），一般采自其他国家或地区的通告内容，其真实性未予证实，但若通告号旁带有“ * ”，表明其为原始资料；通告涉及的海图（Chart）及其坐标系（WGS84、ED50 等），上次改正的通告号/年份（previous update），此为检查海图是否漏改的重要依据；改正海图的具体内容，对永久性通告应根据此内容用红墨水笔对所列海图进行改正。而用于海图改正的贴图（accompanying block）和贴条（accompanying note）则刊印在第 D 部分的末尾，可剪下它们对海图进行贴改。

③临时性通告（T）和预告（P）

在正式通告后用单面印刷刊出临时性通告和预告的内容，以便使用者在收到周版《航海通告》后，将它们剪下按“地理索引”中的分区装订成册。临时性通告是对那些资料变更的时间长度不能确定时所发的通告，表明资料的改变可能是暂时的；预告则仅仅对资料的可能变更做出预告。其内容的编排格式与正式通告类似，如图 2-7 所示。

1377(T)/13　JAPAN-Honshu-South Coast-Tokyo Wan-Keihin Ko-Tokyo Ku-Section 4-Restricted area.

Source: Japanese Notice 9/5127(1)/13

A restricted area, entry prohibited, has been established until 31 July 2013, within an area bounded by the following positions (WGS84 Datum):

35°35′02. 1″N, 139°49′22. 7″E(shore)

35°34′51. 3″N, 139°49′31. 5″E

35°34′40. 6″N, 139°49′11. 6″E

35°34′51. 4″N, 139°49′02. 8″E(shore)

Charts affected-JP 1061-JP 1065

1408(P)/13　BAN GLADE SH-Approaches to Chittagong-Chittagong Westwards to Sangu River Westwards Wrecks. Obstructions.

Source: Bangladeshi Hydrographic & Oceanographic Centre

1. There have been numerous changes to wrecks and obstructions between latitudes 22°02′N and 22°22′N and east of longitude 91°40′E. The least depth for many of these wrecks mid obstructions has been determined. For full details consult the port authority.

(All positions are referred to WGS84 Datum)

2. These changes will be included in the next New Edition of Chart 84.

3. Former notice 4801(P)/12 is cancelled.

Chart affected-84 (INT 7428)

图 2-7　临时性通告和预告编排格式

④改正海图用的贴图与贴条

在第D部分的末尾印有贴图(blocks)和贴条(notes)以及与其相关的通告号及海图号。

(3)Ⅲ无线电航海警告的重印

警告内容分区域编排,并采用单面印刷。每一区域(例如NAVAREA Ⅰ)内,先列出至本期出版之日仍有效的所有警告的年份和号码,已撤销的警告号码不再列出。然后是新近发布的警告内容。警告的文字简明,可能在句中省略了仅起语法作用的文字,有些单词用缩写,阅读时应予注意。每一条警告仅抄引一张英版海图图号,但这并不意味着该警告只与这一张海图有关。

(4)Ⅳ对《航路指南》的改正

第Ⅳ部分中列出了对《航路指南》的改正资料,包括至本期周版通告刊印之日仍有效的关于《航路指南》改正的周版通告期号汇编,该汇编分航路指南书号(NP No.)、页数(page)、标题(title)、周版期号(weekly edition)四栏。

月末出版的周版《航海通告》中还有"有效的改正航路指南通告月度汇编"。

(5)Ⅴ《灯标表》的改正资料

这部分改正资料用与原书相同的编排格式印刷,用来贴改英版"灯标和雾号表"。

(6)Ⅵ《无线电信号表》的改正资料

这部分改正资料用与原书相同的编排格式印刷,用来贴改英版"无线电信号表"。

二、航海通告的处理

英版《航海通告》是改正英版海图及其他相关英版航海资料的依据。因此,必须尽可能及时地取得航海通告,以便及时进行海图等资料的改正工作。航海通告到船后,应立即进行处理,以便及早了解航线附近最近发生的变迁或变更,同时也为着手对海图及其他航海图书资料的改正做好准备。

(1)纸质或软盘《航海通告》可从港口的代理机构索取,网络版《航海通告》可免费登录英国海道测量局网站主页下载。

(2)各期航海通告送船后,二副负责查收并检查是否缺期,并在每期航海通告上注明送船日期及港口名称。应当认为从航海通告送船时开始,船长及其驾驶员应能够将这些航海通告中的资料应用到此后拟订的航线及航行中去。

(3)可将每期航海通告的第Ⅲ、Ⅳ、Ⅴ、Ⅵ部分内容拆下来,分别剪切、贴改到相应的图书资料中。第Ⅱ部分的永久性通告及贴图不能剪切,但应在相应的海图卡片上登记。注意不要将第Ⅲ、Ⅳ、Ⅴ、Ⅵ部分内容撕下来,撕下来不但会造成纸张不整齐,还会因撕后的航海通告左右薄厚不一,影响存放。

(4)航海通告的第Ⅰ、Ⅱ部分内容应长期保存。在海图卡片上,需要进行航海通告的登记,临时通告和预告也应登记在卡片上。

(5)船长及驾驶员还应阅读航海通告第Ⅱ部分中前几个与海图改正无关的内容，这些通告内容可能涉及有关规章、通信方式、定位系统及其他重大事项的改变。阅读后，摘抄与本船航区有关的内容备查。

三、改正海图的原则

改正海图的一般原则：先改急用的海图后改缓用的及暂时不用的；先改大比例尺海图后改小比例尺海图；如果同一张海图同时需要改正几个通告时，建议按时间顺序先改以前的，这样不易漏改；但也可以先改近期的通告后改先前的通告，因为有时后面的通告内容会覆盖或包含前面通告的内容，即使不需改正前面通告，在小改正栏还是应该登记该通告号。

相同的海图有几张时，必须都要改正，绝对不可贪图方便只改一张。

四、海图改正步骤

(1)先将收到的各期《航海通告》中有关改正海图的通告登记在海图卡片上或《海图改正登记簿》中。登记前应根据“本船海图图号表”在每期《航海通告》第Ⅱ部分“相关海图索引”(index of charts affected)中将本船配有的海图图号勾出来，以便抽出有关的海图卡片或在英版《海图改正登记簿与图夹索引》中进行登记。

(2)改正每张海图时，根据该海图卡上或《海图改正登记簿》中所登记的通告逐条进行。可利用该期《航海通告》第Ⅱ部分中的“通告和图夹编号索引”(index of notices and chart folios)，查阅该通告所在页数，以便迅速找到该条通告。

(3)阅读通告前应先查核该通告末尾“有关海图”(chart)栏中列出的海图图号是否包括本海图，查核该图的上一次改正(previous update)的通告号码，同时也应注意到所改正海图与该通告中哪几款内容有关，以免浪费时间。

(4)在改正前应先阅读通告的标题，特别是标题末尾通常说明通告的主题(此处是有关灯标)，这对迅速了解通告内容、避免误解很有益处。

(5)改正时可先根据所给出的大致经纬度在海图上找出参考点位置，然后再仔细阅读通告内容，将所需改正的内容填入或删除。填入位置要按通告所给出的经纬度、方位与距离等数据相互核对，务求准确无误。

(6)改正海图应用细尖红墨水钢笔进行，以示醒目。英版航海通告中符号和凡用斜体字印出的文字或缩写，原则上都要求填入海图。符号、文字或缩写的填入要严格按照海图图式的规定进行，字体端正，符号清晰正确，不致被人误解。填入的内容所占位置要足够小，且不可掩盖海图上的原有资料；符号在规定位置填画不下时，可移至一边，并用箭头指明其准确位置；被删除的符号或缩写仅用一红线划掉原内容，这样既表示删除原内容，原内容仍完整可辨。

(7)在通告中如果有“伴随贴图”(the accompanying block)或者“伴随改正字条”(the accompanying note)字样,应将贴图或改正字条贴在通告指定的地方。同时,进行贴图的改正时应注意贴图的边线仅是为了印刷的方便,粘贴时尽可能将影响航行的重要部位对齐。最好在涂胶水前将贴图先在海图上对好位置,并用铅笔在边框周围点几个点线作记号,再涂胶水于贴图上,找正贴齐。

(8)每条通告改正后,应在海图卡片上或海图改正登记簿中将这些通告号码勾掉,并在海图左下角“小改正”登记栏中按年份将所有已改正过的通告号码注明;临时性通告和预告用铅笔改正并另起一行注明。

(9)必须核对海图左下角“小改正”登记栏中的上次改正记录,是否与通告中上次改正通告号码一致。如果不一致,则必须找出上一次应改通告,并逐一进行改正。

五、海图改正注意事项

(1)对本航次需用的海图改正应在航线拟订前结束,并交船长审阅。对航行有重要影响的改正应报告船长,供拟订航线和制定航行计划时参考。与本航次航行无关的海图,也要根据工作的轻重缓急,安排时间改正,以免长期积压不改,用时只好购买新图,造成浪费。

(2)凡涉及灯光光弧及导标方位等改正时,应注意通告中用方位标明的光弧界限及导标方位都是指从海上看灯标的方向;而其他一切用方向、距离来指明位置者,都是指从参考点出发的方向,两者方向恰好相反,不应混淆。

(3)凡通告中有下列文字时应予注意:“在即将出版(或已经出版)的…号新版(或改版)海图上,已包括此项改正”,因而该海图图号不再列入通告末尾的“有关海图”栏中,该海图卡片上或“海图改正登记簿与图夹索引”中自然对此通告亦未登记。当此新版图尚未买到而又必须沿用旧版图时,应对该海图进行补充登记,并改正。

(4)改正海图时应严肃认真,对航行安全负责。所有航海通告内容原则上都应按要求改正到有关海图上去。同一通告可先改大比例尺海图,后改小比例尺海图。对同一张海图上所需改正的各个通告,原则上还是自前至后地进行改正为妥;如采用自后向前地进行改正,则要预先将各通告看一遍,以防发生差错。

(5)应注意通告中的文字也会有差错,特别是方位、距离、经纬度等数据,倘若发现此种情况,要根据所给出的有关资料,反复核对,查实清楚后再进行改正。

(6)英版电子海图的改正,有专用软件和通告,并有另一套付费方法。如果船上有这种设备,应参照说明进行。

六、临时性通告和预告的改正

(1)临时性通告和预告因其内容是临时和未来的,所以海图代销店不对这类通告进行改正。因此，使用者对此类通告的有效性要追查到该图出版或新版之日，并对至今仍有效的临时性通告和预告进行改正。

(2)临时性通告和预告一律用铅笔进行改正，在改正处应注明临时通告或预告的号码与年份，然后在海图“小改正”记录处另起一行专门用于记录这类通告的号码。

(3)为了查阅方便，每周版《航海通告》第Ⅱ部分最后的临时性通告和预告，可以逐期按 26 个地区汇订。这种“临时性通告和预告汇编簿”保留一年即可，因为“航海通告年度摘要”中重印至当年 1 月 1 日有效的全部临时性通告和预告的内容。

(4)利用每月末那期周版《航海通告》中的“临时性通告和预告每月汇编”，可按地区查核此类通告是否继续有效。因此，在改正海图时，可根据此汇编查核改正在海图上的通告内容是否继续有效，如已失效应将通告勾销，并将海图上的改正擦去。

七、海图管理

1. 海图存放的要求

(1)海图存放应保持环境干燥。海图一旦受潮后，应平压在玻璃板下阴干，以免变形。每张海图右下角均印有图幅尺寸，伸缩变形过大者不宜使用。

(2)海图在柜内平放时，图号应保持在右下角，便于抽选；海图折放时，背面图号应朝上。海图应尽量平放，图幅较大的海图有些是对折或三折存放的。搬运海图时，应卷成筒状，切勿随意折叠，回船后应立即放平恢复原状。

2. 海图存放方法

(1)按图号顺序存放

在图柜的每一格上注明起讫号数，使用时可直接根据海图目录查知所需海图的图号，从中抽选。

(2)按图夹(chart folio)存放

中版海图目前尚不按图夹发行，各船可根据本船航区的需要，按图号顺序或按地理位置次序自行编夹。英版海图是按地区编成图夹的。

(3)按航线存放

经常航行在一条或数条航线上的船舶，可按航线以相邻图的次序存放海图，亦可按用图次序单独编号。

无论按哪种方法存放海图，总的原则都应是便于使用。切不可将海图乱堆乱放，致使用图时无从抽取。

3. 建立海图卡片

每张航用海图都应建立一张海图卡片(图 2-8)，用于反映海图的出版和改正情况，便于登记改正和查阅。全部海图卡片应按图号顺序存放在卡片箱内。海图卡片应妥善保管，卡片上的一切登记及勾销都能正确和及时地反映出海图的新版和小改正情况。

图号:1199	海图卡片	
	航区:东海	编号:
	图夹:52	编号:
图名:宁波港到长江口	海图目录区域:K	
出版年月:1984.11	出版国家:英国	
新版或改版日期:2011.09		
航海通告登记:2011-4618-5549-5550-2012-252-729-1515-1822-1823-2153		

图 2-8 海图卡片

4. 编制"本船航用海图图号表"

应自行打印一份"本船航用海图图号表",图号可按顺序列出,以反映本船实际备有的全部航用海图。中版、英版可分别单列,其他专用海图及图书表册可另列清单,以便掌握本船航海图书资料的情况。

5. 用《航海通告累积表》建立英版海图管理档案

英版《航海通告累积表》(cumulative list of admiralty notices to mariners),由英国海道测量局出版,每年的年初和年中各出版一本。书中刊有海图图号(Chart No.)及其现行版本(Edition),近两年(年初版)或两年半(年中出版)来用于改正海图的航海通告年份(黑体字)、周版期号(括号内)及通告号。内容结构摘录如图 2-9 所示。

在《航海通告累积表》中所列的海图图号前,将本船备有的图号前用红笔打个记号,如"√",即海图图号前打有红色标记者乃是本船实际备有的海图。如果某海图本船备有数张,则也可在此图号旁注上实际张数。

一般船上备有的每张海图都要建立自己的"海图卡片"。显然,《航海通告累积表》中记载的三项内容与海图卡片要求的内容相同,因此,可以作为"海图卡片"使用。一本《航海通告累积表》代替了海图卡片箱。

《航海通告累积表》相隔约 6 个月出版一本,故在取得新表后,应将其后的各期周版《航海通告》中的与本船海图有关的通告号补充到最近期的累积表中(利用应改海图索引),使《航海通告累积表》能适时地反映最新改正情况。如果每艘船舶按此方法,能在累积表中登记海图的改正情况,则可用累积表的通告号与海图的"小改正"登记号进行比较,就可了解船舶的海图改正情况。

海图的使用、改正与管理,是航线拟订及安全航行的重要保证,因而是远洋船上二副工作的一项重要内容,工作重要而烦琐。因此,应以严肃认真的态度,建立科学而合理的管理制度,务求把这一工作做好。

Chart No.	Edition	Notices to Mariners	Chart No.	Edition	Notices to Mariners
2	July 2009	2009(33) 4305 (36) 4716 (41) 5391 5394 (47) 6229 6230 (51) 6771 2010 (2) 175 176 (15) 1787 (22) 2619 (25) 3072 3073	42	Apr. 2006	2008 (46) 6183 2010 (17) 2057 (42) 4955 (43) 5208
2		(27) 3327 (29) 3518 (34) 4169 (40) 4784 (42) 4980 (47) 5708	44	Feb. 2001	2008 (4) 325 (19) 2485 2486 (25) 3223 3225 (40) 5481 2009 (4) 423 (6) 678 (12) 1398 (23) 2881 (36) 4722 (39) 5140 2010 (11) 1303 (22) 2679 (27) 3329
3	Mar. 1998	2010 (38) 4575			
5	Dec. 1987	2007 (7) 769	45	Mar. 2010	2010 (39) 4738
6	Oct. 2009	2009 (49) 6452 (53) 6933 2010 (4) 336 (27) 3229 (42) 4970 4971 (43) 5210 (49) 5971	46	July 2005	2008 (10) 1259 (12) 1521 (14) 1771 (22) 2841 (27) 3538 (40) 5437 (51) 6933 2009 (22) 2677 (30) 3846 (44) 5809 (45)
7	Aug. 1999	2009 (8) 956			5965 (49) 6395 6518 (52) 6904 2010 (33) 4077 (41) 4924

图 2-9 《航海通告累积表》内容结构摘录

第三节 陆标定位

陆标是海图上标有准确位置可供目测或雷达观测，用以导航或定位的陆上固定物标的统称。陆标定位(fixing by landmarks)是指利用船上的仪器(如罗经、雷达等)观测陆标的方位、距离来测定船舶位置的方法和过程。

一、定位方法

1. 方位定位方法

方位定位是利用罗经同时观测两个或两个以上陆标的方位来确定船位的方法和过程,它又称为方位交叉定位(fixing by cross bearings)。观测两个陆标的方位确定船位的方法称两方位定位;观测三个陆标的方位确定船位的方法叫三方位定位。三方位定位有时能检测两方位定位中可能发生的差错,如认错物标、读错方位等。在条件许可时,应尽可能同时观测三个物标的方位进行定位。

2. 距离定位方法

当测得船舶与视界内某一陆标之间的距离时,其位置线是以该物标为圆心,以测定距离为半径的圆周。如能同时测得两个陆标的距离,则可得两条距离位置线。在一般情况下,这两个圆将有两个交点,其中靠近推算船位的一个交点即为观测时刻的船位。须注意的是,有时若利用推算船位判断有困难,则可以用两个物标的大概方位来确定哪个交点是观测船位。距离定位中,也可同时测定两个以上的陆标距离进行定位。

3. 方位距离定位方法

这是航海上常用的、也是较方便的一种方法。利用视界内唯一的可供观测的物标,同时观测它的方位和距离,可以得到同一时刻的该物标的方位位置线和距离位置线,它们的唯一交点就是观测时刻的船位。

常用的单物标方位距离定位(fixing by bearing and distance)是雷达方位距离定位,单物标方位距离定位的最大优点在于:位置线的交角始终等于 90°。因此,船位误差完全取决于观测方位和观测距离的精度和物标的远近。

二、定位步骤

1. 选择物标

(1)应选择显著的、经过精测的物标,如灯塔、孤岛以及海图上标有"△"符号的山峰等。

(2)应选择距离较近的物标。

(3)应选择交角较好的物标。当用两物标定位时,不管是方位定位还是距离定位,都应选择两物标方位线间的夹角在 90°左右,至少应大于 30°而小于 150°。当用三物标定位时,应尽量选择较近的物标和选择相邻两个物标方位线之间的夹角在 120°(或 60°)左右,而不宜选用夹角小于 30°或大于 150°的物标。

(4)雷达定位选择物标时,尽量选择图像稳定、亮而清晰、回波位置与海图位置精确对应的孤立小岛、岬角、凸堤等。

2. 辨认物标

陆标定位,正确识别陆标是第一位的。孤立的或形状特殊的物标比较容易识别。沿岸的灯塔，夜间可以根据灯质识别；白天则可以根据灯塔的形状、颜色和其他特征进行识别。然而对于形状、高度等无显著差异的连绵山头，识别它们就有一定的困难。

这里介绍几种常用的识别方法：

(1)利用船位识别

在物标较多的情况下，首先利用已知的物标测定船位，在测定船位的同时测出前方未知的但有特征的物标的方位。在海图上先画出船位，然后从船位出发画出所测未知物标的方位，则此方位线通过的物标通常就是刚才的未知物标。

如当时的 GPS 船位已知，在海图上先确定出要识别的物标，在海图上从船位出发画出所测未知物标的真方位 TB，并换算为罗经方位，然后按照此罗经方位的方向去寻找要识别的物标。

(2)雷达定位物标回波识别

①如雷达回波图像失真较小，可根据雷达荧光屏上物标回波形状与海图上物标形状比较进行识别。

②根据已知准确船位辨认：首先确定船位，然后在海图上量取船位到物标的方位和距离，再在荧光屏上对应的方位距离附近辨认回波；反之，先在荧光屏上量出需辨认的物标的方位和距离，然后在海图上根据物标离当时船位的方位和距离确定物标的名称。

③根据已知物标辨认：首先确定某一物标，然后在海图上量取该物标到需辨认物标的方位和距离，再在荧光屏上利用偏心电子方位线和活动距标圈从已知物标回波出发，在对应的方位和距离附近辨认回波；反之，先在荧光屏上量出已知物标到需辨认的物标的方位和距离，然后在海图上根据物标离已知物标的方位和距离，确定物标的名称。

3. 观测

(1)陆标方位、距离的测定

航海上方位的测定方法通常有两种，一是利用方位圈(图 2-10)配合罗经观测物标的方位，二是利用雷达观测物标方位。

航海上距离的测定方法有两种，一是利用六分仪测定物标的垂直角求距离，如图2-11所示，从直角三角形 MAB 中可以得到测者到物标垂足 B 之间的距离：

$$D = AB = H\cot\alpha \tag{2-1}$$

若高度 H 以米为单位，距离 D 以海里为单位，则上式可写为：

$$D = H\cot\alpha/1852 \tag{2-2}$$

另一种测定距离的方法是利用雷达，雷达是航海上最常用的测量物标距离的仪器。

(2)观测顺序

同一观测者不可能同时测定两条位置线。为了减少因不同时观测而产生的船位误差，用两物标定位时，除了要提高观测速度外，还必须注意两物标的观测顺序。确定观测顺序的原则是：

图 2-10 方位圈

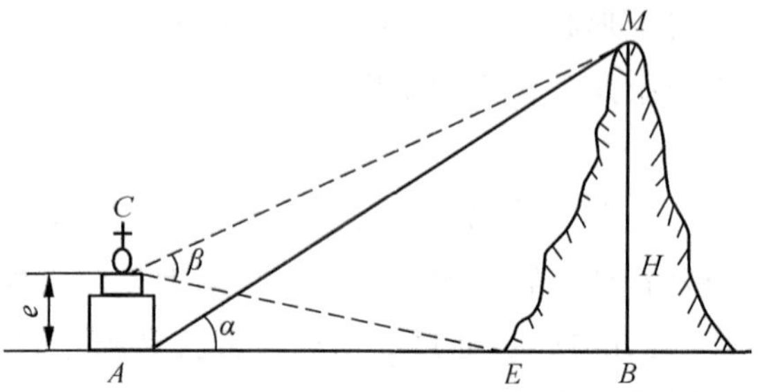

图 2-11 观测物标求其垂直角

①先测观测值(如方位、距离等)变化慢的物标,后测观测值变化快的物标。即方位定位时,先测船首尾线方向上方位变化慢的物标,后测船正横方向上方位变化快的物标;距离定位时,先测正横附近距离变化慢的物标,后测船首尾线方向距离变化快的物标。

②在夜间观测灯标定位时,先测较难观测到的,如远距离的、灯光周期较长的灯标;后测比较容易观测到的,如近距离的、灯光周期较短的灯标。其目的是缩短观测的时间间隔。

(3)观测注意事项

①用罗经测方位时,要保持罗经盆的水平。

②用雷达的电子方位线测物标方位时,电子方位线应与回波同侧外缘相切。点状小物标则测中心方位。

③用雷达的活动距标圈(VRM)测物标距离时,点状小物标测中心位置;测物标岸线回波时,用 VRM 内缘与回波内缘相切,测远处山峰回波,用 VRM 外缘与回波外缘相切。

4. 计算

测得的物标方位应换算为真方位:

$$
\begin{aligned}
\text{真方位 } TB &= \text{罗方位 } CB + \text{罗经差 } \Delta C \\
&= \text{罗方位 } CB + \text{磁差 } Var + \text{自差 } Dev
\end{aligned}
$$

$$\text{真方位 } TB = \text{陀螺方位 } GB + \text{陀螺差 } \Delta G$$

5. 作图

在海图上,方位位置线是从所测物标按真方位 TB 的反方向($TB \pm 180°$)画出船位线。距离位置线是以观测物标的位置为圆心,以观测距离为半径画出,两条位置线的交点即为观测船位。两距离位置线通常有两个交点,其中靠近推算船位的一点即为当时的观测船位。

第四节　航标识别

一、概述

航标是助航标志的简称，它是以特定的标志、灯光、音响或无线电信号等展现，供船舶确定船位、航向，避离危险，使船舶沿航道或预定航线安全航行的助航设施。

航标主要作用：指示航道、供船舶定位、标示危险区和满足特殊需要。

按照航标的设置地点，航标可分为：沿海航标、内河航标和船闸航标。

按照航标技术装置，航标又可分为：发光航标、不发光航标、音响航标和无线电航标。

二、国际浮标制度

1. 概述

国际浮标系统是国际航标协会(international association of lighthouse authorities，IALA)和各国航标管理部门经过长期、反复协调而逐步形成的。目前世界各国均采用国际浮标系统。

国际浮标系统将世界分成两个区域，执行两种制度，称为 A 区域和 B 区域或者 A 制度和 B 制度。

A 区域——除 B 区域以外的地区；

B 区域——美洲和亚洲的日本、韩国和菲律宾。

国际浮标系统中包含的(适用的)航标为除灯塔、扇形光灯标、导灯(导标)、灯船及大型助航标志外的一切固定的和浮动的标志，它们的设置必须符合国际浮标系统的规定。

国际浮标系统使用的标志形状有罐形、锥形、球形、柱形和杆形等五类。

国际浮标系统使用的颜色：红、绿用于标示可航航道的两侧界限；黄色用于标示特殊用途的水域；其余灯光一般用白光。

2. 国际浮标系统的组成

国际浮标系统共有五类标志，它们是侧面标志、方位标志、孤立危险物标志、安全水域标志和专用标志。

(1)侧面标志及其辨认

侧面标志(lateral marks)标示航道的左右两侧界限。按“浮标习惯走向”标示航道左侧(port)的称左侧标，标示航道右侧(starboard)的称右侧标。船舶按“浮标习惯走向”航行时，应将左侧标置于本船左舷，右侧标置于本船右舷。

“浮标习惯走向”是指：

①船舶从海上驶向港口、河道、港湾或其他水道所采用的总走向，即进口方向；

②若在外海、海峡或岛屿之间，按围绕大片陆地的顺时针方向；

③由浮标主管当局确定的方向。

浮标的总走向通常在《航路指南》中说明，并根据需要在海图上用适当的符号标出。

A 区域的侧面标志的颜色（标身及灯色）是左红右绿，B 区域的侧面标志为左绿右红。

以 A 区域的侧面标志为例，侧面标志的辨认方法如表 2-4 所示。

表 2-4 侧面标志的辨认方法

分类	左侧标	右侧标
形状	罐形、柱形、杆形	锥形、柱形、杆形
颜色	红色(R)	绿色(G)
顶标	单个红色罐形	单个绿色锥形，锥尖向上
光色	红色(R)	绿色(G)
光质	除 Fl(2+1)外任选	除 Fl(2+1)外任选

推荐航道侧面标志设立在水道的分岔处，用于标示主要航道的侧面界限的标志。当航道分岔处形成两条可航航道可到达同一目的地，则主要航道称为推荐航道，另一航道称为支航道。以 A 区域的推荐航道侧面标志为例，推荐航道侧面标志的辨认方法如下：

a. 推荐航道左侧标（主航道在右侧）

颜色：红色，中间有一条宽阔的绿色横纹。

形状：罐形、柱形或杆形。

顶标：单个红色圆罐。

发光器（装有发光器时）光色为红光，光质为混联闪 2 次加 1 次[Fl(2+1)]。

b. 推荐航道右侧标（主航道在左侧）

颜色：绿色，中间有一条宽阔的红色横纹。

形状：圆锥形、柱形或杆形。

顶标：单个绿色圆锥，锥尖向上。

发光器（装有发光器时）光色为绿光，光质为混联闪 2 次加 1 次[Fl(2+1)]。

(2)方位标志及其辨认

方位标志(cardinal marks)由罗经方位命名而得，它设方位于被标示点（危险物）的四个基点方位之一，并以基点方位命名。船舶在方位标志的同名侧水域航行才是安全的。即船舶应在北方位标的北侧，东方位标的东侧，南方位标的南侧，西方位标的西侧航行。

方位标志可用以：

①标明某个区域内最深的水域在标志的同名侧；

②指明通过危险物时安全的一侧；

③引起对航道中的某些特征，如航道弯头、河流汇合处、分支点或浅滩尾端等的注意。方位标志的辨认方法如表 2-5 所示。

表 2-5 方位标志的辨认方法

分类	北方位标	东方位标	南方位标	西方位标
形状	柱形或杆形	柱形或杆形	柱形或杆形	柱形或杆形
颜色	上黑下黄横纹	黑黄黑横纹	上黄下黑横纹	黄黑黄横纹
顶标	两尖向上黑色圆锥	两锥底相对黑色圆锥	两尖向下黑色圆锥	两尖相对黑色圆锥
光色	白色	白色	白色	白色
光质	Q或VQ	Q(3),10s 或VQ(3),5s	Q(6)+LFl,15s 或VQ(6)+LFl,10s	Q(9),15s 或VQ(9),10s

(3)孤立危险物标志

孤立危险物标志(isolated danger marks)设立在范围不大的孤立危险物之上或尽量靠近危险物的地方,标志的周围都有可航水域。但船舶应避开该标航行,以策安全。孤立危险物标志的辨认方法如下:

形状:任选,如果是浮标则使用柱形或杆形。

颜色:黑色,中间有一条或多条宽阔的红色横纹。

顶标:上下两个黑球。

光色:白色。

光质:Fl(2)。

(4)安全水域标志

安全水域标志(safe water marks)用以指明在该标志周围均为可航水域。它设置在航道中央或航道的中线上,也可代替方位标志或侧面标志指示接近陆地。

安全水域标志的辨认方法如下:

形状:球形浮标或带球形顶标的柱形或杆形浮标。

颜色:红白相间竖纹。

顶标:单个红球。

光色:白色。

光质:等明暗,明暗 ,LFl或莫尔斯信号“A”。

(5)专用标志

专用标志(special marks)主要用于指示某一特定水域或特征。例如:检疫锚地;军事演习区;海洋资料探测、海道测量、水文测验、潜水、打捞、海洋开发、抛泥、测速、罗经校正等海上作业区;分道通航区、分隔带(当使用常规航道标示分道通航可能造成混淆时,使用本专用标);电缆或管道和娱乐区域及水产作业场等。

专用标志的辨认方法如下:

形状:任选,但不得与侧面标志和安全水域标志相抵触。

颜色:黄色。

顶标：单个黄色 X 形。

光色：黄色。

光质：除方位标志、孤立危险物标志和安全水域标志使用的白色光质外任选。

(6)新危险物

新危险物是新发现的，既没有在海图上和《航路指南》中标明，也没有利用航海通告充分发布的障碍物。新危险物包括自然出现的障碍物，如沙滩、礁石；人为的危险物，如沉船。

新危险物标示法：

①新危险物用一个或几个本制度规定的方位标志或侧面标志来标示。如果这个危险物特别严重，则其标志中至少有一个必须尽快地设置重复标志，直至该危险物的消息已经充分播报为止。

②任何用于这个目的的装灯标志的灯光节奏应是甚快闪或快闪。如果用的是方位标志则显示白光；如果用的是侧面标志则显示红光或绿光。

③新危险物可以装设雷达应答器来标示，发莫尔斯信号“D”，在雷达显示器上显示出 1 n mile 长度的信号。

三、各类航标在海图上的识别

各类航标在海图上可用其图式识别，图式的特点包括标志的形状、顶标和颜色，具体如表 2-6 所示。

表 2-6 航标海图图式

编号	海图图式	说明
1		锥形标志
2		罐形标志
3		球形标志
4		柱形标志
5		杆形标志
6	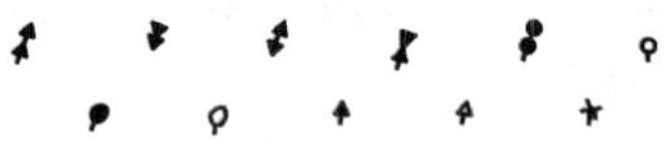	顶标
7		单色标志：G—绿色

续表 2-6

编号	海图图式	说明
8	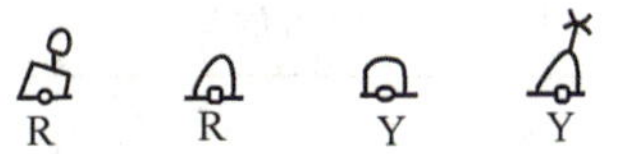	除绿色之外的单色标志：R—红色、Y—黄色
9		多色横纹标志，颜色排列自上而下：BY—黑黄、GRG—绿红绿、BRB—黑红黑
10		多色竖纹标志，深色在前：RW—红白

灯标的符号是在原有航标的符号上加注发光符号和光质，如图 2-12 所示。

北方位标：VQ——甚快闪；Q——快闪

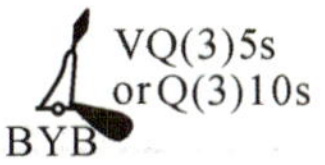

东方位标：VQ(3)5s——甚快闪 3 次周期 5s；
Q(3)10s——快闪 3 次周期 10s

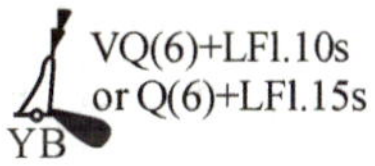

南方位标：VQ(6)＋LFl. 10s——甚快闪 6 次加一长闪周期 10s；
Q(6)＋LFl. 15s——快闪 6 次加一长闪周期 15s

西方位标：VQ(9)10s——甚快闪 9 次周期 10s；
Q(9)15s——快闪 9 次周期 15s

图 2-12　灯标图示

四、中国海区水上助航标志

1. 专用标志

表 2-7　专用标志标记与灯质

标志用途	标记		灯质		
	颜色	符号	光色	莫尔斯信号	周期(s)*
锚地	黑		黄	Q — — · —	12s
禁航区	黑			P · — — ·	
海上作业	红、白	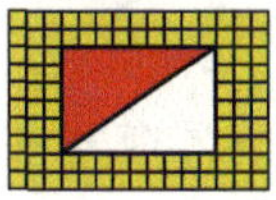		O — — —	

续表 2-7

标志用途	标记		灯质		
	颜色	符号	光色	莫尔斯信号	周期(s)*
分道通航	黑	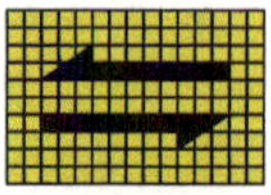	黄	K —·—	12 s
水中建筑物	黑	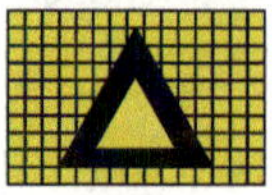		C —·—·	
娱乐区	红、白			Y —·——	
水产作业	黑	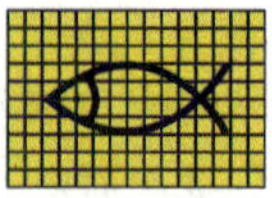		F ··—·	

注：可能用 15 s 作为备用周期。

专用标志(表 2-7)的各项特征基本上与国际航标协会浮标制度相同，只是为了便于识别和使用，另外规定了一些特定的标记，并对灯质有具体要求。

我国在国际海上浮标制度(A 区域)的基础上结合国情在 1984 年制定了《中国海区水上助航标志》(GB 4696—1984)，并于 1985 年 8 月 1 日付诸实施，后经几次修改，最新的国家标准《中国海区水上助航标志》(GB 4696—2016)于 2017 年 7 月 1 日开始实施。我国海区水上助航标志制度和国际 A 区域部分规定基本相同，下面仅对不同点加以总结，另外对我国新实施的应急沉船示位标作简单介绍。

2. 侧面标志

侧面标志除以下区别外其余与国际 A 区域规定相同：

(1)光质不同

中国海区水上助航标志制度对侧面标志的光质进行了明确，规定采用以下光质中的一种：闪 4 s[Fl 4 s]、闪(2)6 s[Fl (2) 6 s]、闪 (3) 10 s[Fl (3) 10 s]或快闪[Q]；推荐航道侧面标志的闪光周期是 6 s、9 s 和 12 s 三者之一。

(2)编号的方法不同

同一航道的标志号码可遵循浮标习惯走向连续编排，也可按左双右单编排。

3. 方位标志

方位标志的定义和特征与国际航标协会浮标制度相同。

4. 孤立危险物标志

孤立危险物标志除闪光周期规定为 5 s 外，其余各项特征与国际航标协会浮标制度相同。

5. 安全水域标志

安全水域标志除明暗光不用作灯质外，其余各项特征与国际航标协会浮标制度相同。

6. 新危险物-应急沉船示位标

为了更有效地标示在我国沿海发生的新危险沉船，保障船舶航行安全，保护水域环境，根据《中国海区水上助航标志》(GB 4696—1999)和有关法规、国际海事组织相关通函和国际航标协会相关建议和指南，中华人民共和国海事局制定了《中国海区应急沉船示位标设置管理规则(试行)》，并于 2007 年 9 月 1 日起施行。

应急沉船示位标应设置或系泊在新危险沉船之上，或尽可能靠近新危险沉船的地方，标示新危险沉船所在，船舶应参照有关航海资料，避开此标谨慎航行。应急沉船示位标(图 2-13)的特征应符合表 2-8 的规定。

图 2-13　应急沉船示位标

表 2-8　应急沉船示位标特征

颜色	浮标表面是等分的蓝黄垂直条纹(最少 4 个条纹，最多 8 个条纹)
形状	柱形或杆形
顶标	如装有，为直立/垂直的黄色十字
灯质	黄蓝光互闪 3 s，蓝光和黄光轮流各闪 1 s，中间暗 0.5 s Bu 1.0 s+0.5 s+Y 1.0 s+0.5 s=3.0 s
其他	如果为标示同一危险沉船设置了多个标，其灯质必须同步闪光；可以考虑加设雷达应答器(莫尔斯编码“D”)和/或 AIS 应答器

第五节　测罗经差

在航行中，罗经是船舶主要的导航仪器之一，罗经工作是否稳定，其指示方位误差的大小直接关系到船舶的航行安全。因此，船舶在航行中，要求航海人员利用一切机会来测定罗经差，以此来检查罗经工作是否正常，并对航向和方位做必要的修正。在航海实践中，只要有可能，在一昼夜中测定罗经差不得少于两次。

船舶近岸航行时，可以利用专设的叠标或灵敏度较高的自然叠标来测定罗经差。当船舶航行在开阔的海面上时，或夜间航行时，可利用天体来测定罗经差。

测定罗经差的基本原理：根据同一时刻被观察物标（天体）的真方位 TB 与其观察值陀螺方位 GB（或罗方位 CB）的差值求得，即

$$\Delta G = TB - GB \tag{2-3}$$

或

$$\Delta C = TB - CB \tag{2-4}$$

一、利用陆标测定罗经差

1. 叠标法测定罗经差

驾驶人员先根据海图选择航线附近海区的专用（或自选）叠标（图 2-14），并在海图上量出该叠标的真方位；准备好方位仪，连续观测，当发现前后标重合时，迅速读取观测陀螺方位（或罗方位）；按公式计算陀螺罗经差 ΔG（或罗经差 ΔC）。

利用叠标测定罗经差是一种准确的测定方法，但需提前做好观测准备。因为船舶航行通过前后标重合只是一瞬间。此外，也可沿着叠标导航线航行测定罗经差，如自选叠标时需有明显特征且掌握好导航灵敏度。

【例 2-1】 某船 2013 年 5 月 20 日发现 1030 航区前方有一对叠标，用叠标法测定罗经差，并测得该叠标的陀螺方位 $GB=050°$，海图上的叠标方位线为 048°。求该船的陀螺罗经差 ΔG。

解：因为 $\Delta G=TB-GB$

所以 $\Delta G=048°-050°=-2°=2°W$

2. 观测单标 GPS 船位法测定罗经差

在测定罗经差时，即观测物标的陀螺方位 GB 时如有船舶准确位置，例如 GPS 船位（图 2-15），或可以在航用海图上由准确船位量出被观测物标的真方位时，则

$$\Delta G = TB - GB$$

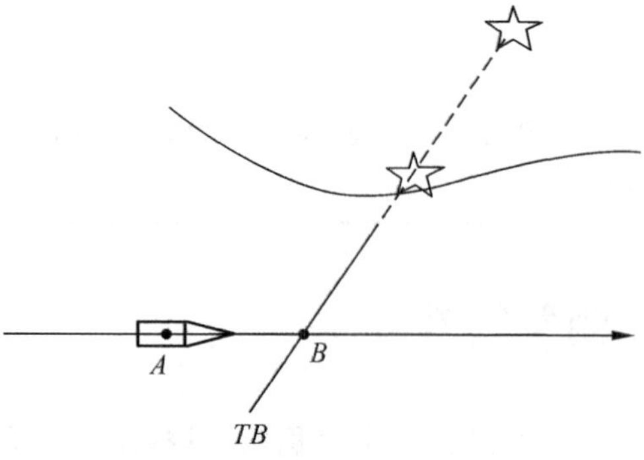

图 2-14 叠标测方位

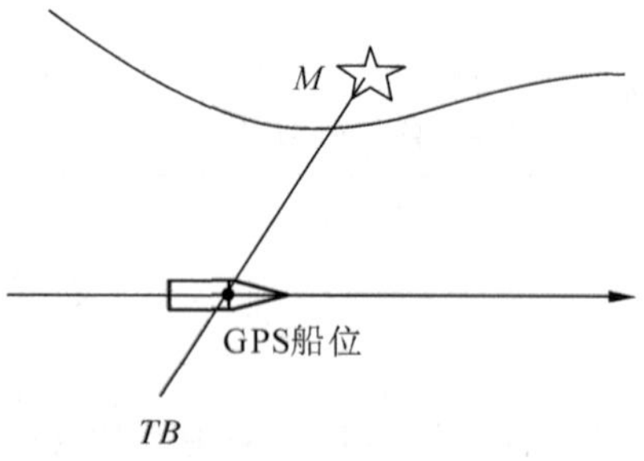

图 2-15 单标测方位

本方法所测的罗经差的精度主要取决于船位的精度和物标特征，如灯塔、小岛观测高程点效果较好，若是山峰、突出尖角（岬）则远距离观测效果好。观测方位可选用方位仪，注意读取观测值 GB，同时应记下 GPS 船位，航海实践中最好有他人协助记录 GPS 船位，无他人协助时应快速由观测点返回 GPS 导航仪处迅速记录 GPS 船位。目前，船用 GPS 的船位精度完全能满足罗经差测定要求，建议船舶驾驶员在有明显特征陆标（如小岛、灯塔）时使用该方法。

二、观测低高度太阳方位求罗经差

1. 原理

船舶远离海岸或夜间航行，看不到陆标，此时只能利用天体求罗经差。观测天体求罗经差与上述利用陆标测定罗经差的原理基本相同，不同之处是观测的物标是天体。因此，CB 是天体的罗方位，也是天体的真方位，由于观测时的真实船位未知，所以无法求出天体的真方位，在海上是以推算船位为基准求得的天体的计算方位来代替天体的真方位 TB。这样，观测天体求罗经差的计算公式为

$$\Delta C = A_c - CB \tag{2-5}$$

$$\cot A_c = \tan Dec \cos \psi_c \csc LHA - \sin \psi_c \cot LHA \tag{2-6}$$

2. 观测注意事项

(1)应观测低高度天体的罗方位，其高度应低于 30°，最好低于 15°。

(2)观测时应尽量保持罗经面的水平。在罗经的方位圈上附有水准器，观测时应使水泡位于中间位置。特别是当船舶摇摆剧烈时，更应予以注意。

(3)一般应连续观测三次，取平均值作为对应的罗方位。罗经读数精确至 0.1°。

(4)观测时应测天体的中心方位。

观测低高度太阳方位求罗经差是目前船舶在海上求罗经差普遍采用的方法，也是白昼观测天体求罗经差的主要方法。

3. 观测低高度太阳方位求罗经差的步骤

(1)观测低高度太阳（低于 30°）罗方位 CB，同时记下观测时间。

(2)求观测时太阳的计算方位 A_c。利用查表法或计算法得出观测时太阳的真方位。查表法使用《太阳方位表》和《天体高度方位表》；计算法使用《航海天文历》和计算器，或利用 GPS 导航仪中的航海计算功能。

(3)求罗经差 $\Delta C = A_c - CB$。

由此可见，观测低高度太阳方位求罗经差主要应考虑如何求取太阳计算方位。

4. 利用《太阳方位表》求太阳计算方位 A_c

(1)《太阳方位表》的结构

《太阳方位表》共分两册，第一册适用于纬度 0°～30°（英版为 Davis's tables，戴氏表）；第二册适用于纬度 30°～64°（英版为 Burdwood's tables，柏氏表）。每册分主表和附

表两部分。

主表由前半部和后半部组成，当纬度与赤纬同名使用前半部，纬度与赤纬异名使用后半部。

查表引数为表列纬度(φ)、表列赤纬(Dec)和表列视时(LAT)。

①表列纬度表间距为1°，列在每页右上角；

②表列赤纬表间距为1°，共计24°，列在每页第一行；

③表列视时表间距为4 min，每页左列引数为上午视时，右列引数为下午视时。

当测罗经差时的φ、Dec和LAT与表列值不一致时，在查得表列方位A_T的基础上再进行三项比例内插，即可求得太阳的计算方位A_c，即

$$A_c = A_T + \Delta A_{Dec} + \Delta A_{LAT} + \Delta A_{\varphi} \tag{2-7}$$

查表得出的是半圆方位，第一名称与纬度同名，第二名称上午观测为E，下午观测为W。附表包括连续4年的每日世界时1200的“太阳赤纬表”和“时差表”。查表引数为观测时的年、月、日，一般无需内插。

(2)查《太阳方位表》求计算方位步骤

①根据观测太阳方位时间ZT记录GPS船位，将其作为推算船位φ_c、λ_c；

②根据纬度选取《太阳方位表》的第一册或第二册，再根据观测年、月、日查附表得太阳赤纬Dec和时差ET。

③求观测时刻的太阳地方视时LAT

$$LAT = ZT \pm D\lambda_{W}^{E} + ET \tag{2-8}$$

式中：$D\lambda_{W}^{E}$为测者经度与所在时区中线经度之差。

④以推算船位纬度φ_c、太阳赤纬Dec和太阳地方视时LAT为引数查表求太阳的半圆方位A_c。

【例2-2】 2011年9月12日，船时$ZT(SMT)$1702，GPS船位φ_c34°23′.0N，λ_c122°50′.7E，测得太阳低高度陀螺方位GB270°，求陀螺差ΔG。

解：根据船位纬度选《太阳方位表》第二册(柏氏表)。

①根据观测日期从附表查太阳赤纬Dec和时差ET

Dec=4°15′N

ET=+3^m 36^s

②求观测时的太阳地方视时LAT

　　λ_c　　122°50′.7E

—）λ_m　　120°00′.0E

$D\lambda$　2°50′.7E=11″23′

ZT　17^h02^m　　12/9

+）$D\lambda$　　11^m23^s

ET $+3^m36^s$

LAT 17^h17^m 12/9

即 5^h17^m(下午)

③以 φ_c、Dec 和 LAT 为引数查表求太阳的半圆方位 A_c

A_T 92°.8(表列整数:34°,4°,17^h17^m)

ΔA_{Dec} −0°.2

ΔA_{LAT} −0°.1

ΔA_{φ} +0°.1

A_c 92°.6NW=267°.4

④求陀螺罗经差 ΔG

$\Delta G = TB - GB = A_c - GB = 267°.4 - 270° = -2°.6 = 2°.6W$

三、观测太阳真出没方位求罗经差

1. 求太阳真出没计算方位原理与观测时机

在周日视运动过程中,太阳中心位于测者真地平圈的瞬间称之为太阳真出或真没(true sunrise and sunset)。由于此时太阳的真高度等于零,在天文三角形中通过球面余弦定理并经公式转换,得出计算太阳真出没时的半圆方位 A,即

$$\cos A = \frac{\sin Dec}{\cos\varphi} \tag{2-9}$$

式中,纬度 φ 用 GPS 船位或推算船位纬度值,恒为"+";太阳赤纬 Dec 与纬度同名为"+",异名为"−";A 为半圆方位(需转换成圆周方位),第一名称同纬度 φ(如纬度为 0 时同赤纬),第二名称真出为 E、真没为 W。

太阳真出没时,因太阳很接近水天线,太阳方位变化很慢,而太阳在一天之中赤纬变化也很小,对使用公式求取计算方位影响不大。因此,航海实践中多使用《太阳方位表》附表,直接查取太阳当天 GMT1200 时的赤纬进行计算,观测中也无需计时 ZT。当然,也可使用《航海天文历》查观测时刻太阳赤纬,但注意必须记录观测时刻的 ZT。

太阳真出没时,$h_t=0°$,虽然测者的地平是看不见的,但是由于测者一般具有一定的眼高,加上蒙气差等的影响,使得太阳真出没时其下边缘位于水天线之上约等于太阳直径的 2/3。所以,必须待太阳下边缘在水天线之上约为 2/3 太阳直径时才能观测罗方位。

2. 测太阳真出没方位求罗经差的操作流程

(1)提前准备方位仪,并预瞄准太阳观测。

(2)待太阳下缘离水天线约 2/3 太阳直径时读取观测方位 GB,并记下 GPS 船位(φ_c,λ_c)。

(3)查《太阳方位表》附表,根据年、月、日查当天太阳赤纬 Dec。

(4)用函数计算器计算太阳方位 A_c 或利用《太阳方位表》查太阳真出没方位。在《太阳方位表》中，在某一纬度的每一列赤纬栏的最下面，给出了太阳真出没真方位及真出和真没的视时，使用该表求太阳真出没真方位。

(5)求罗经差

$$\Delta G = A_c - GB$$

注意：提前瞄准，紧抓时机，此方法依赖水天线。

3. 利用《太阳方位表》求太阳真出没方位

根据式(2-9)编成“太阳真出没方位表”列在《太阳方位表》相应纬度中每一列相应赤纬栏的最下面，并给出太阳真出没真方位及真出和真没的视时，使用该表求太阳真出没真方位需进行赤纬和纬度两项比例内插。即

$$A = A_T + \Delta A_{Dec} + \Delta A_{\varphi} \tag{2-10}$$

根据式(2-10)求得的方位是半圆方位，第一名称与纬度同名，第二名称真出为 E、真没为 W。

【例 2-3】 1996 年 8 月 11 日，GPS 船位 $\varphi_c 34°45'.0N$，$\lambda_c 163°01'.0E$，测得太阳真出罗方位 $CB073°$，求罗经差 ΔC。

解：(1)根据 1996 年 8 月 11 日查《太阳方位表》附表得太阳赤纬 $Dec = 15°06'N$。

(2)以 φ_c、Dec 为引数查表求太阳的方位 A_c

A_T	71°.8
ΔA_{Dec}	−0°.1
ΔA_{φ}	−0°.2

A_c 71°.5NE=071°.5

(3)求罗经差 ΔC

$\Delta C = A_c - CB = 071°.5 - 073° = -1°.5$

第六节　船舶气象信息的获取和应用

一、船舶获取气象信息的途径

现代通信技术的飞速发展使船舶获取气象信息的途径越来越多。目前气象传真广播的覆盖范围几乎遍及全球各海区，船舶可以通过船载气象传真机实时接收航区邻近国家气象传真台发布的各种高质量的气象传真图，以便获取航区的天气和海况资料。船舶利用 NAVTEX 或 INMARSAT-C 站接收作业海区邻近台站发布的天气报告或恶劣天气警报。船舶驾驶人员登录全球互联网可以查阅、下载所需海域更详细的气象和海况信息。另外船舶通过 GMDSS 的增强群呼(EGC)也可以获取一定的气象信息。船舶在近

岸或港口附近作业时，可以收听收看当地广播电视传播的气象信息。

1. 气象传真图的获取

气象传真图是通过无线电传输天气和海洋图像信息。由于它具有直观性良好、简单明了、图像覆盖范围大、资料连续性强、便于综合分析应用和长期保存等特点，优于海上其他天气信息而得到广泛的应用。目前，海上船舶接收到的气象传真图，大多属于数值预报产品，可信度较高。气象传真图在航海中的有效应用，很大程度上改善了船舶的航行条件，减少了因恶劣天气和海况引起的海难事故，为船舶的安全航行起到了一定的保障作用。

世界气象组织将全球各地的气象传真广播台分为6个区域，即亚洲、非洲、南美洲、北美洲、西南太平洋和欧洲。船舶可以根据需要，利用船上的气象传真接收机有选择地接收各国气象部门发布的气象传真图，具体信息可查阅英版《无线电信号表》第三卷。在查阅时，首先按照分区查阅相应分册，根据索引图确定船舶附近的气象传真台站所在页码，再翻阅相应页码确定所用台站的详细信息，如发布台站的呼号、使用频率、发射时间、发射内容及节目表等。然后，按照所查到的信息调整气象传真接收机的频率，在相应时间接收所需要的气象传真图。以下给出了世界上主要的气象传真广播台代号：

(1)——北京(中国)
(2)——东京(日本)
(3)——桑莱岬(菲律宾)
(4)——关岛(美国)
(5)——珍珠港、火奴鲁鲁(美国)
(6)——旧金山(美国)
(7)——埃德蒙顿(加拿大)
(8)——弗罗比歇(加拿大)
(9)——哈利法克斯(加拿大)
(10)——布伦特伍德(美国)
(11)——诺福克(美国)
(12)——布拉克内尔(英国)
(13)——巴黎(法国)
(14)——奥芬巴赫(德国)
(15)——奥斯陆(挪威)
(16)——诺尔彻平(瑞典)
(17)——罗马(意大利)
(18)——罗塔(西班牙)
(19)——布拉格(捷克)
(20)——莫斯科(俄罗斯)
(21)——安卡拉(土耳其)
(22)——埃皮斯科比(塞浦路斯)
(23)——开罗(埃及)
(24)——内罗毕(肯尼亚)
(25)——达喀尔(塞内加尔)
(26)——比勒陀利亚(南非)
(27)——新德里(印度)
(28)——塔什干(乌兹别克斯坦)
(29)——新西伯利亚(俄罗斯)
(30)——伯力(俄罗斯)
(31)——曼谷(泰国)
(32)——达尔文(澳大利亚)
(33)——堪培拉(澳大利亚)
(34)——里约热内卢(巴西)
(35)——布宜诺斯艾利斯(阿根廷)

2. 天气报告或警报的获取

目前，世界各国都按国际海事组织(IMO)和世界气象组织(WMO)所划定的海区范围，用指定的海岸无线电台(coast radio station)广播海上天气报告和警报。海上作业的船舶利用NAVTEX或INMARSAT-C站接收邻近海岸电台发布相应海区的天气报告或警报。我国在大连、上海、广州、香港、基隆、花莲、高雄等地设有海岸电台，每天定时用中、英文明码电报向国内外商船转发由当地气象台制作的海上天气报告和警报。

3. 互联网气象信息的获取

在全球互联网上发布气象信息的网站特别多，几乎每个气象台站都有自己的网站。每个气象网站发布的气象信息均包括实况和预报两种信息。信息内容有文字描述的，也有图表形式的。

能够登录全球互联网的船，可以在相关气象网站上获取比用传真接收机和NAVTEX接收的更丰富、全面和精细的天气和海况信息。这种传播方式的天气图具有快速、彩色、高画质和动态等许多优点，发展前景十分好。以下是东亚及太平洋地区几个主要气象网站的网址：

http://www.wmo.ch/index-en.html(世界气象组织)

http://www.cma.gov.cn/(中国)

http://www.imocwx.com/(日本)

http://www.kma.go.kr/kmas/kma/english/main.html(韩国)

http://www.opc.ncep.noaa.gov/ (美国)

通过以上网站还可以链接到许多其他气象网站。

4. 其他获取气象信息的途径

在船舶GMDSS接收的航行警告中也包括一些气象信息。在近岸或港口作业的船舶，可以通过当地的广播和电视收听、收看转播的气象信息。

二、船舶分析和应用气象信息

1. 天气报告的应用

(1)天气报告的内容

各岸台播发的报文均符合国际统一的格式和内容，至少应包括以下3个部分：①警报(大风、热带气旋警报等)；②天气形势摘要(高压、低压、热带气旋、锋等天气系统的位置、强度、移向、移速等)；③海区天气预报(天空状况、天气现象、风力、风向、浪级、浪向等)。

(2)天气报告的应用

阅读天气报告后应明确以下两个问题：

①船舶所在的海域正受何天气系统或该系统的何部位控制。了解该系统的来龙去脉及变化趋势(是新生的还是趋于加强或减弱，还是稳定少变等)，现在的天气状况是该系统控制下的一般天气还是地方性特殊天气。

②未来的天气形势和天气状况。在未来24 h内，推算船位附近海域将处于何系统或

该系统的何部位控制，在该系统控制下将出现什么样的天气。

有些天气报告直接指出未来天气状况，有的只指出受控系统而未写明天气状况，这时可根据天气模式和天气实况等自行分析未来的天气状况。

(3)注意事项

①阅读天气报告时应注意广播台名称、广播时间、有效时间（世界时或地方时）和受重要天气系统影响的海域。了解不同岸台报文的习惯用法、风格和常用缩略语（如有的报文不分段落，无标点符号，甚至省略谓语动词等）。

②时间用语（地方时）含义：

白　天：0800～2000 时	夜　间：2000～0800 时
早　晨：0500～0800 时	傍　晚：1800～2000 时
上　午：0800～1200 时	上半夜：2000～2400 时
中　午：1100～1400 时	半　夜：2300～0300 时
下　午：1200～1800 时	下半夜：0000～0500 时

③天空状况（sky condition）用语含义：

晴（clear sky）：总云量 0～2

少云（partly cloudy）：总云量 3～5

多云（cloudy）：总云量 6～8（或高云量 8～10）

阴（overcast）：中、低云量 9～10

(4)报文实例

①天气报告（日本）

WWJP25 RJTD 310000UTC AUG. 2006

WARNING AND SUMMARY 310000UTC AUG. 2006.

WARNING VALID 010000

WARNING IS UPDATED EVERY 6 HOURS.

GALE WARNING.

DEVELOPING LOW 996 HPA AT 40N 147E SEA EAST OF JAPAN MOVING EASTNORTH-EAST 10 KNOTS.

OCCLUDED FRONT FROM 40N 147E TO 40N 149E 39N 150E.

WARM FRONT FROM 39N 150E TO 38N 152E 37N 154E.

COLD FRONT FROM 39N 150E TO 36N 149E 33N 144E.

STATIONARY FRONT FROM 33N 144E TO 33N 141E 32N 135E.

WINDS 30 TO 35 KNOTS WITHIN 400 MILES OF LOW SOUTH SEMICIRCLE AND 200 MI-LES ELSEWHERE.

WARNING.

DENSE FOG OBSERVED LOCALLY OVER SEA OF OKHOTSK YELLOW

SEA NORTHERN PART OF EAST CHINA SEA.

WARNING.

DENSE FOG OBSERVED LOCALLY OVER WATERS BOUNDED BY 42N 143E 45N 150E 51N 157E 60N 164E 60N 180E 42N 180E 38N 150E 40N 144E 42N 143E.

SUMMARY.

LOW 1002 HPA AT 32N 129E EAST 15 KT.

LOW 1004 HPA AT 43N 159E NE 10 KT.

HIGH 1028 HPA AT 53N 173E SE 15 KT.

WARM FRONT FROM 32N 129E TO 32N 131E 32N 135E.

COLD FRONT FROM 32N 129E TO 30N 126E 30N 123E.

REMARKS.

TYPHOON 0612 IOKE （0612） 920 HPA AT 18. 7N 168. 3E：SEE TROPICAL CYCLONE WARNING.

JAPAN METEOROLOGICAL AGENCY. =

②台风警报（广州台）

1610UTC 25TH JUN1993

GUANGZHOURADIO/XSQ

BT

WHIC28BCGZ 251400=

T. Y WARNING NR 06=

AT 251200Z T. Y 9302（9302 KORYXN）930 HPA NEAR 16. 2 NORTH 124. 0 EAST POSITION GOOD BASED ON SATELLITE

SYNOPTIC DATA

MAX WINDS 100 KNOTS GUSTS 120 KNOTS NEAR CENTER RADIUS OF OVER 40 KT WINDS 370 KMS OVER WATER MOVING NW AT 11 KNOTS

24 HR FCST POSIT AT 261200 Z

NEAR 19. 0 NORTH 120. 0 EAST MAX WINDS 80 KTS GUSTS 100 KTS

48 HR FCST POSIT AT 271200 Z

NEAR 22. 0 NORTH 117. 5 EAST MAX WINDS 70 KTS GUSTS 85 KTS

③热带气旋警报（香港台）

252005 UTC JUN 1993

HONG KONG RADIO VPS

WTPQ20 VHHH 251945

TROPICAL CYCLONE WARNING AT 251800 GMT TYPHOON KORYN（9302） WITH CEN-TRAL PRESSURE 935

HECTOPASCALS WAS CENTRED WITHIN 30 NAUTICAL MILES OF ONE SEVEN POINT ZERO DEGREES NORTH (17) ONE TWO TWO POINT SIX DEGREES EAST(122.6E) ANDIS FORECAST TO MOVE WEST-NORTHWEST

AT ABOUT 12 KNOTS FOR THE NEXT 24 HOURS

MAXIMUM WINDS NEAR THE CENTRE ARE ESTIMATED TO BE 100 KNOTS.

RADIUS OF OVER 33 KNOT WINDS 300 NAVTICAL MILES OVER EASTERN SEMICIR-CLE 240 NAUTICAL MILES ELSEWHERE.

RADIUS OF OVER 47 KNOT WINDS 150 NAUTICAL MILES OVER EASTERN SEMICIR-CLE , 100 NAUTICAL MILES ELSEWHERE.

RADIUS OF OVER 63 KNOT WINDS 60 NATUTICAL MILES RADIUS OF OVER 2 METRE WAVES 400 NAUTICAL MILES OVER EASTERN SECICIRCLE , 200 NAUTICAL MILES ELSE-WHERE .

FORECAST POSITION AT 261800 GMT ONE NINE POINT SIX DEGREES NORTH(19.6N) ONE ONE EIGHT POINT FIVE DEGREES EAST (118.5E)

FORECAST POSITION AT 271800 GMT TWO TWO POINT EIGHT DEGREES NORTH(22.8N) ONE ONE SIX POINT THREE DEGREES EAST (116.3E).

④天气报告(上海台)

报头:SHAI/XSG

SHAI OBSY WEATHER REPORT

中文(In Chinese)天气形势摘要 9 日 0000 时;

1002 hPa 低压中心在 35°N106°E,静止少动,正填塞中。1017 hPa 低压中心在 35°N 115°E,静止少动,正填塞中。1007 hPa 低压中心在 53°N 127°E,正以 12 kn 移速向东移动,冷锋从中心经过 51°N 124°E 到 50°N 115°E,暖锋从 46°N 128°E 经过 40°N 125°E 到 35°N 113°E。1022hPa 高压中心在 49°N 108°E,正以 12 kn 移速向东南偏东方向移动。1023 hPa 高压中心在 30°N135°E,移动缓慢,正减弱中。1043 hPa 高压中心在 45°N135°E,静止少动,正减弱中。

天气预报 9 日 0800 时起未来 24 h:

CTOV0L0C1 渤海、渤海海峡、黄海北部和黄海中部:晴到多云,北到东北风 6～7 级,大到巨浪。

黄海南部:晴到多云,西到西南风 3～4 级,晚上转北风 6 级,轻转大浪。

东海北部:晴到多云,西北风,晚上转西到西南风 3～4 级,明晨转北风 5～6 级,轻转大浪。

东海南部:多云,东北风 4～5 级,轻浪。

上海港:晴到多云,南到西南风 2～3 级,明晨转北风 4～5 级,微浪转微波。

台湾海峡，台湾北部和台湾东部：多云，局部地区阴有雨，东北风 5 级，轻浪。

济州（岛）和长崎：晴到多云，西北风，晚上转西和西南风 4 级，明天清晨到上午转北风 6 级，轻转大浪。

鹿儿岛和琉球：多云，北到东北风 5 级，轻浪。

英文(In English)

SHAI / XSG

SHAI OBSY SYNOPTIC SITUATION 090000Z

LOW 1002 HPA AT 35N 106E STATIONARY FILLING UP

LOW 1017 HPA AT 35N 115E STATIONARY FILLING UP

LOW 1007 HPA AT 53N 127E MOVING ELY 12 KTS WITH COLD FRONT FROM CENTER PASSING SIN 51N 124E TO 50N 115E AND WARM FRONT FROM 46N 128E PASSING 40N 125E TO 35N 113E

HIGH 1022 HPA AT 49 N 108 E MOVING ESE 12 KTS

HIGH1023 HPA AT 30N 135E MOVING SLOWLY WEAKENING

HIGH 1043 HPA AT 45N 135E STATIONARY WEAKENING

24 HOURS WEATHER FORECAST FROM 090800Z

BOHAI SEA X BOHAI STRAITS X NORTH HUANGHAI SEA AND CENTRAL HUANGHAI SEA X CLEAR TO CLOUDY X N TO NE WINDS FORCE 6 TO 7 X EA ROUGH TO VERY ROUGH X SOUTH HUANGHAI SEA X CLEAR TO CLOUDY X W TO SW WINDS FORCE 3 TO 4 BECOMING NLY WINDS FORCE 6 TONIGHT X SEA SLIGHT BECOMING ROUGH X NORTH DONGHAI SEA X CLEAR TO CLOUDY X NW WINDS TURN TO W AND SW WINDS TONIGHT FORCE 3 TO 4 BECOMING NLY WINDS FORCE 5 TO 6 IN THE MORNING TOMORROW X SEA SLIGHT BECOMING ROUGH X SOUTH DONGHAI SEA X CLOUDY X NE WINDS FORCE 4 TO 5 X SEA SLIGHT X

SHANGHAI HARBOUR X CLEAR TO CLOUDY X S TO SW WINDS FORCE 2 TO 3 BECOMING NLY WINDS FORCE 4 TO 5 IN THE MORNING TOMORROW X SEA RIPPLES BECOMING SMOOTH X

TAIWAN STRAITS X NORTH TAIWAN AND EAST TAIWAN X CLOUDY LOCAL OVER-CAST WITH RAIN X NE WINDS FORCE 5 X SEA SLIGHT X

CHEJU AND NAGASGKI X CLEAR TO CLOUDY X NW WINDS TURN TO-WAND SW WINDS TONICHT FORCE 4 BECOMING NLY WINDS FORCE 6 FORM TOMORROW MORNING TO FORENOON X SEA SLICHT BECOMING ROUGH X

KAGOSHIMA AND RYUKYU X CLOUDY X N TO NE WINDS FORCE 5 X SEA SLIGHT X STOP

2. 气象传真图的种类及图名标题

利用所学的气象知识对气象传真图进行分析和应用，可以更多、更大范围地了解天气演变过程，及时掌握能行海区已发生和将要发生的天气和海洋变化，从而做出趋利避害的安全航行决策。作为海上船舶驾驶人员应十分清楚气象传真图对船舶安全航行的必要性和重要性。正确识别、分析和应用气象传真图，无疑对保障海上船舶的航行安全和海上最佳气象航线的选择都具有重要的指导意义。

(1)气象传真图的种类

目前，世界各国发布的气象传真图内容丰富、种类繁多，可供不同行业和部门根据需要选择接收。航海常用的气象传真图主要有：

①地面传真天气图(AS,FS)；

②高空传真天气图(AU,FU)；

③波浪传真图(AW,FW)；

④热带流线图(AS,FS)；

⑤热带气旋预(警)报图(WT)；

⑥传真卫星云图(VS,IR)；

⑦海流传真图(SO,FO)；

⑧海冰传真图(ST,FI)；

⑨海温传真图(CO,FO)。

此外，还包括其他一些辅助图。

(2)气象传真图的图名标题

各国气象传真广播台发布的气象传真图一般在图角或图的空白醒目处注有图名标题，简称图题，其中标明了该图的图类、图区、图时、传真广播台的名称或呼号等内容。图题一般采用如图 2-16 所示格式。

```
TTAA        CCC
YYGGgg MMM   JJJJ
 …       …     …
```

TT	AA	CCC	YY	GG	gg	MMM	JJJJ	…
图类代号	图区代号	传真台呼号	日	时	分	月	年	其他说明

图 2-16　图题格式

①图类代号(表 2-9)

表 2-9 常用气象传真图类别代号

代号	说明
A(Analysis) AS AU AW	分析图 地面分析图 Surface Analysis 高空分析图 Upper-air Analysis 海浪分析图 Sea Wave Analysis
F(Forecast) FS FU FE FW FB	预报图 Surface Forecast(prognosis) 地面预报 Surface Forecast(prognosis) 高空预报 Supper-air Prognosis 中期预报 Extended Forecast 海浪预报 Sea Wave Prognosis 重要天气预报 Significant Weather Forecast

②图区代号(表 2-10)

表 2-10 部分气象传真图区域代号

代号	说明	代号	说明
AA	南极 Antarctica	GM	关岛 Guam
AC	北极 Arctic	HW	夏威夷群岛 Hawaiian Islands
AE	东南亚 Southeast Asia	IO	印度洋 Indian Ocean
AF	非洲 Africa	IY	意大利 Italy
AG	阿根廷 Argentina	KA	加罗林群岛 Cargo Line Islands
AS	亚洲 Asia	LU	阿留申群岛 Aleutian Islands
AU	澳大利亚 Australia	NA	北美 North America
BS	白令海 Bering Sea	NT	北大西洋 North Atlantic
CH	智利 Chile	PA	太平洋 Pacific
CI	中国 China	PH	菲律宾 Philippines
CL	锡兰 Ceylon	PN	北太平洋 North Pacific
CN	加拿大 Canada	PS	南太平洋 South Pacific
CU	古巴 Cuba	SA	南美 South America
DL	德国 Germany	SJ	日本海 Sea of Japan
DN	丹麦 Denmark	SS	南海 South China Sea
EA	东亚 East Asia	XE	东半球 Eastern Hemisphere
EC	东海 East China Sea	XN	北半球 Northern Hemisphere
EU	欧洲 Europe	XS	南半球 Southern Hemisphere
FE	远东 Far East	XT	热带地区 Tropical Belt
FR	法国 France	XW	西半球 Western Hemisphere
GA	阿拉斯加湾 Gulf of Alaska	XX	其他代号不适用时 for use when other designations are not appropriate

3.地面传真天气图分析和应用

地面传真天气图(简称地面图)是航海中最常用、最重要的基本天气图之一。地面图又分为地面分析(实况)图(AS)和地面预报图(FS)两种。

(1)地面分析图的分析及应用

①图题

地面分析图中左上角和右下角的长方形框为图题部分,图题包括图类代号、图区代号、发射台呼号、图时(观测时)以及图类的英文名。如图类代号为 AS,意思是面分析;图区代号为 AS,表示东亚和西北太平洋区域;发射台呼号为 JMH,表示日本东京一台;图时(观测时)为 2006 年 5 月 15 日世界时 00 时。

②填图符号

地面分析图中对单站填图符号已做了简化,通常在相应的位置上只保留气温(TT)、3 h 气压变量和气压倾向(±PPa)、现在天气(WW)、过去天气(W)、风向(dd)、风速(ff)、总云量(N)、低云量(NL)和云状(CH、CM、CL)。如某地面分析图中 24°N,136°E 处测站气温为 27℃,3 h 气压变量为+0.9 hPa、气压倾向升后微降,风向 NE,风速 15kn,总云量 2~3,低云量 2,低云状为淡积云,中云状为高积云,高云状为卷云。

③气压系统

在地面图上除绘有海岸线和经纬度网格线(通常为 10°×10°)外,还有用黑实线绘制的等压线。相邻等压线间隔为 4 hPa (必要时增加的等压线以虚线表示,称为辅助等压线)。为醒目起见,每隔 20 hPa 用一条加粗线表示,如 980 hPa、1000 hPa、1020 hPa 等。一般高压和低压中心分别用 H 和 L 标注,其中心强度的气压值用醒目的阿拉伯数字标注在 H 或 L 中心下方,通常标明千位、百位、十位和个位数字。高低气压系统的移动和发展情况通常用箭矢和英文缩写表示。如"⇒25KT"表示气压系统中心的移动方向向东,移动速度 25 节(国外常用英文缩写 KT 或 KTS,我国规定用 kn)。如箭矢旁没有数字而代之以 SLW 时,表示有移向,但移速小于 5 kn。如无箭矢而标注 STNR (或 QSTNR)或 ALMOST STNR 字样时,表示该气压系统中心移向不定,移速小于 5 kn,为(准)静止系统。此外,NEW 表示新生的气压系统,UKN 表示情况不明。

对于热带气旋,按其强度等级用下列缩写符号表示:

TD——热带低压(tropical depression),风力<8 级(风速≤33 KT)。

TS——热带风暴(tropical storm),风力 8~9 级(风速 34~47 KT)。

STS——强热带风暴(severe tropical storm),风力 10~11 级(风速 48~63 KT)。

T——台风(typhoon),风力≥12 级(风速≥64 KT)。

对于热带气旋(不包括 L 和 TD)和风力≥10 级的强锋面气旋的移动,用一个扇形区(虚线)表示其未来移动方向和中心可能到达的位置。扇形区前面概率圆边上的数字表示 24 h 预报日期和时间,概率圆的概率约为 70%。

④锋

在大洋上，锋线的起止和经过位置通常用经纬度表示，在陆地上则常用一些著名的地貌或地理位置名称来表示。

⑤警报

当海上已经出现或预计未来 24 h 内将出现恶劣天气时，在天气系统相应的位置上注有醒目的警报符号：

[W]——一般警报(warning)表示风力≤7 级，或有必要警告提防大雾等情况；

FOG [W]——浓雾警报，海面水平能见度< 0.5 n mile 或 1 km；

[GW]——大风警报(gale warning)，风力 8～9 级；

[SW]——风暴警报(storm warning)，风力 10～11 级，但对温带气旋而言，表示风力>10 级；

[TW]——台风警报(typhoon warning)，风力≥12 级；

[WH]——飓风警报(hurricane warning)，风力≥12 级；

[WO]——其他警报(other warning)。

此外，对于已经达到或预计未来 24 h 内达到热带风暴以上强度的热带气旋和风力达到 10 级或以上的强温带气旋，在图下面的空白处还列有一段或几段英文简报，文中使用一些缩略语和习惯简化形式。

在热带气旋的英文简报中，定位精度一般分三种：PSN GOOD 表示飞机定位，误差<20 n mile；PSN FAIR 表示卫星定位，误差为 20～40 n mile；PSN POOR 表示外推定位，误差>40 n mile。显然，只有当船舶距离热带气旋中心很近时，考虑定位精度才具有实际意义。

在强温带气旋的英文简报中，DEVELOPING LOW 表示温带气旋正在发展，DEVELOPED LOW 表示温带气旋发展成熟。

美国国家海洋大气管理局海洋预报中心(Ocean Prediction Centre of NOAA)2007 年 1 月 31 日世界时 18 时发布的北太平洋地面分析图中，黑实线为等压线(间隔 4 hPa)，H、L 表示高、低气压中心，中心附近标有气压数值，黑实箭头表示该气压系统中心移向。图中标有锋面和大风区提示，海上船舶测站附近标有船舶呼号、测站处的风向、风速、海平面气压和天气现象等。图中 GALE 表示大风警报，STORM 表示风暴警报(风力≥10 级)。

南非气象局 2007 年 1 月 27 日世界时 00 时发布的南半球(南印度洋和南大西洋部分地区)地面分析图中，等压线间隔、高低气压中心、气压系统移向移速等表示方法均与美国地面分析图一致。图中有 3 个典型的锋面气旋，暖锋的走向大体为西南—东北，冷锋为东南—西北走向。

(2)地面预报图分析及其应用

地面预报图(FS)是预报未来某一时刻的地面天气形势和重要天气过程的天气图。利用地面预报图可以了解未来某一时刻航线前方的重要天气特征，从而给出航线天气预报。目前，一些国家发布的地面预报图大多是数值预报产品，经有经验的预报人员修正后通过传真广播发布。常用的地面预报图有 24 h、36 h、48 h 和 72 h 短期预报，还有 3～10 d 的逐日中期预报。

地面预报图中的内容较地面分析图少很多，图题中给出了该图的图类、图区、传真台名称或呼号、日期和预报时效等。图中绘有等压线和某一预报时刻各种天气系统的中心位置、强度和范围，各种锋面的位置分布，热带气旋最大风速，海上大风及积冰区、海冰区和雾区等恶劣天气区的分布。另外，对某些恶劣天气系统还给予简要的说明。

日本东京 JMH 传真台 2005 年 8 月 3 日世界时 00 时发布的未来 24 h 东亚及西北太平洋地区的地面预报图中绘出了等压线的分布情况，包括气压系统的类别、中心位置、强度，还包括锋的类别、位置以及热带气旋最大风速，海上大风区和雾区的范围等，看起来一目了然。图中根据实际情况会标出台风、静止锋及浓雾警报区等重要信息。

美国国家海洋大气管理局海洋预报中心 2007 年 3 月 18 日世界时 12 时发布的北太平洋 48 h 地面预报图中，黑实线为等压线（间隔 4 hPa），并标有气压系统中心未来 48 h 的位置和强度，系统中心的移向，还标有锋面和 8 级以上的大风区。方框中给出了大风、风暴和正在发展中的大风和风暴位置。图中 NEW 表示新生系统，DSIPT 表示系统消散。

4. 高空传真天气图分析及其应用

在高空图的图名标题中，图区代号后面常紧跟有两三个阿拉伯数字，用以表示不同高度和时间。通常两个数字表示不同的等压面，如 50 表示 500 hPa，70 表示 700 hPa，85 表示 850 hPa；三个数字表示不同的等压面与预报时效，其中前面数字表示等压面，后面数字表示时效，如 852 表示 850 hPa 24 h 预报，704 表示 700 hPa 48 h 预报，512 表示 500 hPa 120 h 预报等。

（1）高空分析图

日本东京 JMH 传真台 2005 年 8 月 5 日世界时 00 时发布的东亚与西北太平洋500 hPa 高空分析图中，实线为等高线，两相邻等高线间隔为 60 位势米，高、低位势中心分别标注 H 和 L；虚线为等温线，两相邻等温线间隔 3℃，冷、暖中心分别标注 C 和 W。图中闭合低压中心就是台风的高空环流系统。图中网格区表示温露差小于或等于 3℃的潮湿区。

（2）高空预报图

高空预报主要是槽、脊的预报。通常利用外推法、冷暖平流法、涡度平流法、相似形势法等方法作出未来高空形势的预报。

高空预报图上通常只有等高线和天气系统，其技术规定与高空分析图相同。美国国家海洋大气管理局海洋预报中心 2007 年 3 月 19 日世界时 00 时发布的东北太平洋 500 hPa 24 h 预报图中，除了绘有等高线和高、低气压系统中心和高空风向风速外，还用粗断线标绘出了高空槽线的位置。

北京 BAF 传真台转发欧洲中期天气预报中心（ECMWF ）制作的北半球高空500 hPa等

压面 120 h 预报图，另外还转发 ECM-WF48 h、72h、96 h 的 500 hPa 预报图。

5. 热带气旋预(警)报图

(1)热带气旋预(警)报图实例 1

日本东京 JMH 传真台发布的热带气旋预(警)报图中绘出了热带气旋预报时的实际位置和未来 24h、48h 和 72 h 的预报位置。图中绘有三种区域：

①实际大风(≥10 级)区：以预报时刻热带气旋的实际位置为中心绘出的实线圆(storm area)。圆外附近为小于 10 级的大风区。

②预报圆：表示热带气旋中心未来 12 h、24 h、48 h 和 72h 可能到达的位置和范围，分别以虚线圆绘出，实际落入圆中的概率为 70%左右。

③大风(≥10 级)警报区：以预报圆外的实线同心圆表示。预计该州的某些地方将被 10 级或 10 级以上大风覆盖，实际情况将取决于热带气旋的中心位置。

当热带气旋实际风力和预报风力均小于 10 级时，只绘有预报圆(即虚线圆)。

此外，当热带气旋移动速度特别缓慢时，不发布 12 h 预报。

(2)热带气旋预(警)报图实例 2

北京 BAF 传真台发布的中央气象台热带风暴预(警)报图中，图上部用中文和英文两种文字简述了台风目前的位置、中心强度、近中心附近最大风速和 7 级风圈半径，未来 12 h 的移向和移速，未来 3 天台风的预报位置、中心强度和近中心附近最大风速。图中绘出了预报时的台风实际位置，7 级以上大风范围，还有未来 3 天台风的逐日位置连成的路径曲线。这种热带气旋综合动态图简单、直观，便于掌握热带气旋的发展趋势。

6. 传真卫星云图

(1)气象卫星概述

气象卫星是 20 世纪 60 年代兴起、70 年代投入业务运行，随后蓬勃发展并趋于完善的全新大气观测系统。由于气象卫星具有获取全球探测资料、时空分辨率高、统一性好等优点，使人类认识天气的能力空前提高，极大地促进了气象科学、天气预报业务和气象教育的发展。目前，在天气分析和预报中使用的气象卫星有两类，一类是静止气象卫星，另一类是极轨气象卫星。

地球同步静止气象卫星位于赤道上空约 35800 km 的高度上，能观测地球面积的四分之一，纬度在南北纬 60°以内、经度横跨 140°左右，对全球的中、低纬地区进行观测可以取得理想的效果。由于气象卫星轨道与地球自转同步，卫星能对同一地区进行连续不断的观测，每隔 30 min 就可以完成一次观测(对小范围可以每 3～5 min 观测一次)。

极轨气象卫星距地面 800～1500 km，由于轨道较低，可以提高图像的空间分辨率和探测资料的精确度。

我国是拥有两类气象卫星的国家，风云一号(FY-1)系列卫星属于极轨气象卫星，风云二号(FY-2)系列卫星属于地球同步静止气象卫星。

目前，全球有多颗地球同步静止气象卫星环绕赤道上空，同步观测地球表面以赤道为中心南北纬度各60°的一条带，多颗极轨气象卫星，使观测范围覆盖了全球，构成全球卫星观测系统。气象卫星观测系统所取得的资料，对热带气旋、温带气旋、暴雨、洪水、海温和海冰等的监测、预报以及大气运动规律的研究等具有重要的意义。另外，气象卫星资料的应用已拓展到许多领域，如海洋观测、洪涝灾害监测、植被监测、森林长势和火灾监测、农作物长势监测等。

(2)气象卫星云图的识别

卫星云图有两种：一种是可见光云图(visible satellite image)；另一种是红外云图(in-frared satellite image)。

可见光云图是卫星的观测仪器在可见光波段感应云或地物等对阳光的反射差异成像图，在图片上则表现为黑白差异。黑白程度(或称亮度)表示云或地物的反照率大小。白色表示反照率大，黑色表示反照率小。通常，云层越厚，反照率越大、颜色越白。当阳光的照射条件相同时，对于同样厚度的云，水滴云比冰晶云亮。根据云和地表面的反照率的强弱，亮度可以分为6个层次，如表2-11所示。根据此表可以分辨云和地面的特征及类别。

表2-11　不同亮度层次所对应的云和地表特征

颜色亮度	对应的云和地表特征
黑	海洋，湖泊，大的河流，大面积森林覆盖区的地面
深灰	牧场，草地，耕地
灰	陆地上的晴天积云，沙漠，陆地或单独出现的卷云
灰白	大陆上薄的中高云，中等厚度的云(中云、层积云、层云和雾、积云)
白	积雪，冰冻的湖泊和海洋
浓白	积雨云，厚的卷层云，其下面有中、低云和降水

红外云图是卫星搭载的红外扫描辐射仪，测量从云、陆地或水面放射的长波辐射量，然后变成电信号发向地面接收站，接收站收下后经过显影等过程而获得的云图。在红外云图上，最黑的地区代表最暖的表面，最白的地区代表最冷的表面。根据色调的差异可以判定云顶温度的高低：色调白，温度就低，表示云顶高度高；色调黑，温度高，表示云顶高度低。

分析可见光云图和红外云图时应注意，可见光云图的色调亮度表示物体对阳光反照率的大小，而红外云图的色调则表示物体表面温度的高低。比较这两种云图可以看出，许多云和地面特征很相似，有一些却差异很大。

通常可根据以下6个基本特征来识别卫星云图上的云和其他物象：范围大小、结构形式、边界状况、色调、暗影和纹理，如表2-12所示。

表 2-12 卫星云图上云的识别

图像特征分类	云系特征
云的大小	热带风暴中为螺旋状云系，有较强的低压，锋面坡度小，暖空气活跃的云面积大，晴天积雨云面积小
云的边界	冷锋云系前部边界不明显，后部表现为一条线；洋面上的细胞状积云呈多角形；急流云系为一条细云带，云带中有一条条锯齿状的横向小云线；层云和雾的边界清楚，常和地形（如海岸线、山脉）一致
云的亮度	明亮条件相同，云体越厚，则亮度越亮；厚度相同，水滴云比冰晶云亮；在各类云中，积雨云最亮，卷层云次之，层积云为白色，陆上晴天积云为灰白色
云的水平结构	气旋和台风的云系呈螺旋状，洋面上积状云系呈细胞状，锋面、急流、切变线、赤道辐合带云系呈带状，山脉背风坡云系呈波状
云的暗影	中云、高云和发展很高的积云和层积云有暗影；冰面上空的云有暗影，高空急流卷云带的边界可出现暗影
云的纹理	雾和层状云表面光滑均匀，高积云和层积云有皱纹和斑点，卷云有纤维状纹理

分辨率是衡量卫星云图质量的一个重要指标。所谓分辨率，是指能在图片上区分最小目标物的本领。卫星云图使用者希望得到清晰度高、细节多的图片。如甚高分辨率云图在晴空条件下，可以清楚地看到长江、黄河等大的地表特征，但在普通分辨率云图上这些特征是看不见的。通常，地面观测者看到的一大片云，在卫星云图上却只表现为一个小斑点，至于云的细小结构，从卫星云图上也不容易看出。例如，卫星云图上看到的一块积云，实际上并不是地面上看到的一个积云单体，而是积云的集合体。在云图上所谓云的单体是指卫星云图上可以识别的云的最小单元，它所代表的实际尺度的大小取决于卫星的分辨率、卫星高度、目标物和照片中心点的距离等。

卫星云图在天气分析和预报上的应用，除了提供大范围天气实况资料外，主要用来分析天气系统和间接推理大气中的一些物理过程。卫星云图的分析包括四个部分：第一是云图的识别，即从云图上识别各种云和地表面的物体（如水、雪、山脉、岛屿、海洋与陆地等）；第二是根据云图上云的大范围分布找出天气图上的各种系统；第三是从卫星云图追踪系统的移动和发展；第四是从云图推理风和其他气象要素的分布。

(3)重要天气系统的识别

船舶在航行条件下，利用传真卫星云图很容易识别热带气旋、锋面气旋和副热带高压等天气系统。

①冷锋

在卫星云图上，冷锋锋区往往表现为一条长几千千米、宽二三百千米的白色云带。

因此，大多数的冷锋很容易从图片上识别出来。冷锋常与温带气旋相联系。冷锋云带位于螺旋云带的外围。靠近螺旋中心部分云带较宽，距螺旋中心越远冷锋云带越窄，云带呈明显的气旋性弯曲。地面天气图上的冷锋一般位于云带内。如果云带中层状云占优势，则地面冷锋位置在接近云区的前边界处；如果积云占优势，则冷锋位于云区的后边界附近。图 2-17 清楚地显示出，从朝鲜半岛至我国海南岛一带为一典型冷锋云系。

②暖锋

在卫星云图上暖锋云区短而宽，通常长几百千米、宽四五百千米，呈反气旋性弯曲并向冷空气一侧凸起。地面天气图上的暖锋位置在暖锋云区中靠近后边界处。在卫星云图上暖锋较难识别。

③副热带高压

在卫星云图上，副热带高压表现为一大片暗的无云或少云区，而其南北两侧均为多云区(白色)。无云区边界一般很清楚，根据经验，大致与 500hPa 图上 588 位势什米等高线所围成的区域一致，因此，利用这种关系很容易从卫星云图上确定副热带高压的范围，如果副热带高压区色调很黑，即碧空无云，说明副热带高压区内下沉运动很强，低层的对流云系不易发展。反之，当副热带高压减弱时，副热带高压区颜色将变淡，表明内部云系增加，因此积云块的出现对预报副热带高压的减弱有一定的指示意义。

图 2-17　锋面气旋云系图

④热带气旋

气象卫星是发现和跟踪热带气旋的有效工具。可以利用卫星云图来确定热带气旋的位置、发生、发展阶段及未来的移动变化等。

在卫星云图上，热带气旋显示为白色的涡旋状云系，在黑色的海洋背景上显得十分清晰。热带气旋云系包括系统中心的云区和外面的云带。系统中心的云是指可以看到的眼区或涡旋中心的浓密云区(或称密蔽云区)，云带是指环绕中心的弯曲或呈螺旋形的云带。

根据云带的几何形状和中心浓密云区的形状、边界清晰程度、纹理等特征，就可以确定中心位置，判断热带气旋的发展阶段和发展强度。此外，利用卫星云图还可以确定热带气旋的移动路径、最大风速、中心最低气压以及热带气旋的大风范围和降水分布等。图 2-18 是 2006 年 9 月 16 日 14 时 0613 台风“珊珊”(SHANSHAN)的红外云图，黑色眼区和白色浓密螺旋状云带的涡旋区十分清晰。台风位于台湾东北海面，向东北偏北方向移动。除上述可见光云图和红外云图外，必要时还可接收卫星云图云层分析图。这种云层分析图是卫星云图的详细解析图，可供分析对照使用。目前，北京 WTSAT BAF 传真台每天播发亚洲地区的云层分析图。

图 2-18　0613 号台风红外云图

7. 波浪传真图

波浪是影响船舶运动和航行安全的主要因素之一。在海上，为了详细、及时地了解航区和航线前方的波浪分布情况，船舶必须逐日接收波浪传真图，必要时可及时避开恶劣的海区，保障船舶的安全航行。波浪传真图也是海上船舶最常用、最重要的传真图之一。波浪传真图分为波浪分析图(AW)和波浪预报图(FW)两种。各国发布的波浪传真图的名称和表示方法也不统一，大部分国家的波高采用米制，而有些国家则采用英尺或浪级表示。

(1)波浪分析图

波浪分析图是根据船舶和海岸观测站的资料，对海上波浪状况进行分析绘制的图，对船舶航行和预防海难事故很有用处。由于这种图可以预知从海面传来的最大波浪，故对沿岸港口的防灾工作也有帮助。日本东京JMH传真台发布的西北太平洋波浪分析图中，粗实线表示等波高线(依据的数据是风浪高与涌浪高两者的合成波高)，单位为m，从2 m开始，两相邻等波高线间隔为1 m。图中还绘出主波向"⇨"(几列波并存时波高最大者的传播方向)、乱波海域和海上观测船位点的水文气象要素实况，其中包括风向、风速、风浪向、风浪高、风浪周期、涌浪向、涌浪高和涌浪周期等。此外，图中还标绘出同一时刻的高低气压、热带气旋中心位置、强度及锋线位置等。图中在北太平洋由强温带气旋(中心气压968 hPa)引起的巨浪，其波高达到10 m。

(2)波浪预报图

波浪的预报非常复杂，目前，由各国专门机构制作的波浪预报图时效一般为24～48 h，最长72 h。我国国家海洋局也通过传真广播和电视每天发布我国海域及外海的24 h波浪预报。船舶如按时接收这种图，便可非常直观地了解海洋上的波浪未来的分布状况。若只有波浪分析图时，亦可参考地面分析或预报图上天气系统的发展和移动等资料，对波浪情况作出短时的外推预报。日本东京JMH传真台发布的西北太平洋24 h波浪预报图中绘有等波高线、主波向及个别地点主波的波高和周期。此外，还标绘出H、L、TD、T等中心位置、强度以及锋线位置等。在波浪预报图中，等波高线的数值为有效波高，它是基于波谱分析等海洋学理论经过复杂计算得出的。

美国国家气象局发布的北太平洋48 h风、浪预报图中实线为等波高线，间隔1 m，数字表示波浪高，用风矢和风羽表示风向和风速大小。图中在高纬度的波状线表示冰界线。

另外，随着天气和海浪预报方法的逐步改进，一些主要的海洋预报中心发布5～10 d的海浪预报。如美国海军舰队气象海洋数值预报中心(FNMOC)目前通过互联网对外公开发布全球各大洋逐日6 d、间隔12 h的有效波高和海面风场预报。这些图表资料可在相应的网站上获取。

8.海流传真图

海流传真图分为海流分析图(SO)和海流预报图(FO)两种。

海流一般变化缓慢，比较稳定，因此海流传真图的时间间隔比天气图要长很多。常见的有旬和月两种海流分析图，它是根据上个旬(或上个月)的海流实测资料绘出的图。日本东京JMH传真台发布的西北太平洋表层海流实况传真图中，箭矢表示流向，不同形式的箭杆表示不同流速。图中还标出了黑潮(KUROSHIO)与北赤道流的主轴位置、水平范围和流速分布等情况。图中黑色区为海冰区。

9.冰况传真图

冰况图(ice condition chart)是根据卫星及其他观测资料绘制的。目前,发布海冰图的传真广播台有日本东京、瑞典斯德哥尔摩、德国奎克博恩、英国布拉克内尔和加拿大哈利法克斯等。多数广播台只限于在冬季指定的星期发送海冰状况图。冰况图中不仅简单地表示冰量,而且还表示出冰块的位置和可能通行的航道。同时,冰况图中列举不同海域海冰的聚集状况,还有简报形式的冰情分析与展望。此外,图中还绘出表层等水温线,间隔为1℃。

第三章

航行值班

在船上航行值班是教学实习的重要环节，实习人员要充分利用航行值班过程中遇到的各种情况进行学习，包括开航前的准备、驾驶台航行值班、瞭望及判断碰撞危险、船舶号灯号型识别、进出港口航道航行、舵令与操舵等。

第一节　开航前的准备

船舶开航前船长应主持召开航前会议，总结上航次安全生产情况、下航次任务及应注意的货运和安全问题，介绍航区、目的港情况，防台风、防冻、防盗部署等。大副提出关于货载的具体要求。

一、开航前的准备工作

开航前，水手长和木匠在大副的指导下做好甲板的清洁、整理工作。

(1)关舱盖、封舱。卸下起货机械并固定。

(2)绑扎缆绳，盖上遮阳罩。固定锚及锚链。绑扎固定甲板移动物品。

(3)关闭各货舱道门、各物料舱室及生活区水密门。

(4)根据大副指示开启或关闭货舱通风孔。

注意：冲洗甲板不得在港内进行，以免造成污染。

二、驾驶台备车的工作程序

开航前由值班驾驶员进行备车，一般由二副或三副完成。

(1)做好驾驶台的卫生工作。

(2)与机舱对时钟、对舵、对车钟，试汽笛。

①对时钟：由二副每天根据无线电台对时，备车时由驾驶员与机舱核对时钟。

②对舵：大副和轮机员在舵机室与驾驶台值班驾驶员用对讲机联系。让操舵人员在驾驶室分别使用舵轮和手柄，先使舵角指示器的指针指零度，看舵机室的舵角是不是正舵。然后慢慢地将舵轮往左（右）转到满舵后，校对舵轮座上的舵角指示器与船尾舵杆上的指示刻度是否一致，接着用同样的方法向右（左）满舵进行一次，再快速活舵一次。随后再下令，分别连续地做左右 5°、15°、25°、35°操舵和回舵。最后进行从一舷满舵、回舵的试验，以判断遥控机构、随动机构、工作系统和舵角指示器的可靠性、准确性、运转速度和平稳性。

机械的舵角指示器在最大舵角时的指示器误差不应超过±2°，电动的不应超过±1°，中央位置应完全符合。

③对车钟：由驾驶员与机舱核对车钟是否一致（图 3-1 ）。

图 3-1 对车钟

驾驶员先将车钟摇至“STANDBY”，待机舱回令指针指向“STANDBY”后再依次将车钟摇至“STOP”—“DEAD SLOW AHEAD”—“SLOW AHEAD”—“HALF AHEAD”—“FULL AHEAD”—“NAV FULL”—“STOP”—“DEAD SLOW ASTERN”—“SLOW ASTERN”—“HALF ASTERN”—“FULL ASTERN”—“STOP”—“STANDBY”进行核对。

有的船舶无“STANDBY”挡，则对完车钟后回到“FINISH WITH ENGINE”或“FWE”挡。

机舱备车就绪后由机舱将车钟摇至“STOP”，驾驶员将车钟放置在“STOP”位置。此时驾驶台可以随时用车。

④试汽笛：分别在驾驶台内和两外侧试验汽笛按钮工作是否正常。

（3）开启雷达（图 3-2）、ARPA、AIS（图 3-3）、GPS（图 3-4）、计程仪（图 3-5）、测深仪（图 3-6）等各种助航仪器及 GMDSS 系统。

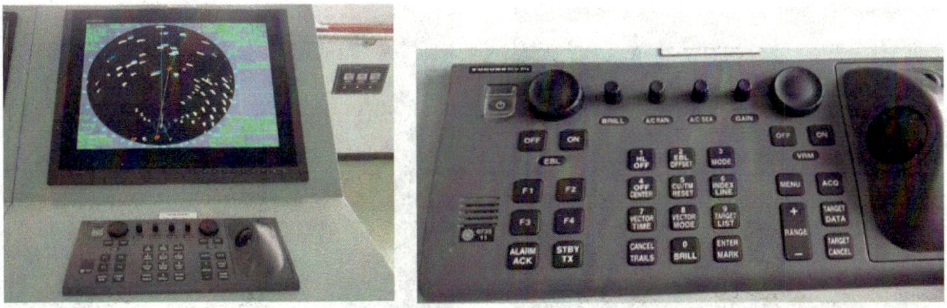

(a)　　　　　　　　　　　　(b)

图 3-2　雷达

(4)准备好海图作业工具、航海日志、车钟记录簿、VHF 通话记录簿。

(5)冲车：是机舱备车过程中准备主机的重要程序，机舱冲车应在驾驶台确认船尾无异物、缆绳受力正常后进行。

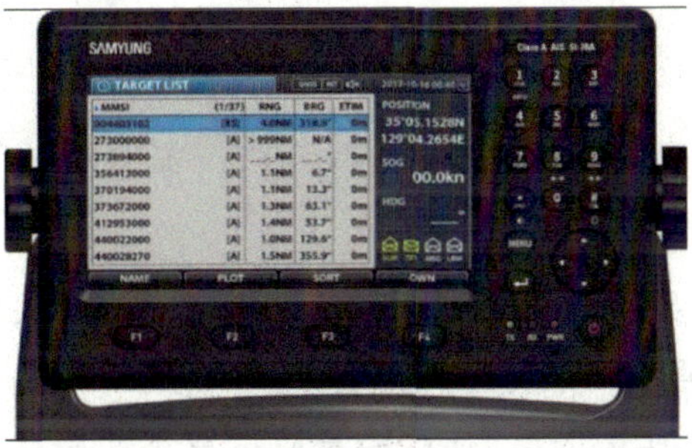

图 3-3　AIS

图 3-4　GPS

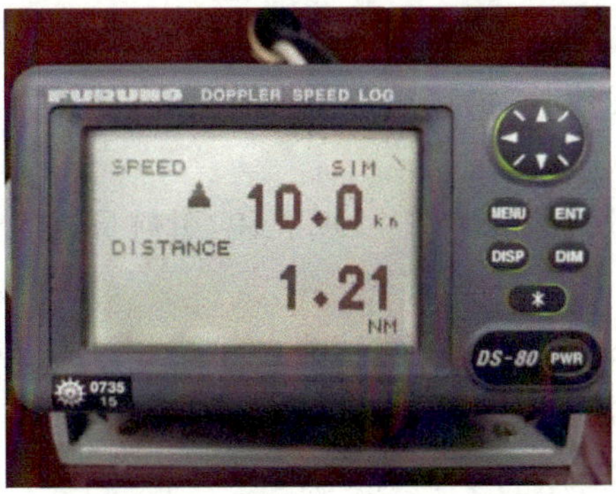

图 3-5　DOPPLER 计程仪

图 3-6　测深仪

三、掌握气象观测和记录的方法

气象要素的记录表示方法在航海日志中有详细说明。

NAVTEX(图 3-7)、气象传真机(图 3-8)、INMARSAT 系统提供船舶航区的详细气象资料。

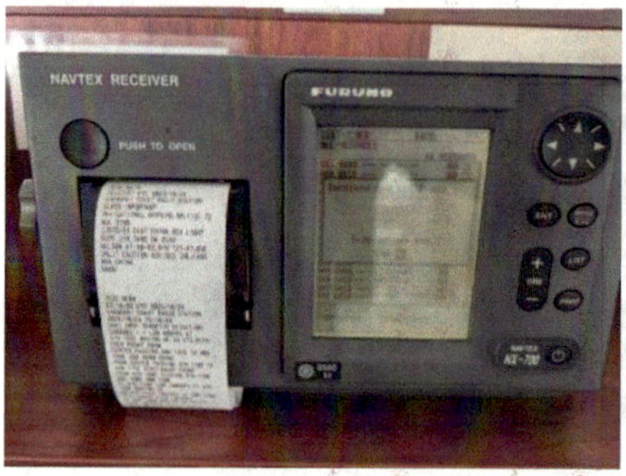

图 3-7　NAVTEX

图 3-8　气象传真机

第二节　驾驶台航行值班

一、驾驶台规则

驾驶台规则是值班人员的行为规范，也是对船员的基本素质要求，所有人都必须遵守。

(1)驾驶台是船舶航行的指挥台，当值人员必须严肃认真，不得做与值班无关的事情，无论航行与停泊，无关人员都不得进入驾驶台。除船长、引航员因工作需要外，任何人不得将移动电话带进驾驶台。在航行中，尤其是进出港时，船长应尽量不使用移动电话，如因工作需要，应正确处理好与操作、瞭望的关系，确保船舶航行安全。

(2)值班驾驶员应保持正规瞭望，不得随意离开驾驶台。任何人不得在驾驶台坐卧睡觉，不得穿着睡衣、内裤、拖鞋进入驾驶台。除船长、引航员因工作需要外，任何人不得在驾驶台进餐。

(3)驾驶台应保持严肃、安静，当值人员应做到服装整洁、文明礼貌，引航员进入驾驶台时应热情接待，并随时回答其提出的问题。

(4)驾驶员应督促值班水手整理驾驶台，保持整洁、干净、明亮。驾驶台四周不得堆放杂物、晾晒衣物等，严禁在磁罗经附近放置铁器。

(5)驾驶台各种航行设备、航海文件、海图资料等必须妥善保管。

(6)在雷达和无线电天线以及灯光、音响信号设备附近进行修理、检修作业时，应在有关设备附近挂上警告牌，以策安全。

(7)停泊时，驾驶台门窗必须关上、锁好，最后离开驾驶台的人员应仔细检查。

(8)进出港前，值班水手应做好驾驶台内外清洁、整理和准备工作。航行时做清洁每天由 0400～0800 值班水手负责。

(9)驾驶台所张贴的有关图纸、资料应永久地置于驾驶台，不得随意拆除及移动。

二、航行值班职责、交接班的原则和程序

1. 一般要求

(1)航行值班人员应严肃认真，忠于职守，坚守岗位，严格遵守各项规章制度，保证船舶航行安全。

航行值班的时间规定为：

大副　0400～0800，1600～2000

二副　0000～0400，1200～1600

三副　0800～1200，2000～2400

值班水手的班次由大副安排，一般每月调班一次，沿海航行船舶 10 d 调班一次。

(2)在视线不良、进出港口、经过狭水道和险要航区、近岸和接近渔区航行或避让他船时，禁止使用自动舵；在大风浪航行中，亦不应使用自动舵。

(3)值班人员应在下班前 30 min 交班，接班人员应提前 15 min 到达驾驶台。交接班必须做到交清接明。未经交接清楚，值班人员不得擅离职守。

(4)航行中，所有船员禁止酗酒，禁止酒后值班。

2. 驾驶员航行值班的职责

(1)认真执行驾驶台管理制度、航行日志记载及保管规则、海图作业和船位测定规则、船长夜航命令簿规则等有关规定，以及主管机关颁发的与航行工作有关的各项通知和指示。

(2)应集中精力，认真瞭望，密切注意海面情况，如有疑问，立即报告船长。

(3)在任何情况下，如无船长或其他驾驶员正式接替，值班驾驶员应坚守岗位，不得擅自离开。值班时不得兼做其他工作。

(4)认真观察附近的船舶动向，随时注意其变化；避让措施要果断及时，意图明确，尽可能早让、宽让，掌握主动；在大风浪中避让船舶时，更要注意早让、宽让、大角度让，避免因操舵不稳定而引起事故；避让中应特别注意未点灯小船、从事捕鱼的船舶及操纵能力受到限制的船舶；对渔栅、浮标等任何漂流物应注意避让。

(5)航行中，遇密集渔船群阻碍航道，必要时应绕道航行，如无法避开，应及早备车，谨慎驾驶，并报告船长。

(6)应注意沿岸陆标，仔细观察，认真验证航标、灯浮，发现移位、灯光熄灭等失常情况，应立即报告船长并电告所辖的港监部门；对初次驶近的陌生海岸、屿、灯标等，应根据航路指南及有关资料仔细反复核对。

(7)值班驾驶员需要进入海图室且情况许可时，应嘱咐水手加强瞭望，进入海图室后应尽快返回驾驶台。

(8)海上航行，每班至少测定船位一次，沿岸、岛礁区航行根据情况每隔半小时定位一次，测定的目标名称、方位、距离、计程仪读数应记入航海日志，并在海图上标绘航行

轨迹。

(9)对船长规定的航路、航向和车速等，值班驾驶员除因遇有海事、碰撞威胁、救助落水人员、发生意外危险等特殊情况而必须及时采取有效措施外，未经船长同意，不得变更；船长临时变更航向、车速，应告知值班驾驶员。

(10)应按《航海日志记载及保管规则》要求正确记载航海日志，重要转向点的船位及目标正横时的方位、距离、计程仪读数、移位差等均应记入，不得遗漏。

(11)每班应该对标准罗经、操舵罗经(包括陀螺罗经)的航向，利用可能的机会测定罗经自差，并验证所采用的风流压差是否恰当。

(12)经常检查核对操舵的航向及自动舵的运行情况。

(13)恶劣天气，应注意检查水舱、污水沟的水位高度，必要时应加强测量，并应指派水手检查甲板货绑扎、封舱工作，水密门及风斗等是否正常。

(14)应按大副的布置，根据气象情况及货物特性，采取相应措施。

(15)应正确使用雷达，遵守《国际海上避碰规则》中有关使用雷达的规定，但不盲目依赖。

(16)航行中发生或出现的海事、工伤、货损及其他重要情况，应详细记入航海日志，并不得涂改或刮、擦。

(17)要求水手长在夜晚就寝前巡回检查全船一周，并将检查情况记入航海日志。

(18)夜间航行应经常检查航行灯光是否正常，注意不得有其他灯光外泄，禁止随意在室外用手电筒照射，以免妨碍正常航行。

(19)进出港口前，应布置值班水手备妥有关旗号、灯号及掉头信号。

(20)海图上的航迹线，一般应保存到下个航次开航之时；如遇有海上事故，应保存到事故原因查清、责任判明时为止。

(21)船长虽在驾驶台，如未声明由船长自己负责指挥驾驶，值班驾驶员仍应负指挥驾驶责任，不准推诿放弃职责；如船长认为需要时，可明确接过指挥权，自行负责指挥；当需要交回值班驾驶员指挥时，应声明清楚；当船舶由船长或引航员引领指挥时，值班驾驶员仍应认真瞭望并履行应尽的值班职责。

3. 驾驶员航行值班的交接班

(1)航行值班交接应在驾驶台进行。

(2)值班驾驶员如果有理由认为接班驾驶员显然不能有效地履行其职责时，不应向接班驾驶员交班，并立即向船长报告。

(3)接班驾驶员应确信本班人员完全能履行各自的职责，特别是夜视力的适应性。接班驾驶员在其视力未完全调节到适应光线条件以前，不应接班。

(4)接班驾驶员在接班前，应对本船的推算船位或实际船位进行核实，并证实预定的航线、航向和航速的可靠性，还应注意在他值班期间预期可能会遇到的任何航行危险。

(5)交、接班驾驶员应交接清楚下列情况：

①船长对船舶航行有关的常规命令和其他特别指示。

②船位、航向、航速和吃水。

③当时和预报的潮汐、海流、气象、能见度等因素及其对航向和航速的影响。

④在驾驶台控制主机时的主机操作程序的使用方法。

⑤航行环境，包括但不限于：

正在使用或在值班期间有可能使用的所有航行和安全设备的工作状况；

陀螺罗经和磁罗经的误差；

看到的或知道的附近船舶的位置及动态；

在值班期间可能会遇到的情况和危险；

由于船舶的横摇、纵摇、水的密度变化及船体下沉对富余水深可能造成的影响。

(6)如果值班驾驶员在交班前正在进行船舶特殊操纵或其他避免危险的行动，接班驾驶员应在这种操作完成之后再接班。

(7)接班驾驶员应逐一核清交接事项，并签阅有关通电记录，查阅资料，验证船位准确性，对本班中可能遇到的任何航行风险要有预见。

(8)接班人员在确认有关交接事项已交接清楚并准确无误时，应在航行日志上签署，交班人员方可离去。

(9)每天大副晚餐时，由三副接替值班，时间不超过半小时。

4. 值班水手航行值班的职责

(1)集中精力，复诵并迅速、准确地执行驾驶指挥人员下达的舵令或航向，正确理解驾驶员的意图，注意观察前方。认真操舵，经常注意罗经航向，发现舵效失常，应立即报告值班驾驶员，并迅速采取应急措施。

(2)值班水手应协助驾驶员瞭望，执行值班驾驶员指派的其他工作，未经驾驶员同意，不得擅离驾驶台；狭水道航行、夜间或视线不良时航行，更应坚守岗位，守职尽责。

(3)经常检查航行灯、悬挂的信号旗情况，按规定清理驾驶台。

5. 值班水手航行值班的交接班

(1)航行值班交接在驾驶台进行。值班水手如果有理由认为接班水手显然不能有效地履行其职责时，不应向接班水手交班，并立即向值班驾驶员报告。交班水手在舵把定时交接，如正在进行特殊操纵或其他避免危险的行动时，应在这种操作完成后，方可交接班。交接事项如下：

①航向、舵的性能、航行灯及悬挂中的旗号、号灯号型；

②海面情况及瞭头人员姓名；

③进出港前的各项准备工作，如引航梯、旗号、号灯、号型、照明等；

④值班驾驶员交代的注意事项和其他工作；

⑤交班前检查舱盖、封舱、甲板货及货舱通风等情况。

(2)交接清楚后应向接班的驾驶员报告，交班人员方可离去。

三、航海日志、车钟记录簿填写

1. 航海日志记载要求

(1)航海日志是船舶航行、停泊、作业、修理等工作的原始记录,是船舶的重要法定文件之一,是分析和总结航海经验,判断和处理海事的重要依据,必须准确、清楚、完整、真实地记载,不得弄虚作假、隐瞒事实、故意涂改。

(2)航海日志应依时间顺序连续记载,不得间断,内容应当明确反映出船舶航行、停泊、作业或修理的基本情况。

(3)航海日志使用不褪色的蓝色或黑色墨水填写;字体端正清楚、语句简明;逐页顺序记载。不准涂抹、撕毁、添页;不留空行、空页;如记事栏填写满格,可翻页继续填写。如有记错,应将错写字句标以括号并画一横线(被删的字仍应清晰可见),然后在括号后面或上方重写,并签字。如有漏记,应在漏写字句的相应位置补写,并签字。

(4)常用名词、气象观测记录要按规定的缩写、代号或符号记载;计量单位,一律采用国家法定计量单位。

(5)航行记录部分:当航向、罗经改正量、风流压差值有变动和每次交班时,都应记录一次。记录内容包括:时间、罗经航向、罗经改正量、风流压差和计程仪读数,每次交班时还应记录主机平均每分钟转数。

(6)气象水文要素栏:每次交班时,都应记录一次;遇大风浪、恶劣天气情况,应根据船长布置,增加记录次数。记录内容包括:天气实况(晴、阴、雨、雪、雾、霾、多云、雷雨大风和热带风暴等)及能见度、气温、气压、风向、风力、浪、涌、水温等。

(7)记事栏记载内容如下:

①航行中的记载内容

a. 开航时的首尾水尺,燃料、淡水及其他储备品的储备量;

b. 主要航行设备、甲板属具、封舱及水密设备的检查结果;

c. 目的港名;

d. 引航员姓名及其上船、下船的时间、地点;

e. 拖轮船名及其靠上时间,解拖时间;

f. 驾驶台与机舱对时的时间和快慢数据;

g. 主机准备、备妥、定速、完车的时间;

h. 到、离港的时间和港名;

i. 驶过重要地点(或标志)的时间、名称和航向;

j. 会让的船名(或船种)、时间、地点、何舷会过(船舶密集、会船频繁的区域,可视具体情况择要记载);

k. 推算船位、实测船位、位移差;

l. 紧迫局面时船舶避让中采取的重要措施;

m. 遇大风、雾、雨、雪等恶劣天气的时间及采取的安全措施；

n. 号灯、号型显示的起讫时间和情况；

o. 无线电话重要通话内容及时间；

p. 发生海上交通事故的时间、地点、种类和当时的气象情况、船位、航向、损失情况、自救和他船救助或救助他船的经过、措施和结果等；

q. 测量、校正仪器误差的时间、地点和结果；

r. 货舱、甲板货的检查时间和结果，以及保管货物的措施；

s. 发现航道和航标的变异、碍航漂浮物和其他异状情况的时间、名称、地点及采取的措施；

t. 机器设备故障影响正常航行的时间和情况，以及采取的措施；

u. 应急反应或演练的时间、地点、情况（可用红笔记录或记录文字下面用红线标示）等；

v. 其他需要记录的事项。

②停泊时的记载内容

a. 靠离操作和拖轮协助情况；

b. 系上第一根缆与解掉最后一根缆的时间，泊位名称，何舷靠泊、移泊时间及其事由；

c. 锚泊时的锚地名称、抛锚时间、锚别、出链长度、抛锚原因、水深、抛妥或起锚开始及离底时间、锚位；

d. 值更时检查锚位、锚链、号灯、号型等情况，发现走锚的时间及采取的措施；

e. 他船靠离本船的时间、船名和事由；

f. 垃圾回收的时间、地点和数量；

g. 船舶被滞留的原因、时间、地点和执行机关；

h. 其他需要记录的事项。

③作业时的记载内容

a. 货载量（包括中途港的变量）、种类、装卸时间及安全措施，装卸货及货运质量等情况，开始装卸及装卸完毕时间，中途停工的原因和时间，每日 08:00、20:00 的装卸进度和首尾吃水；

b. 清舱、洗舱、熏舱、验舱、测爆及舱名（号）、时间、地点、施工单位、安全措施；

c. 补给燃料、淡水的时间和数量；

d. 压载水的注入和排出时间、数量、舱号；

e. 发生装卸事故、货损货差、人员伤亡、设备损坏的原因、时间、范围、责任等；

f. 其他需要记录的事项。

④修理时的记载内容

a. 厂名、修理类别、进出厂、上下船或进出坞的时间；

b. 进厂会议的日期和参加人员、船方和厂方安全责任划分的主要内容及其他主要事项；

c. 厂修和自修主要项目的开工和完工日期、验收情况；

d. 高空、舷外、明火等作业时的安全措施；

e. 试航日期、地段和测试内容；

f. 船舶检验情况；

g. 其他需要记录的事项。

(8)主要船员动态记录栏，每当船长、驾驶员调动时，都应由大副记录。

(9)航海日志由值班驾驶员负责记载，并对所记载的内容负责。交班时，应在记事栏紧接本班记载内容的后面签字。

(10)船长对航海日志的记载全面负责，应经常检查、指导航海日志的记载。每个航次结束后或停泊中的每旬末，应进行审阅，并签字；船长调动时，交接手续办理完毕后，交接双方、监交人应在航海日志上签字。

(11)记载事项说明：

①时间：采用 24 小时计时法，用四位数表示，下午五时四十分，写成 1740。

②船舶吃水：以米(m)为单位，准确到厘米(cm)。

③船体横倾度：记录驾驶台倾斜仪的读数。

④无线电话重要通话内容：指互报船位、会让意图、与岸台(信号台、港监、调度)联系的情况等。

⑤水舱测量：记录各水舱(柜)、压载舱等的水舱水量，每日 08:00、16:00 时各测量一次，必要时增加测量次数，由大副记载。

⑥船位：用经纬度表示，准确到分以下一位小数；用物标的方位、距离表示，方位准确到度，距离准确到 0.1 海里。

⑦航向：用 000°～360°表示，准确到度。

2. 车钟记录簿记载要求

(1)车钟记录簿是船舶的重要法定文件之一，由值班驾驶员、值班轮机员或值班水手、电机员(电工)负责记录，记录时必须严肃认真、准确无误。记录者要在每页下面签名，船长、轮机长在每航次结束后审阅、签署。车钟记录簿记满后由大副、轮机长保存一年，然后送公司安监部统一处理。

(2)车钟记录簿应用青莲铅笔或用钢笔记录，且必须保持记录的清楚、整洁，不得任意删改和涂抹，要逐页顺序记载，不得撕毁或增添；如有记录错误，不得用橡皮擦改，应用横线划去(被删之字仍应清晰可见)，改正的字要写在被删之字的上方，记录者须在删改处签字，签字应标以括号。

(3)每次用车的时间应准确记录，要求精确到四分之一分钟。

(4)备车前，驾驶台和机舱的时钟必须对准，并记录在航海日志和轮机日志上。

(5)开航前，驾驶台和机舱校对车钟后，应记录在车钟记录簿上。

(6)车钟的记录符号规定如表 3-1 所示。

表 3-1　车钟的记录符号规定

符号	意义	符号	意义
	备车		停车
	微速前进		微速后退
	前进一		后退一
	前进二		后退二
	前进三		后退三
	定速	F. W. E	完车

3. 保管要求

航海日志记满后由船长封存保管，3 年后送公司安监部，由安监部负责保管并根据其所记载的内容确定继续保存的时间及销毁事宜。车钟记录簿记满后，由大副、轮机长保存 1 年，然后送船公司安监部统一处理。

四、瞭望的基础知识

《国际海上避碰规则》(以下简称《规则》)第五条规定：每一船在任何时候都应用视觉、听觉以及适合当时环境和情况下的一切有效手段保持正规的瞭望，以便对局面和碰撞危险作出充分的估计。

1. 瞭望的重要性

(1)它能确保海上安全航行。

(2)它是决定安全航速，判断避碰危险，采取避碰行动的前提。

2. 瞭望的目的

(1)对当时的局面作出充分的估计。

当时的局面：船舶所处的环境、情况，以及本船的条件限制等。包括：

①对当时水域环境的估计；

②对当时能见度的估计；

③对当时船舶交通密度的估计；

④对本船操纵性能的估计等。

(2)对当时的碰撞危险作出充分的估计。

碰撞危险:两船潜在的碰撞可能性及一切不安全因素。

①根据号灯、号型判断来船的大小、种类及动态,并保证本船的号灯、号型显示正确;

②守听 VHF 收集自他船和船舶交通管理系统(VTS)机构的信息;

③注意来船方位、距离的变化等。

3. 瞭望的内容

(1)利用视觉、听觉和其他可用手段,包括望远镜、雷达、VHF、船舶交通管理系统(VTS)、船舶自动识别系统(AIS)、测深仪等。

(2)配备足够的适任瞭望人员。瞭望的位置应保证能获得最佳瞭望效果。

(3)根据来船的形体、号灯和号型、声响、雷达回波、VHF、VTS、AIS 等获得的信息,判断是否存在碰撞危险。

(4)探明遇险船或飞机、遇难人员、沉船。

(5)利用测深仪判断水深是否安全。

(6)发现海面是否存在影响安全的漂浮物(如原木、集装箱等)、冰山等其他障碍物。

五、对遇、交叉、追越局面的判断与避让

1. 对遇局面(head-on situation)(图 3-9)

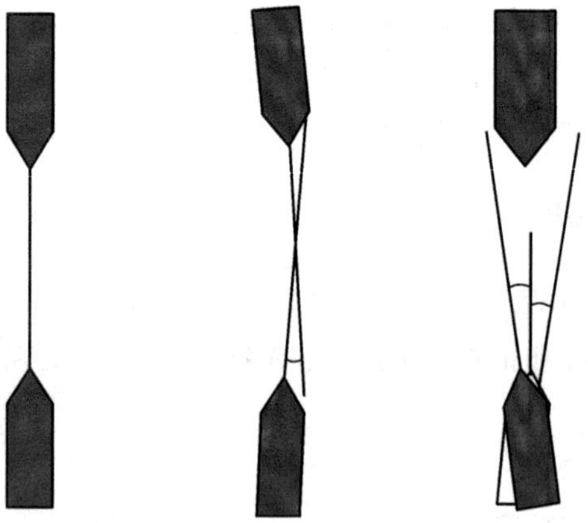

图 3-9 对遇局面

(1)《规则》第 14 条规定:

①当两艘机动船在相反的或接近相反的航向上相遇致有构成碰撞危险时,各应向右转向,从而各从他船的左舷驶过。

②当一船看见另一船在正前方或接近正前方,在夜间能看见他船的前后桅灯成一直线或接近直线和(或)两盏舷灯;在白天能看到他船的上述相应形态时,则应认为存在这样的局面。

③当一船对是否存在这样的局面有任何怀疑时，该船应假定确实存在这种局面，并应采取相应的行动。

(2)对遇局面相对航向的理解

接近相反的航向：两船航向夹角在 6°以内。

接近正前方：船首向左右 6°范围之内。

2. 交叉局面(crossing situation)(图 3-10)

《规则》第 15 条规定：

当两艘机动船交叉相遇致有构成碰撞危险时，有他船在本船右舷的船舶应给他船让路，如当时环境许可，还应避免横越他船的前方。

3. 追越局面(overtaking)(图 3-11)

《规则》第 13 条规定：

(1)任何船舶在追越任何他船时，均应给被追越船让路。

(2)一船正从他船正横后大于 22.5°的某一方向赶上他船时，即该船对其追越的船所处位置，在夜间只能看见被追越船的尾灯而不能看见它的任一舷灯时，应认为是在追越中。

(3)当一船对其是否在追越他船有任何怀疑时，该船应假定是在追越，并应采取相应行动。

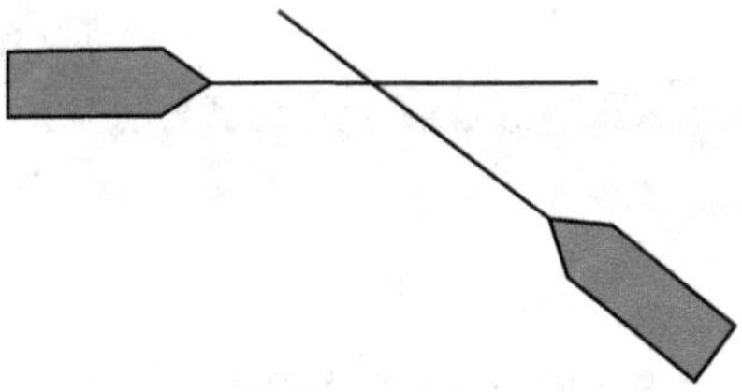

图 3-10　交叉局面

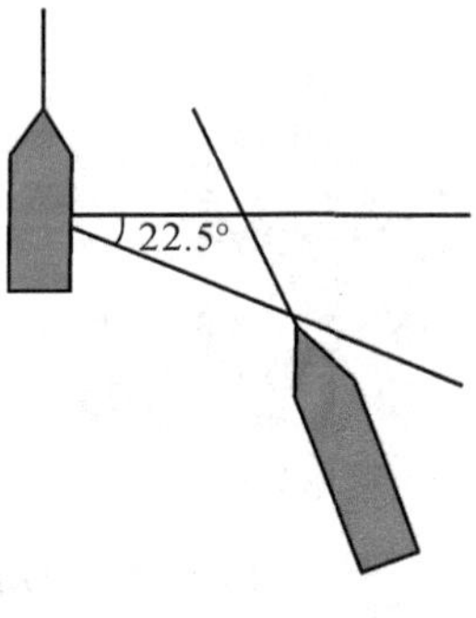

图 3-11　追越局面

(4)随后两船间方位的任何改变，都不应把追越船作为本规则条款含义中所指的交叉相遇船，或者免除其让开被追越船的责任，直到最后驶过让清为止。

追越过程应显示的声号：

我船企图从你船的右舷追越：两长一短声(— — •)

我船企图从你船的左舷追越：两长两短声(— — • •)

同意追越：一长一短一长一短声(— • — •)

不同意追越：五短声(• • • • •)

六、机动船雾航声号及机动船、渔船航行时应显示的号灯、号型

1. 机动船雾中航行应显示的声号

对水移动每隔两分钟鸣放一长声(—),不对水移动每隔两分钟鸣放二长声(— —)。

2. 机动船在航应显示的号灯、号型(图 3-12)

(1)在前部一盏桅灯;

(2)第二盏桅灯,后于并高于前桅灯;长度小于 50 m 的船舶,不要求显示该桅灯,但也可以这样做;

(3)两盏舷灯;

(4)一盏尾灯。

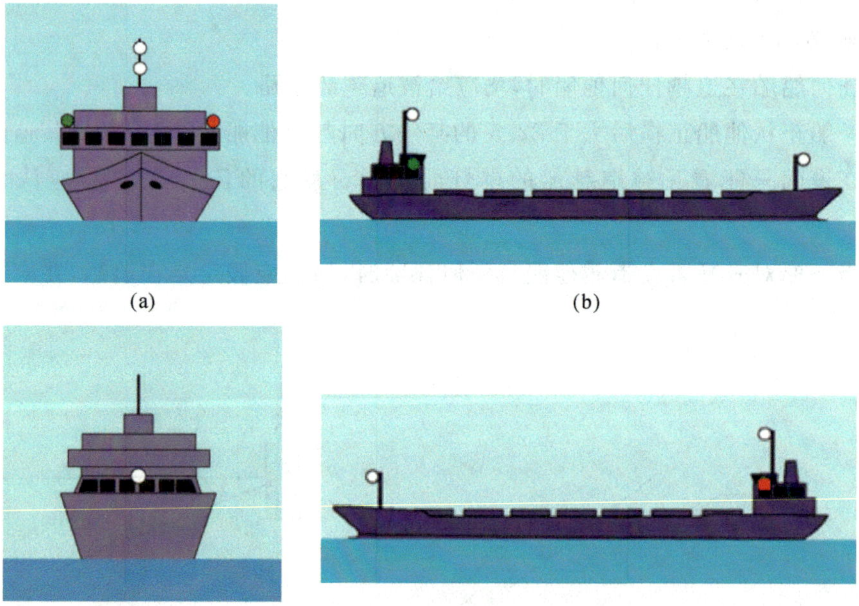

(a) (b) (c) (d)

图 3-12 机动船($L \geqslant 50$ m)在航时号灯显示示意图

(a)机动船正前方视图;(b)机动船右侧视图;(c)机动船正后方视图;(d)机动船左侧视图

3. 渔船应显示的号灯、号型

《规则》第 26 条规定:

(1)从事捕鱼的船舶,不论在航还是锚泊,只应显示本条规定的号灯和号型。

(2)船舶从事拖网作业,即在水中拖曳爬网或其他用作渔具的装置时,应显示:

①垂直两盏环照灯,上绿下白,或一个由上下垂直、尖端对接的两个圆锥体所组成的号型。

②一盏桅灯,后于并高于那盏环照绿灯;长度小于 50 m 的船舶,则不要求显示该桅灯,但可以这样做。

③当对水移动时,除本款规定的号灯外,还应显示两盏舷灯和一盏尾灯。

(3)从事捕鱼作业的船舶，除拖网作业者外，应显示：

①垂直两盏环照灯，上红下白，或一个由上下垂直、尖端对接的两个圆锥体所组成的号型；

②当有外伸渔具，其从船边伸出的水平距离大于 150m 时，应朝着渔具的方向显示一盏环照白灯或一个尖端向上的圆锥体号型；

③当对水移动时，除本款规定的号灯外，还应显示两盏舷灯和一盏尾灯。

(4)《规则》附录二中所述的额外信号，适用于在其他捕鱼船舶附近从事捕鱼的船舶。

(5)船舶不从事捕鱼时，不应显示本条规定的号灯或号型，而只应显示为其同样长度的船舶所规定的号灯或号型。从事拖网作业应显示的信号见图 3-13。

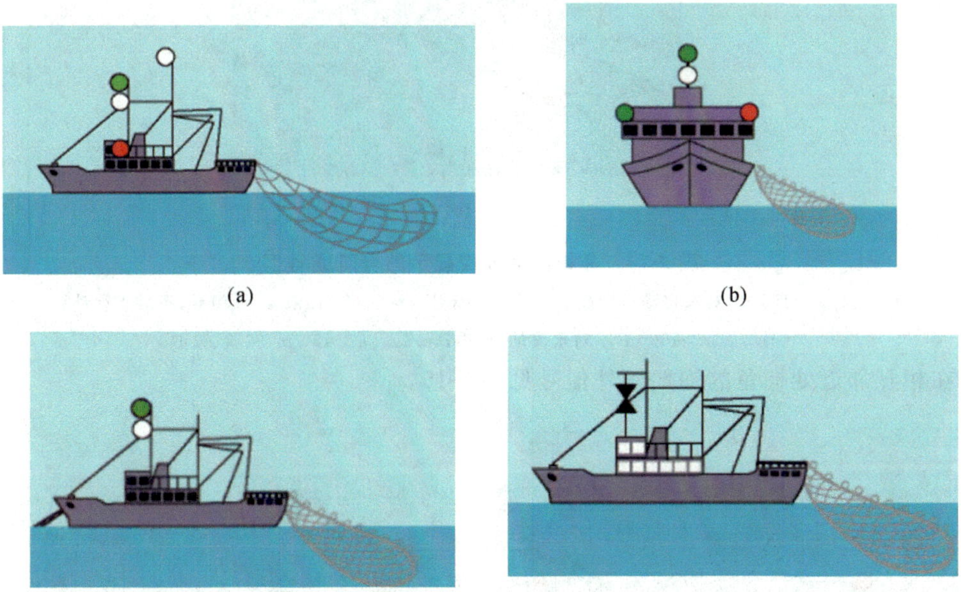

(a)　(b)　(c)　(d)

图 3-13　从事拖网作业应显示的号灯或号型

(a)$L \geqslant 50$ m，对水移动；(b)$L < 50$ m，对水移动；(c)$L < 50$ m，不对水移动、锚泊；(d)$L \geqslant 20$ m，在航、锚泊

非拖网渔船应显示的信号见图 3-14。

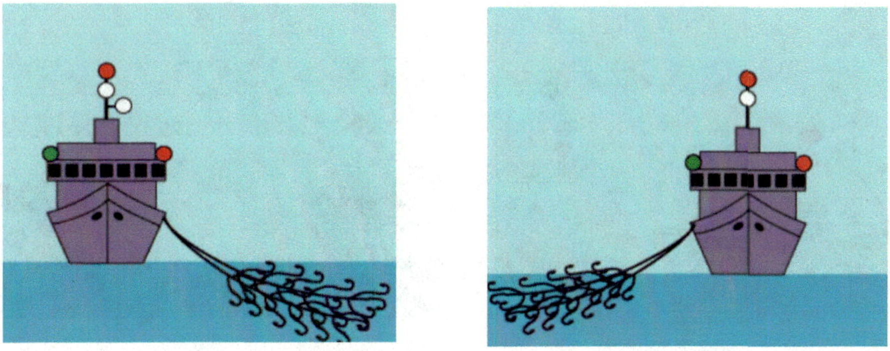

(a)　(b)

(c)

(d)

(e)

图 3-14　非拖网渔船应显示的号灯或号型

(a)$l_{\text{渔具外伸}}>150$ m，对水移动；(b)$l_{\text{渔具外伸}}<150$ m，对水移动；(c)$l_{\text{渔具外伸}}>150$ m，不对水移动；(d)$l_{\text{渔具外伸}}>150$ m，不对水移动、锚泊；(e)$l_{\text{渔具外伸}}>150$ m，在航、锚泊

在相互邻近处捕鱼的渔船额外信号见图 3-15。

①

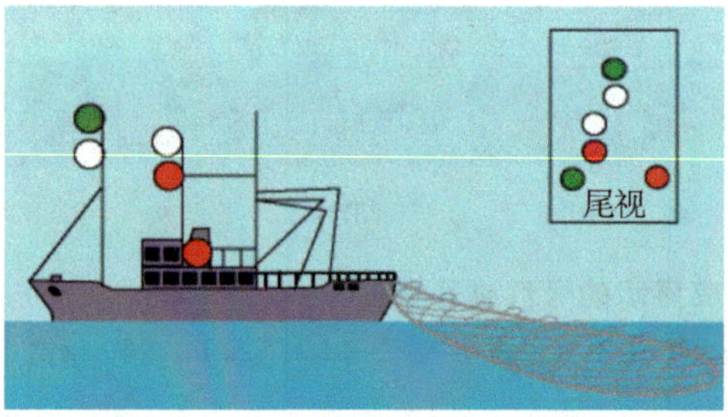

②

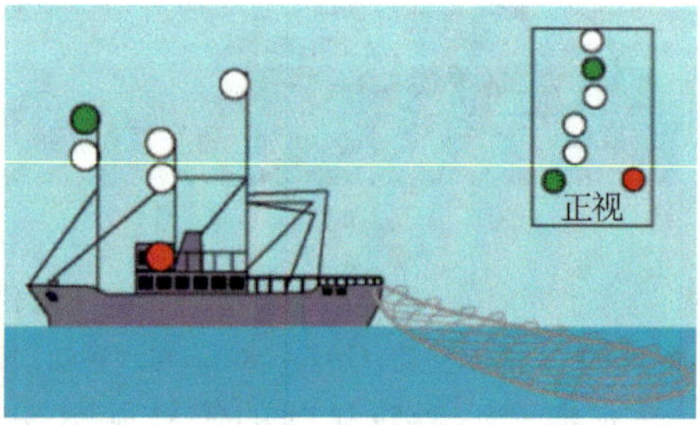

③

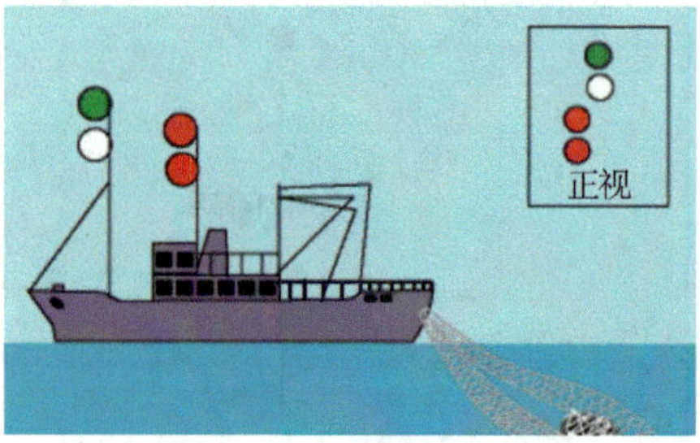

④

⑤

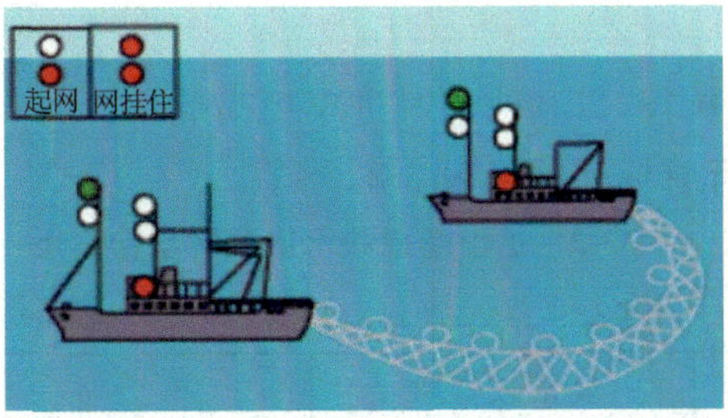

(a)

(b)

图 3.15　在相互邻近处捕鱼的渔船额外信号

从事拖网捕鱼放网时，$L \geqslant 50$m；②从事拖网捕鱼起网时，$L < 50$m；

网捕鱼网挂住障碍物时，$L < 50$m；④对拖；⑤对拖放网（起网、网挂住）

(a)拖网渔船额外信号；(b)围网渔船额外信号

七、船舶进出港口航道的航行方法

1. 准备工作

(1)准备大比例尺的港图，二副应将海图改正到最近一期，并调出相应的电子海图。

(2)查阅并计算潮汐、流向、流速。查出海图的最小水深，核对富余水深。

(3)确定航道航行中的定位方法，如 GPS、航标、陆标、导标等。

(4)与船舶交通管理系统(VTS)建立联系并获取信息。

(5)试验主机正、倒车的转换，试汽笛的警告声号。

(6)备锚航行。

2. 进出航道航行

(1)安排两名水手轮流手操舵，加强瞭望，必要时在船首加派瞭头。

(2)使用安全航速，或根据港口规定限速航行。进入浅水区应减速航行，以减少船体下沉量。

(3)根据航道浮标航行(顺序编号、相邻浮标间的方位)，并时刻校核浮标位置的正确性。

(4)根据风流影响修正风流压差，确保在航道内安全航行。

(5)与来船会遇用 VHF 沟通,保持安全距离通过。密切注意穿越航道或占用航道的小船。

(6)进入弯道前减速航行,以利改向时进车提高舵效。

进出港或狭水道航行航标记录见表 3-2。

表 3-2　进出港或狭水道航行航标记录

地点:________________　日期:________________　潮汐涨落时间:________________

经过时间	航标名称	特征或灯质	*CA*	*GC*	至下个航标距离

第三节　舵令与操舵

一、舵令

舵令(steering order)是由船长、值班驾驶员或引航员对舵手发出的有关操舵或航向的命令。作为发舵令的船长、值班驾驶员或引航员必须根据当时的实际情况和舵工的技术水平，发出恰当、清晰、准确的口令;同时也要求舵工必须听懂舵令,并按照所发舵令的要求正确操舵。舵令中有一部分是比较机械的,舵工只要按照舵令来转动舵轮就行了;另一部分是比较灵活的,舵工必须凭着自己的经验来转动舵轮,控制航向,以达到舵令所要求的目的,因此,驾驶员和水手必须非常熟练掌握舵令。

1. 操舵发令程序

(1)发令:舵令由(发令者)船长、值班驾驶员或引航员根据操纵船舶需要发出。

(2)复诵:操舵人员听到发出的口令后,应立即大声复诵一遍,以防听错(发令者也应注意听复诵是否正确,如有错误立即纠正)。

(3)操舵:舵工复诵后,迅速将舵轮转到口令所指的度数。

(4)报告:舵工要注意监视操舵仪上或驾驶台上的舵角反馈指示器,待舵的转动达到口令的要求时,再向发令者报告一遍。

(5)认可:舵工报告后,发令者要注视舵工的操舵效果,以防舵工操舵有误。如果正确无误,驾驶员答“好”(all right)。至此一个舵令的操舵程序完成。

2.操舵方法与要领

(1)要熟练掌握罗经基线与船舶航行方向的关系。罗经基线指示的刻度盘上的度数就是航向。当罗经基线偏离到原定航向刻度的右边时,表明船首已偏到原航向的右边,应操相反方向的小舵角(左舵,3°~5°即可)进行修正,使船首(罗经基线)返回原航向。注意不可用太大舵角,以免船舶的旋转惯性影响使船难以稳定而成“S”形航行。

(2)按航向操舵。当接到驾驶员变换航向口令时,应根据变更航向的幅度的大小和航速的快慢来决定操舵角的大小。航向变动的幅度小、航速快,可操小舵角;反之,则操较大舵角。用舵后,船舶开始转向,此时可根据船舶惯性和回转角速度的大小,按经验提前回舵,必要时可向相反方向压一舵角,以防船舶回转过头,这样船舶就能较快地进入并稳定在新航向上。

(3)压舵。船舶在航行中受到风、流的影响,或因其他原因使船舶两舷受力不均匀,船首易向一边偏转。因此,舵工应根据船舶偏转情况,采取适当的舵角来抵消这种偏转,以保持定向航行,这种做法叫“压舵”。至于压舵角取多少,可将舵放在正中的位置,再看罗经基线偏向哪一边,偏多少,然后再向相反的方向操微舵。经过反复试验,找出合理的舵角大小和压舵时间,及时克服偏转。

(4)不用急舵。平时尽量不用急舵或少用急舵,以免船舶旋转惯性过大难以控制,同时也防止损坏舵设备。

(5)按导标操舵。当发令者发出口令,叫舵工对准岸上物标或航标作为导航标时,舵工操舵将船首对准该标志后,应看清是什么航向并将航向报告给发令者。如发现偏离,应立即纠正。如航向有变化或异常,应及时提醒发令者。

(6)大风浪中航行。船舶左右摇摆和前后颠簸很大,航向就很难稳定,操舵更应机敏、耐心、细心地观察综合影响的结果,掌握规律。例如,知道船首将要向右偏时,应先用左舵抵制,当这种偏离影响将要消失时,应及时将舵回到正舵位置,使舵所产生的作用力正好与风浪影响相抵消;否则,等到船首已经开始偏转时再用舵就迟了。

3.操舵注意事项

(1)操舵时要有高度的责任感。注意力要集中,时刻注视罗经航向,始终保持船在航向上。

(2)严格遵照舵令操舵,未得到舵令不得擅自改变航向。驾驶人员与操舵水手要密切配合,如有疑问要及时提醒,防止发错、听错、操错舵令,还必须及时复述和报告执行情况。

(3)努力掌握本船的性能。如空载与满载、强风与急流、浅水与波浪、顶流与顺流等情况下左舵与右舵来的快慢和旋转惯性。

(4)熟悉本船操舵装置的转换开关,能迅速把自动操舵转换为人力操舵,当主操舵器发生故障时,能立即接上应急操舵器。

(5)驾驶员在下达舵令时,要根据实际情况的需要及本船在不同情况下的应舵性能。当航行于狭水道中时不能骤然使用满舵,以防产生过大的旋转惯性。

(6)当航行中做大幅度变换航向时,宜逐渐改变舵令,等船旋转已大体上停止,才可发“把定”,其顺序为:满舵—回舵—正舵—把定。

中、英文舵令对照见表 3-3。

表 3-3　中、英文舵令

发令 Order	复诵 Reply	报告 Report	说明
左(右)舵五 Port (starboard) five	左(右)舵五 Port (starboard) five	五度左(右) Wheel port (starboard) five	数字指舵角度数,舵工接到口令后操舵角到口令所需舵角
正舵 Midship	正舵 Midship	舵正 Wheel is midship.	操舵迅速使舵角指示器指示“0”
回舵 Ease helm (or ease the wheel)	回舵 Ease helm (or ease the wheel)	舵正 Wheel is midship.	操舵慢慢使舵角指示器指示“0”后报告“舵正”
把定 Steady	把定 Steady	航向 XXX Course XXX	发令后,舵工操舵将船稳定在发令时的航向(或物标)上,稳定后报告航向
航向 XXX Course XXX	航向 XXX Course XXX	航向 XXX 到 Course on XXX	转向新航向用。舵工操舵使船迅速从原航向转向新航向,至于用什么舵,舵角多少,舵工根据当时具体情况自行掌握
向左(右)X 度 X degrees to port (or starboard)	向左(右)X 度 X degrees to port (or starboard)	航向 XXX 到 Course on XXX	改变航向。用舵工根据口令操舵使原航向左 (右)改变 X 度,到达新航向时汇报“航向 X X X”。要注意这个口令是罗经度数,不是舵角
航向复原 Course again	航向复原 Course again	航向 XXX 到 Course on XXX	临时改变航向后(如为了让船),要回到原来操舵航向上航行,舵工操舵将航向变回来,待到回到原航向后汇报原航向的度数

续表 3-3

发令 Order	复诵 Reply	报告 Report	说明
不要偏左(右) Nothing to port (or starboard)	不要偏左(右) Nothing to port (or starboard)	(不需要报告, 但操舵时要注意)	要求舵工操舵时注意不要偏到航向的左(右)边
航向多少? What course?		航向 XXX Course on XXX	舵工应报告当时罗经航向
什么舵? What is your rudder		X 度左(右) X of port (or starboard)	询问舵工当时舵角度数
舵灵吗? How is your rudder (How does she answer?)		很好 All right 很慢 Too slow 不动 No answer 反转 Answer back	询问舵工当时舵效情况: 很好,表示一切正常; 很慢,表示舵角已压但船却比平时转得慢; 不动,表示已压舵角但船不动; 反转,表示已压舵角但船向相反方向转动
舵操稳点 Mind your rudder	稳舵 Yes,sir		要求舵工注意力集中,不要偏离航向
完舵 Finish with wheel	完舵 Finish with wheel		用舵完毕,舵不用了

二、自动操舵仪操作

(1)根据需要将机组选择开关由停止位置转到Ⅰ或Ⅱ的位置来接通Ⅰ或Ⅱ舵机机组。

(2)视情况调整"亮度调节旋钮"使罗经面板航向改正及调整舵角指示器到所需的亮度。

(3)向下拉航向匹配旋钮的保险销并按住航向匹配旋钮,转动该旋钮修正自动舵面板上的航向指示刻度盘与陀螺罗经的同步误差(无特殊情况勿动该旋钮)。

(4)手动操舵:

①先将操纵选择开关转到手动位置。

②操作左及右两个手柄即可操纵左、右两台舵机至所要的舵角位置(舵角指示器位于操纵台的左边)。

③操纵操舵手柄并在舵角指示至某要求舵角之前就要松开手柄，此时舵就转到所要求的舵角位置。

(5)随动操舵：

①将操纵选择开关转到随动位置。

②转动手轮到所要的舵角位置，即可操纵舵机进行左、右操舵。

(6)自动操舵：

①当要走某一既定的航向时，先用随动操舵将船首稳定在该航向上。

②向下拉航向改正旋钮保险销，并按住航向改正旋钮，转动该旋钮使航向改正显示窗内的航向刻度至所要走的航向。

③将操纵选择开关转到自动的位置，舵机即可自动操舵。

(7)面板上的各旋钮的功能：

①灵敏度调节旋钮(也称天气调节旋钮)

在良好海况下，灵敏度可以调高些；反之，在恶劣海况下，灵敏度应调低些。

②比例调节

调节时应根据海况、船舶装载情况和舵叶浸水面积等不同情况而定。海况恶劣、空载、舵叶浸水面积小，应选用高挡；风平浪静、船舶操纵性能好时用低挡。

③微分调节

重载、旋回惯性大时微分要调大；反之，要调小。海况恶劣，微分作用要调小或调至 0。

④压舵调节

将压舵调节选择开关转到压舵位置，然后调节面板上的压舵旋钮使舵叶偏转一个固定的角度，以抵消单侧偏航作用。

当有不对称偏航情况下，应将压舵调节选择开关转到积分位置，舵机就可自动向左或向右进行压舵。

⑤航向改变调节

在使用自动操舵时用来改变航向。若要向右改变航向 5°，按下旋钮，向右转到 5°处，待船舶转到给定航向时，指针能自动回零，不需人工复位(航向改变调节只供小角度的改向用)。

⑥检测旋钮和消音按钮

面板右边的检测旋钮和消音按钮分别用来检测舵机工作状况及消除故障报警。

第四章

停泊值班

了解船舶停泊值班是教学实习的重要环节，实习人员应熟悉停泊值班期间遇到的各种情况，进行针对性学习，包括驾驶员停泊值班职责、水手停泊值班职责、货物装卸中的安全规则与监舱、货舱盖的开关程序和注意事项、船舶水尺观测与水密度的测量方法、船舶保安工作简介等。

第一节　驾驶员停泊值班职责

停泊值班应遵循以下原则：正常情况下，船长应安排保持适当而有效的值班；对于具有特种类型推进系统或辅助设备的船舶以及对于载有有害的、危险的、有毒的或高度易燃物质或其他货物的船舶，应予以特殊要求。

一、靠泊中值班驾驶员的职责

(1)掌握全船人员动态。经常巡查船的四周、装卸现场及工作场所，关注从事高空、舷外及封闭舱室内工作的人员安全。督促值班人员坚守岗位，保持部门间联系畅通。

(2)督促值班水手按时升降国旗、开关灯，显示或悬挂有关号灯号型。经常检查舷梯、锚链、跳板及安全网，及时调整系泊缆绳，特别是靠泊在有较大潮差的泊位时，应加强巡查，必要时，应采取措施以确保系泊设备处于安全工作状态。

(3)注意吃水、龙骨下的富余水深和船舶的状态。

(4)根据各船舶种类特点，按大副积载计划的要求，负责船、港联系，监督装卸操作安全和质量，掌握装卸进度，解决装卸中出现的问题，制止违章作业，注意天气变化及海况，及时开关舱；装卸一级危险品、重大件、贵重货时到现场监督指导。

(5)注意及时收听天气预报，当收到恶劣气象警报时，采取必要的措施以保护船舶、人员和货物的安全。

(6)按船长或大副指示或情况需要，通知机舱注入、排出或调整压舱水，并注意船体平衡。注意检查污水沟、压载舱及淡水舱的测量记录。监收加装淡水和物料，加油船来时通知机舱并注意防火。

(7)严格遵守有关安全及防火规定，遇火警、人落水或船进水时，应立即发警报，船长、大副不在船时，要负责指挥在船人员全力抢救，以避免船舶、货物和船上人员受到损失，必要时请求水上安全管理机关或附近船舶给予援助。

(8)掌握船舶稳性情况，在失火时能向港口消防部门提供可喷洒在船上的水的大致量，并不致危及本船。

(9)船上进行明火作业及修理工作时，要严格按规定报批，并注意查看和采取必要的预防措施。

(10)采取各种有效预防措施，严禁在系泊区域内排放污油水、垃圾及杂物，防止本船对周围环境的污染。

(11)注意过往船舶，当有他船系靠本船或前后泊位时，应在现场守望，并采取相应安全措施，一旦发生事故，应立即记下该船船名、国籍、船籍港及事故经过，并向船长报告。

(12)对遇难船舶和人员提供援助。

(13)主机试车前，应确认推进器附近无障碍物，不致碍及他船，不致损坏舷梯、跳板、缆绳、装卸属具及港口设施，并注意查看和采取必要的预防措施。

(14)靠泊期间船舶的工作事项须记入航海日志。

二、锚泊中值班驾驶员的职责

锚泊时，船长可根据情况决定是值航行班还是值停泊安全班。值班驾驶员在锚泊中应做到：

(1)锚抛下时应立即测定船位，并在海图上标出锚位和回旋范围，对锚地的潮汐、流向、水深、底质、周围情况及当地气象，做到心中有数，并记入航海日志。

(2)如情况许可，要经常利用固定航标或岸上容易辨认的物标，校核船舶是否保持在锚位上。

(3)确保维持有效的瞭望，并注意：

①周围锚泊船的情况，尤其是位于上风(或上流)方向锚泊船的动态，以防他船走锚危及本船安全。

②别的锚泊船的锚位是否与本船有足够的距离，如若过近，应设法通知对方，并报告船长。

③如过往船舶或邻近锚泊船距本船过近，应严密注视其动态，若判断对本船有威胁，应以各种信号警告对方。

(4)以适当的时间间隔巡视全船，注意吃水、龙骨下富余水深以及船舶的状态。

(5)注意观测天气、潮汐和海况变化。注意锚位、锚链受力，船舶偏荡，特别在转流时,注意船身回转及周围船舶动向。必要时采取紧急措施,防止因本船或他船走错酿成危险或事故。

(6)不论本船或他船走锚,或者过往船舶距离过近而出现危险局面时,应果断采取一切有效措施,以避免或减少损失,并立即通知船长。

(7)在急流区锚泊或遇大风浪天气,除执行船长指示外,还应勤测锚位,定时巡视甲板,检查锚链及制链器是否正常,并应认真督促值班水手每小时检查锚链、制链器和绞锚设备一次。

(8)督促值班水手按时升降旗及锚球,开关锚灯、甲板照明,按规定显示或悬挂相应的号灯号型,鸣放相应的声号。

(9)遇能见度不良时,必须认真执行《国际海上避碰规则》的有关规定,加强瞭望,鸣放雾号,开亮锚灯和各层甲板的照明灯,并通知船长。

(10)锚泊中发生碰撞时,应将对方的动态和碰撞时间以及本船所采取的措施和受损情况等详细记录在航海日志上,并画出示意图。

(11)锚泊中进行装卸作业时,除应执行靠泊值班中有关装卸业务方面的职责外,还应注意旁靠船、驳的系缆、碰垫和绳梯以及其他各种安全措施。

(12)根据锚地情况及海事管理机关的规定,用 VHF 在规定的频道上按时守听。

(13)严格遵守防污染规定,采取有效措施,防止船舶对水域环境造成污染。

第二节　水手停泊值班职责

一、靠泊值班

(1)按时升降国旗。

(2)经常巡视船舶四周,注意系缆、舷梯、锚链、碰垫、出水孔、安全网、驳船等情况,及时纠正和消除不安全因素。

(3)注意船舶吃水、横纵倾情况,如变化较大,及时报告驾驶员。

(4)按时开关全船甲板照明灯,按驾驶员的指示,悬挂有关号灯和号型。

(5)注意装卸属具的正常使用,按装卸要求及时调整吊杆,制止违规装卸作业;装卸中注意检查,禁止在货舱内吸烟。随时与码头保持联系。

(6)负责舷梯口、上下船舷门外值班及外来人员会客登记,制止无关人员上船,检查带离船舶的物品,保护船舶生产和财产的安全。

(7)随时注意天气情况,根据天气情况及时做好关舱准备,以保证货物不受到损失。

(8)卸货过程中如发现货物损坏或者对船舶造成损坏,及时通知值班驾驶员。

(9)当他船系靠本船或前后泊位时,应现场守望并采取安全措施,发现事故,及时通知值班驾驶员。

(10)认真做好船长、大副和值班驾驶员交代的工作。

(11)按时叫班。

二、锚泊值班

(1)注意船舶四周情况,确认有无过往船舶或其他船舶在本船回转范围内接近或锚泊,应严密注视其动态,若判断对本船有威胁时,及时报告值班驾驶员。

(2)要经常利用岸上容易辨认的物标,核对锚位是否正常。如发现走锚,及时通知值班驾驶员。

(3)如在锚地等候引航员,放下梯子后检查是否绑扎牢固,清除梯子附近的杂物,放好安全网,系好安全绳,备好救生圈,在夜间还须安装照明灯。

(4)日落时,降国旗和锚球,开启锚灯及甲板照明灯;日出时,升国旗和锚球,关闭锚灯及甲板照明灯。

(5)注意锚链松紧状态,发现走锚或不正常情况时,立即报告驾驶员。

(6)应经常巡视甲板,注意周围的船舶,做好防火防盗工作。如果遇到异常情况,立即报告驾驶员。

(7)严格遵守防污染规定,采取有效措施,防止对周围环境造成污染。

(8)认真贯彻锚泊规章制度,切实留意上一班交代的注意事项。

第三节 货物装卸中的安全规则与监舱

一、货物装卸过程安全须知

(1)值班人员要穿戴安全帽、手套、工作服、工作鞋,夜间带手电筒值班。

(2)值班位置在生活区甲板或有防护设施区域。

(3)巡视船舶从船外档行走,严禁在装卸设备下滞留。

(4)尽量不安排在舷梯附近装卸作业。如不得不安排时注意人员上下安全,必要时通知装卸工暂时停止作业待人员安全通过后再作业。

(5)发现船舶横倾较大或首倾时报告值班驾驶员。

(6)巡查船舶四周、装卸现场以及工作场所,关注从事高空、舷外及封闭舱室工作人员的安全。

二、看舱工作要求(适用杂货船,散装货可参考)

(1)检查装卸属具是否处于良好状态、安全网是否挂妥、出水孔是否通畅、舱内是否干净,并提前备妥衬垫、分隔物料,如装卸合同规定由货主负责衬垫、分隔物料时,看舱人员也应协调配合。

(2)按积载图的要求和安全措施以及值班驾驶员的布置,指导装卸工人合理堆装;做到堆码整齐、衬垫完好、隔离清楚、按顺序装卸;冷冻食品装卸时,应现场检查货物是否完整、有无异状、是否解冻;装载甲板货时,应指导装卸工堆放在适当位置,并按要求参加绑扎遮盖工作。如遇有不按配载图要求进行作业或不按规程操作的情况,应当立即制止,必要时通知值班驾驶员,与装卸负责人交涉。

(3)夜间装卸时,按作业要求安置好照明设备,用毕及时收妥。

(4)根据装卸要求调整吊杆角度及调挡;发现装卸中有拖关、甩关、堆垛、挖进、留山、负荷等违章作业,应予劝阻;劝阻无效时,有权暂停装卸,并立即报告值班驾驶员。

(5)发现货物破损、短缺,应及时通知理货员,并报告值班驾驶员或大副作妥善处理。

(6)装卸作业中或工人休班空隙时,应劝阻无关人员不得进入货舱。

(7)应经常巡视检查装卸属具,注意工人正常操作使用,发现故障应及时修复或报告水手长,协同修理工作,如属机械故障应及时报告值班驾驶员,以便部门间协调修复。一旦装卸作业中装卸属具损坏,属于港方责任,应让其确认办理索赔手续。

(8)严禁一切人员在舱内及舱口附近吸烟。

(9)卸货完毕,及时检查舱内是否漏卸,垫隔物料要整理放好,并将舱内清扫干净。

(10)气象多变时,协助值班驾驶员注意观察天气情况,雨天应事先配合有关人员做好关舱及遮盖工作。

三、煤炭装运安全措施

(1)装运前船方应向货主或代理了解煤种、特性、燃点、岸上堆存时间、煤堆温度和湿度、开采季节等信息,尽量装运干燥和新开采的煤。若煤温已达 35 ℃以上或过分潮湿,含水量大,应拒绝装船。

(2)检查船上货舱管系、消防系统,保证使其处于良好的备用状态,有关人员必须会熟练使用这些设备。

(3)装船前应消除货舱内残余的垃圾杂质,清扫货舱,保证污水沟畅通。

(4)装货时,在靠近机舱舱壁处,采用斜坡式装载,以减少机舱对煤的传热增温。航行时,双层底油柜尽可能不加温或少加温驳油,驳妥后即停止加温。

(5)煤炭易散发以甲烷为主的易燃气体。该气体在装货过程中易进入桅房、油漆物料间、起货机间、配电室等处所。因此要注意在装货期间或装完后,对以上处室进行通风。露天甲板应禁止吸烟和明火,杜绝各种引火源。应每天使用测爆仪测量货舱处所的瓦斯含量并记录。

(6)为防止煤炭粉尘爆炸,应做到:

①在天气不良而关闭通风时,凡装有煤炭的货舱上的甲板区域内,所有非防爆型电器设备均应切断电源。

②人员进入装有煤炭的舱室时,应戴上防毒面具,必须两人以上操作,不得穿化纤成

分的衣服，以防人体带电。进入舱室之前应先消除身体的静电，如抚摸接地的金属板、棒等。

(7)航行中如煤温较低且稳定，要保持连续不断通风，及时开启通风筒和道门进行自然通风。有机械通风装置的应按时开启。

(8)航行中可根据不同季节、地区特点、外界气温，采取甲板喷水降温措施，在舱盖密封条件好时也可采用舱盖喷水降温。

(9)缩短煤运时间是最有效的预防措施之一，故应快装船、快启航、快卸货，缩短贮运时间，避免自燃。煤运时间超过 40 d 有可能发生自燃。

(10)大舱内煤温升到近 45 ℃时，就不允许采取正常的通风方式，更不能开货舱通风，应立即封舱、关闭道门，尽量隔绝空气，防止空气对流，使氧气进入加速氧化，以延缓煤炭自燃时间。

(11)如果从多方迹象判明大舱煤温继续升高且有大量烟雾渗出，煤已开始自燃，应进一步封闭所有通向大舱的开口道门，最好在舱盖连接处及其四周用封舱胶布密封；舱盖表面用水降温，并报告公司，考虑驶往最近港口施救，除万不得已，不得用海水浇灌灭火。如卸货时发现部分煤炭自燃或有明火，应迅速将烧着的煤块用抓斗卸去，然后以倾注方式浇灌淡水加以扑灭。灌注淡水数量要足够将舱内约 2 m 深度的表面层湿透，否则只会引起助燃作用。

(12)煤可能与水发生反应，产生具有腐蚀性的酸液。因此，装运煤的船舶航行途中，要定期对货舱污水进行检测。如果检测 pH 表明存在腐蚀风险，则需要在航行途中经常泵出污水，以防止酸性物质积存。

(13)装运具有腐蚀性的煤，卸载完毕后，需特别注意清洁货物处所。

第四节　货舱盖的开关程序和注意事项

一、货舱盖

货舱盖是船舶用以封闭货舱口，保证船舶货物安全并使之保证船体水密的一种封闭设备，同时还应具有一定的抵抗大件货压力的能力。舱盖开启与关闭的机械化、自动化程度高低，直接关系到船舶货物的装卸效率与质量、人员的劳动强度和船舶的停港时间。船舶已普遍采用钢质舱盖。按启闭动力不同舱盖可分机械牵引式和液压启闭式两种，按结构形式或启闭方式不同舱盖可分为折叠式、滚动式、侧移式和吊移式等几种。

1. 折叠式舱盖

折叠式舱盖(或称铰链式舱盖)，按其驱动方式可分为液压驱动式(用液压)、钢索驱动式(用绞车)、直接拉动式(用船上起重机或吊杆)。

折叠式舱盖是由成对的互相铰接在一起的盖板组成。舱盖开启后，借助固定钩或止动器使舱盖板直立状态存放。图 4-1 所示为两页液压折叠式舱盖。其启闭过程比较简单：开启时，油缸柱塞伸长，使铰接点上升，两块盖板便翻转折合起来。其中靠近舱口端的盖板较短，因为它与铰接臂相连，所以它的转轴离开舱口有一定的距离。

(a)　　　　(b)

1—舱口围板；2—液压千斤顶；3—舱盖；4—铰链

图 4-1　两页液压折叠式舱盖

2. 滚动式舱盖

滚动式舱盖有滚翻、滚移、滚卷式三种。

它由盖板、水密装置、滚轮和滚轮升降装置、导向曳行装置、压紧装置和驱动装置组成。各块盖板之间用链条连接，每块盖板均设两对偏心滚轮(图 4-2)。

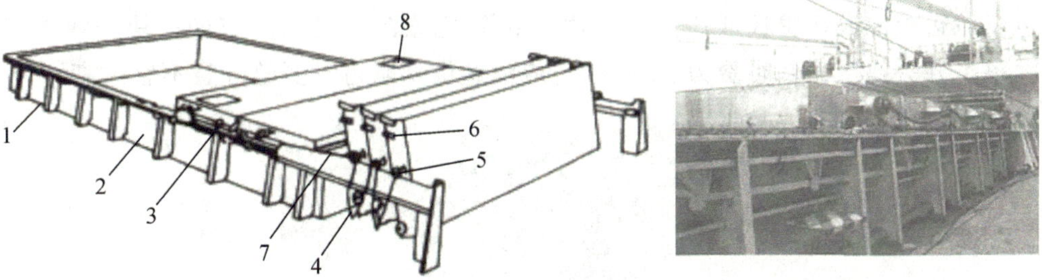

(a)　　　　(b)

1—舱口围板扶强材(brackets)；2—舱口围板(hatch coaming)；3—偏心轮(eccentric wheel)；
4—连接链条(connecting chain)；5—上滚轮(upper roller)；6—压紧楔(dogging wedge)；
7—上升轨(wheel ramp)；8—导装面板(leading panel)

图 4-2　滚翻式舱盖

滚翻式舱盖的最大优点是结构比较简单。此外，它的价格便宜，便于(分块)维修，在尺度、布置和用途上限制较少，因而在各种类型的船上获得了广泛的应用。其不足之处是所需的存放空间较大，提升及压紧作业所需的时间也较长。

3. 侧移式舱盖

侧移式舱盖通常由两块舱盖板组成(舱口较小时也有制成一块的)，舱盖板的四角都装有行走滚轮。开启时舱盖板分别向舱口两侧或两端平移，并存放在存放轨道上，存放轨道通常是可拆的。

这种舱盖不需要翻转，亦不需要折叠，结构及操作是最简单的一种，并便于维修。但它需要较大的存放空间，因而对舱口尺度有所限制。盖板存放在两舷时，舱口宽度不得超过船宽一半；盖板存放在两端，舱口长度将受到限制，所以侧移型舱盖多采用侧置式。

侧移式舱盖主要用于大型散货船或油矿两用船，其舱盖的尺度较大，一般均采用液压装置（图 4-3）。

图 4-3 侧移式舱盖

4. 吊移式舱盖

又称箱形舱口盖，其盖板平面内设置吊环，由船上或岸上起货机吊移（图 4-4）。开舱时，可将舱盖板堆放在甲板或码头上。由于箱形舱盖在开关舱时需要一块一块地操作，因此，整个开关舱操作费时费力。另外，还应注意堆积舱盖时要整齐且不宜过高。

图 4-4 吊移式舱盖

二、开关舱安全须知

（1）所有参加开关舱作业人员必须将劳防用品穿戴齐全，作业前应清楚本船舱盖的结构、性能，各制动销的位置，开关舱的作业程序，危险部位作业的防护措施以及相互间的联系信号。作业中要集中精神，服从指挥，站在安全位置，互相照应。

(2)开关舱作业必须由专人（驾驶员和水手长）指挥。指挥时要根据作业环境充分照顾到作业人员的安全。

(3)作业前应对开关舱设备、属具进行全面的检查，开启电源，保证作业顺利进行。如发现机械声音异常、制动不灵、滑轮不活络等有碍操作安全的情况时应及时修理，严禁凑合使用。

(4)开关舱前后务必清除轨道上的垃圾杂物，避免运动不畅或卡死等故障出现。

(5)开启舱盖时应注意：

①船应保持平衡，必要时应调整压舱水，以防操作中发生出轨事故。

②确认舱盖上和堆放舱盖处无人、无杂物，并确认制动销全部摘除。

③开关舱时严禁任何人上下舱盖，严禁将手脚放于舱盖、导轨上，所有人员必须避开舱盖运动涉及的范围。

④打开的舱盖应可靠到位，并扣上制动销或保险钩，禁止舱盖开启不到位和不使用制动装置。

(6)关闭舱盖时应注意：

①舱口周围附近以及舱盖运动危及范围内无人通过和停留；

②必须保持舱盖在导轨上运行平稳。

(7)无论开、关舱盖时，出现卡死、扭曲、运动不畅等故障造成舱盖呈“八”字形状态时，严禁非专业人员到舱盖上面或下面以及舱盖运动危及的范围内排除故障或从事其他工作，应由专业人员对故障进行排除，并确保安全。

(8)控制手柄要有明显的标志，操作时要先确认操作手柄所控制的舱盖再启动。

(9)禁止在大舱有人的情况下进行开关舱作业。

三、侧移型舱盖开关工作程序

1. 开舱作业

(1)解开舱盖压紧装置。

(2)提升轨道导板，根据舱盖自重有人工机械提升和液压自动提升两种。

(3)开启电动马达或液压泵。

(4)操作操纵杆开舱。

(5)开舱后锁定，防止装卸过程货舱盖移动发生危险。

2. 关舱作业

(1)清理舱盖导轮导轨，确保无异物影响导轮滚动。

(2)解开锁定装置。

(3)开启电动马达或液压泵。

(4)操纵操纵杆关舱。

(5)落下轨道导板使舱盖降下,舱盖橡胶密封带压在舱口沿。

(6)紧固舱盖压紧装置。

3. 注意事项

(1)开关舱作业必须有专人查看舱盖滚动情况,发现异常立即通知操作人员停止操作。

(2)开关舱时人员不得站在舱盖面。

(3)未采取安全措施前不得站在轨道上清理异物。

(4)开舱前仔细察看每一紧固装置已确实解开,升降导板已到位。

(5)天气寒冷时液压式舱盖开关前油马达应先预热。

(6)有溢油必须立即清理,避免下雨时流入海面造成污染。

第五节　船舶水尺观测及水密度的测量方法

一、载重线标志

载重线标志是勘划在船中两舷上,作为在不同吃水线下船舶的实际装载量极限的标志,包括甲板线、载重线圈及横线、各载重线三个组成部分(图 4-5)

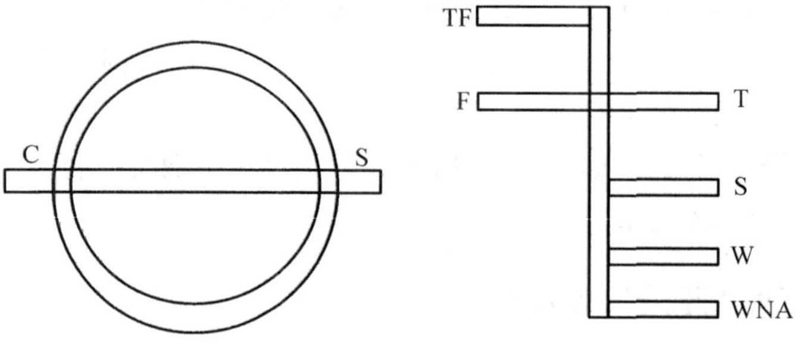

图 4-5　载重线标志

1. 甲板线

勘划于船中两舷,其上缘与干舷甲板边缘上表面处于同一水平位置。

2. 载重线圈及横线

包括其中心位于船长中点的一个圆环(称为载重线圈)和上边缘中点位于圆环中心的一条水平横线。圆环中心到甲板线上缘的垂直距离即为夏季干舷。圆盘两侧标有字母“C”和“S”,表示中国船级社。

3. 各载重线

各载重线为与一根位于载重线圈船首一侧的垂直线相垂直的短线。

(1)夏季载重线:上边缘与载重线圈中心处于同一水平位置,一端标有字母“S”。

(2)热带载重线:较夏季载重线高出 1/48 的夏季吃水,一端标有字母“T”。

(3)冬季载重线：较夏季载重线低出 1/48 的夏季吃水，一端标有字母“W”。

(4)北大西洋冬季载重线：较冬季载重线低 50 mm，一端标有字母“WNA”。

(5)夏季淡水载重线：较夏季载重线高 1/48 的夏季吃水，左端标有字母“F”。

(6)热带淡水载重线：较热带载重线高 1/48 的夏季吃水，左端标有字母“TF”。

二、水尺标志

(1)公制（或称米制）水尺标志：以阿拉伯数字勘划于馆、髀和幌。每个字体高度 10 cm，间隔 10 cm。

(2)英制水尺标志：以罗马数字勘划于艄、肿和幌。每个字体高度 6 英寸(6 英寸＝15.24 厘米)，间隔 6 英寸（图 4-6）。

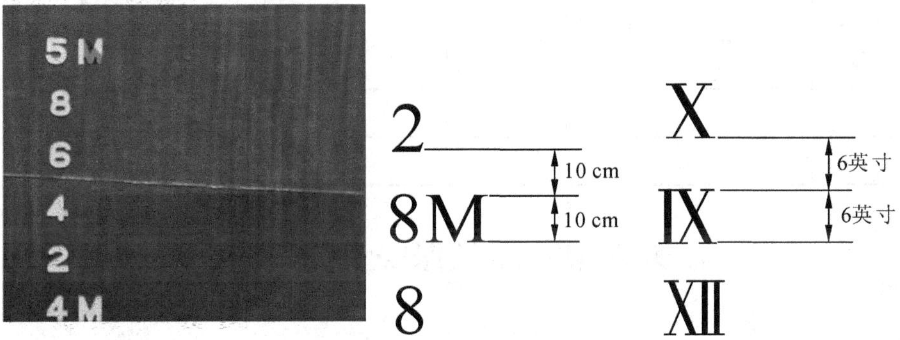

图 4-6　水尺标志

三、水尺观测

读取水尺时，以水面与数字相切处下缘为准，若部分数字被水浸没时，可按比例增加。准确观测船舶水尺非常重要，观测船舶吃水时船舶不要有任何作业，要排除粗差，不要看错水尺。在风的作用下海浪会产生不规则波影响观测精度，因此应选择海面平静或规则波时观测船舶的吃水。一般情况下只读取首、中、尾三个水尺，必要时可看六面水尺。

四、水密度的测量

船舶货物计量特别是散装货的计量都是根据船舶吃水和当时实际水密度换算的。水密度的观测精度在计量中与观测水尺精度一样重要。在船上用专用的密度计测量。

测定港水密度，应在船舶两侧吃水深度的一半处取水样，感潮河港应特别注意分别测定压载水和船舷外的密度，还要注意观测六面吃水后要迅速测定船舷外水密度，以避免由于潮水随时间的变化而导致水密度的变化，这种影响有时是不可忽视的。

例如，2009 年 10 月在广州新沙港涨落潮期间实测水密度分别为 1.006 t/m^3 和 0.995 t/m^3，相差 0.011 t/m^3。乍浦港高潮时与低潮时的水密度相差 0.004 t/m^3。对于压载量 20000 t 的船舶来说，密度误差 0.01 t/m^3 导致的载货量误差将达 200 t，而计算排水量 80000 t 的载货量误差 将达 800 t。天气和水温的影响也会导致水密度变化，因此水密度的数据应在计量时即时测定，而不应采用前次测定的数据。

为实际体会不同水深的海水密度，按表面水深 1 m、中层水深 5 m、深水水深 10 m 分别测量，将数据记录在表 4-1 中。随着水深越大，海水密度越大。

表 4-1 观测数据表

时间	港口	气温	表面密度	中层密度	深水密度

第六节 船舶保安工作简介

一、《中华人民共和国国际船舶保安规则》的由来

为保障船舶运行安全，国际海事组织于 2002 年 12 月通过了《1974 年国际海上人命安全公约》(SOLAS 公约)海上保安修正案和《国际船舶和港口设施保安规则》(ISPS 规则)。为了贯彻落实有关国际公约的要求，交通部发布了《船舶保安规则》，自 2004 年 7 月 1 日起实施。《船舶保安规则》实施后，各相关航运公司按照规则的要求在 2004 年 7 月 1 日前完成了编制保安计划、指定公司保安员和船舶保安员、评估船舶保安，为所属国际航行船舶配备了规定的设备、文件和标识，及时取得了国际船舶保安证书。

自《国际船舶和港口设施保安规则》施行以来，随着国际海上保安形势的变化，国际海事组织又通过了许多关于船舶保安的决议或者修正案，比如关于 500 总吨及以上的特种用途船的适用问题，船舶保安员的替代问题等。船舶反恐是国家反恐怖的一个重要领域，我国同样也面临着境内、境外恐怖组织利用船舶发动恐怖袭击的可能。因此，为了加强船舶和港口设施反恐的管理并与国际接轨，满足国际海事组织立法动态的需要，完善船舶保安制度，交通部颁布了《中华人民共和国国际船舶保安规则》(以下简称规则)，自 2007 年 7 月 1 日 起施行。

二、规则的适用范围

从事国际航行的中国籍船舶和从事国际航运业务的中国公司以及进入中国管辖海

域的外国籍船舶：

(1)客船；

(2)500 总吨及以上的货船；

(3)500 总吨及以上的特种用途船；

(4)移动式海上钻井装置。

本规则不适用于军用船舶和仅用作政府公务用途的船舶。

三、规则对适用船舶提出的具体要求

(1)从事国际航行的船舶必须持有国际船舶保安证书或者临时国际船舶保安证书。

(2)配备船舶自动识别系统(AIS)、船舶连续概要记录，安装船舶保安警报系统，标记船舶永久识别号。

(3)船舶应当按照经批准的船舶保安计划开展工作。如果船舶的保安等级与拟进入或者所在港口/国家的保安等级不一致时，应采取调整措施，并就此种情况通知拟进入或者所在国家的保安联络点。

(4)在中华人民共和国领海以内或者将进入中华人民共和国领海的船舶，发现可能影响所在区域海上保安的任何信息，应当立即向保安联络点报告。

(5)中国籍船舶如果参加国外有关主管当局组织的保安演习，应当事先通报船籍港海事管理机构。未事先通报的，海事管理机构不予承认。

四、规则相关术语

船港界面活动，是指船舶与港口之间的人员来往、货物装卸或者接受港口服务时发生的交互活动。

船到船活动，是指从一船向另一船转移物品或者人员且与港口设施不相关的行为。

保安事件，是指威胁船舶、港口设施或者船港界面活动、船到船活动安全的任何可疑行为或者情况。

保安等级，是指可能导致保安事件或者发生保安事件的风险级别划分。

船舶保安计划，是指为确保在船上采取旨在保护船上人员、货物、货物运输单元、船舶物料或者船舶免受保安事件威胁的措施而制定的计划。

船舶保安员，是指由公司制定的承担船上保安责任的船上人员。该保安员对船长负责，其职责包括实施和维护船舶保安计划，以及与公司和港口设施保安员进行联络。

五、船舶保安等级

船舶保安等级从低到高分为三级，分别为保安等级 1、保安等级 2 和保安等级 3。

保安等级 1，应当始终保持的最低防范性保安措施等级。

保安等级 2，由于保安事件危险性升高而应在一段时间内保持适当的附加保护性保安措施的等级。

保安等级 3,当保安事件可能或者即将发生(尽管可能尚无法确定具体目标)时应在一段有限时间内保持进一步的特殊保护性保安措施的等级。

六、船舶保安演习、训练

1. 船舶保安演习、训练的相关要求

为了保证船舶保安计划的有效实施,公司应当每隔 3 个月进行一次船舶保安训练,测试下列威胁保安的因素:

(1)对船舶、货物、船舶基础设备或者系统以及船舶物料的损坏或者破坏。

(2)劫持或者扣留船舶或者船上人员。

(3)未经允许进入船舶的人员(包括藏于船上的偷渡人员)。

(4)走私武器或者设备(包括大规模杀伤性武器)。

(5)使用船舶载运企图制造保安事件的人员、设备。

(6)使用船舶本身作为损坏或者破坏的武器。

(7)在港或者锚泊时从海上发动的攻击。

(8)在海上时的攻击。

如果一次有 25%以上船员变更,而这些人员在最近的适当间隔期中没有参加过该船的保安训练,则必须在发生变更后的一个星期内进行训练。

为了保证船舶保安计划的有效实施,测试通信、协调、资源共享和应答能力,公司保安员、船舶保安员应当每日历年至少参加一次由公司或者海事管理机构组织的保安演习,最长时间间隔不超过 18 个月。

保安演习可以采用实地或者模拟的形式,也可以与相关演习结合进行。

2. 防海盗、恐怖分子知识的培训和授课

每三个月船长组织,由保安员对全体船员进行一次防海盗、恐怖分子的培训和授课:

(1)本船自卫器械的种类、存放地点、操作要领;

(2)遭遇海盗、恐怖分子时的前期对策;

(3)防止海盗、恐怖分子登轮的方法、步骤和注意事项;

(4)海盗、恐怖分子登轮后的应急措施;

(5)通信联络、报告的方法。

3. 防海盗、恐怖分子训练和演习的内容

(1)防海盗、恐怖分子演习由船长根据航行区域决定。演习前,保安员应结合《船舶紧急情况应急反应须知》中的相关内容,编制具体的演习计划,报船长批准后执行,包括防海盗、恐怖分子知识的培训和授课。

(2)防海盗、恐怖分子的部署原则上在服从防卫需要的基础上,应和其他应变的部署尽可能地一致,由于当时情况瞬息万变,要求船长镇定果敢灵活地操纵船舶,及时调整部署组织力量，船员之间要相互支持配合，拒敌自卫，保全船舶。

(3)防海盗、恐怖分子演习内容可结合《船舶紧急情况应急反应须知》相关要求进行。演习中应以防卫、救护队的动作为主，除值班船员外，所有船员应携带防卫器材到指定地点集合，在规定时间内启动高压水泵，使用高压水枪，并打开探照灯照明，以及执行船长分派的其他防卫任务。

4. 评估

演习结束，船长应认真进行现场讲评。对演习中发现的缺陷，及时采取措施予以纠正。

5. 记录

保安员应将综合应变演习的日期、时间、地点、实施过程、培训及授课内容等情况记入船舶保安记录簿。

船舶保安记录应当存船保留3年。

第五章

系离泊和锚泊

系离泊和锚泊作业是船舶营运过程中的重要环节，在航海教学实习过程中要注意观察和学习，了解其作业过程和注意事项。本章重点介绍船舶各系缆的名称及作用、船舶系解缆作业、船舶锚泊操纵、锚泊船的号灯号型显示、船舶锚泊时受风流影响的偏荡特性、驾驶台锚泊与系离泊操作口令等内容。

第一节　各系船缆的名称与作用

一、各系船缆名称

船舶系船缆的作用包括：控制船舶的前后运动、控制船舶靠离泊位的横移速度、使船首或船尾贴拢或离开码头等。通常船舶配有多条系船缆，按照其位置、出缆方向和作用进行分类，可分为头缆（首缆）、首倒缆、首横缆、尾缆、尾倒缆、尾横缆等。船舶各系船缆位置及名称见图 5-1。

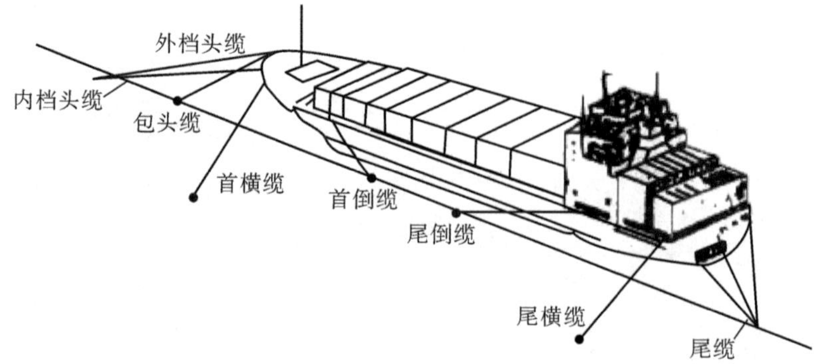

图 5-1　船舶各系船缆位置及名称

二、各系船缆的作用

(1)头缆(首缆,head line):主要用于承受来自前方的风、流等外力,防止船位后移和船首外张。

(2)尾缆(stern line):主要用于承受来自后方的风、流等外力,防止船位前移和船尾甩开。

(3)首倒缆(fore spring line):主要用于承受来自船尾方向的风、流等外力或动车的影响,防止船位前移和船首外张。

(4)尾倒缆(aft spring line):主要承受来自船首方向的风、流和倒车的拉力,防止船位向后移动及甩尾。离泊时首离方式可以同时绞尾缆和尾倒缆使船首离开码头。

(5)首横缆(breast line)、尾横缆(aft breast line):与船首尾线垂直,用于抵抗吹开风。较短,容易断绳,应尽可能系在船上的外档桩上。

(6)单绑(single up):船舶离码头时根据情况由船长指示船首尾解掉不需要的缆绳,一般船首各留一根头缆和倒缆,船尾各留一根尾缆和倒缆,目的是离码头时可以尽快收缆。

第二节　船舶系解缆作业及安全注意事项

一、系缆作业

1. 准备工作

(1)系缆的准备

带缆作业前船首尾大副、二副要询问船长靠泊船舷和系缆数,并根据码头位置将所要用的缆绳整理好,根据泊位需要和天气情况确定出缆孔、系缆桩。将适当长度的缆绳拉出平顺地放置在甲板上,并将缆绳头端由舷内向舷外穿过选定的导缆或导缆钳后挂在舷墙上或放置在甲板上。

系浮筒时除应准备好单头缆外,还应准备好回头缆及引缆。

(2)绞缆机械的准备

准备锚机及绞缆机,轴承旋转部位加油润滑,电动机械打开风门,空转试车,使它们处于随时可用状态。

(3)撇缆绳和引缆的准备

在船首、船尾各准备好两根以上的撇缆绳,随时待命撇缆。引缆的直径和强度比撇缆绳较大,一般用于连接和拖曳直径和质量较大的拖缆或其他船舶(船靠船作业时)的缆绳。

(4)其他准备工作

准备好制索绳和(或)制索链，安置在需要用的缆桩或其附近甲板的地令上。

收进舷外突出物，放下停靠一侧的固定靠把，必要时船首、尾还应备妥临时碰垫。

船舶带缆多少根，应准备同样数量的防鼠挡，以便在带缆结束船舶靠妥后安放。

2. 撇缆

船舶距码头一定距离时(25 m左右)，先提醒码头人员注意，然后将撇缆绳撇向码头，成功后将撇缆绳尾端与选定缆绳的眼环用撇缆活结连接。撇缆活结是将撇缆绳与系船缆绳眼环连接的专用绳结，特点是结实牢固，不易松动，打法简单，解脱方便。此外也可以使用单套活结或圆材结用于撇缆绳与系船缆的连接。

若撇缆不顺利，如因撇缆绳纠缠导致伸展不开未能达到码头，或因码头上工作人员拾取不及又落入水中，这就需要船上另一撇缆人员立即进行第二次甚至多次撇缆。撇缆失败时，船上撇缆人员应迅速收回撇缆绳，整理清楚，准备再撇。

撇缆方法将在后面作专门介绍。

3. 出缆

当撇缆成功，撇缆绳尾端和带缆索眼连接妥后，应立即松出缆绳。出缆时，分工担任出缆的船员一定要根据当时的实际情况控制出缆速度，太慢会使码头带缆人员或辅助带缆船艇拉不动；太快，虽使码头拉缆人员省力些，但若是缆绳落入水中反而更费力，且缆绳出过多会对收绞操作不利。

不论靠码头还是系浮筒，带缆顺序一般为船首先带，船尾在不妨碍用车时再带。靠码头带缆时，一般先出船首外舷的头缆，船尾先出倒缆；船间并靠时先带首倒缆和船首缆，然后带其他缆绳。为了不使缆绳受力过大而引起断缆事故，前后缆应交替绞收。

4. 上滚筒绞缆

船舶尚未靠拢，当缆绳琵琶头已套上码头缆桩，码头工作人员通知可以绞缆后，船上人员应立即将缆绳上锚机滚筒或绞缆机滚筒，通过绞缆使船靠拢和定位。

绞缆前应使系船缆通过选定的带缆桩后再将系船缆盘绕在系缆绞盘上(上关)，以便绞缆完毕后可移系于该缆桩上。绞缆的顺序：一般先绞船首的系船缆，后绞船尾的系船缆，使船首较船尾先靠拢码头。当船首靠拢时，应收紧首缆和首倒缆，待首缆受力后向外舷用舵并绞收尾缆使船身紧靠码头。绞缆时钢丝缆必须在滚筒上绕5圈以上，纤维缆绕4圈以上，由一人手持缆绳活端进行绞收，如果缆绳在滚筒上打滑可适当增加缠绕圈数或稍等片刻再绞。操作者应双手紧握缆绳，站立在距滚筒1 m左右处。协助操作的船员，应随时解开缆绳上的扭结，并将缆绳整理清楚。绞缆时应听从驾驶台的指挥，或绞或停或松，并随时向驾驶台报告现场情况。

5. 下滚筒上桩

当船舶靠拢码头后，应根据需要与指令将系缆从卷筒上取下，并在缆桩上挽牢。

(1)打制索结

在缆绳从卷筒取下之前,要用止索绳(链)于出缆方向在缆绳上打制索结,承受缆绳在从卷筒取下至挽牢这短暂时间内的拉力。

(2)挽桩操作

制索结打好后,持缆绳活端的船员将缆绳往前稍松一点,卷筒上的缆绳会因摩擦力骤减而滑动,使制索绳(链)受力。如果缆绳受力特别大,则应用极慢倒车松出一段缆绳,让制索绳(链)渐渐受力,然后迅速将缆绳从卷筒取下并在缆桩上挽牢。整个操作要求迅速、准确,以防缆绳松弛,导致船位移动或崩断止索绳(链)。

(3)挽桩方法

挽双柱缆桩时,缆绳应先绕过前面一根缆桩然后再以横“8”字形挽牢(也称之为“大挽”),使两根桩均衡受力,如图 5-2 所示。纤维缆因其柔软有时只在一根桩上挽牢(也称之为“小挽”)。钢丝缆和纤维缆不能挽在同一缆桩上,同时应注意缆绳在缆桩上绕横“8”字形时不能压叠。

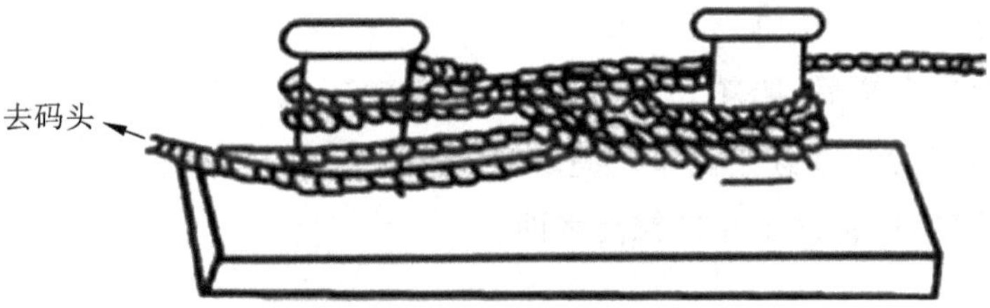

图 5-2　双柱缆桩的挽法

(4)挽桩道数

钢丝缆至少挽 5 道“8”字形,化纤缆至少挽 4 道“8”字形,天然纤维缆至少挽 3 道“8”字形,小挽时一般要挽 6～7 道“8”字形。

(5)打系挽活结

钢丝缆弹力大,挽牢后应在“8”字当腰处的最上面 3 道用细绳打系缆活结缚住,以防其弹出松脱。

(6)在卷筒上挽缆

如果因某些因素需增加系缆数目而缆桩不够用时,可将系缆在卷筒上挽牢。

6. 结束整理工作

当船已靠妥,所有系缆均带好后,应在舷外的缆绳上安置防鼠挡。所用的工具、机械、缆绳及撇缆绳等都要收拾整理,妥善放置,盖上有关设备的防护罩,并清扫现场。

二、解缆作业

1. 准备工作

收进伸出舷外的物品，拆除跳板、安全网及船上引至码头的接电线，收回防鼠挡，准备好碰垫；检查舷边有无妨碍船舶离码头的物体，如门吊等；锚机、绞缆机等先“活车”，使之处于随时可用状态；检查各带缆桩上缆绳的情况，排除缆绳互相压叠的情况，以免妨碍解缆。

2. 解缆收缆

接到驾驶台的单绑命令后，甲板解缆人员先解掉并收回不受力且不影响船舶操纵的系船缆(如首、尾横缆)，再根据船舶操纵的需要先后解去所有的系船缆。解缆要快解、快收，避免缆绳坠入水中过多。收缆时可用人力拉回，也可用系缆绞盘或滚筒绞回。船尾解缆应防止系船缆缠绕螺旋桨，一般用人力收回较为迅速。当系船缆的琵琶头即将通过导缆钳时应放慢收缆速度，以防琵琶头通过导缆孔时因受阻而弹出伤人。

3. 结束工作

解缆工作全部完毕后，船舶开航，钢丝缆绳应卷到缆车上，用帆布罩罩好并绑牢，纤维缆应收藏入库或盘好后盖上帆布用绳绑牢；整理工具、机械、撇缆绳及工作现场；通知机舱停止供电或供汽，将固定靠把拉离水面。

三、系解缆作业安全注意事项

(1)系解缆作业中要戴好皮手套，操作人员要集中精力，服从指挥，按规程认真操作。

(2)远离受力大的所有钢丝缆和纤维缆。

(3)操作人员在操纵缆车或锚机时要注意驾驶员或者负责人员的指挥。

(4)系解缆作业时，操作人员严禁站在缆绳圈中或两脚跨住缆绳；不得在滚筒的端部以及离滚筒或缆桩太近的地方操作受力的缆绳。钢丝缆被挤出油来或有响声是绷断的预兆，而纤维缆可能有响声也有可能在无任何预兆的情况下破断并急速绷回，操作人员严禁站在缆绳绷断“反弹”区(图 5-3 中扇形区域)。

(5)始终要努力保持对缆绳的有效控制。操作人员应该站在缆车的后面并在离滚筒或缆桩约 1 m 的部位把住缆绳。松缆时要注意松缆速度，不能过快以防刹不住而弹伤人员。

(6)不得使合成纤维缆在滚筒的端部打滑，以免损坏缆绳或造成人身伤害。要一直采用极慢的速度操纵缆车以缓解缆绳的受力。

(7)不得把缆绳的圈数缠得太多，对于纤维缆通常挽 4 圈。如果圈数太多，就不能有控制地松出缆绳；应确保缆绳的末端固定在船上，以防止整条缆绳“丢失”。

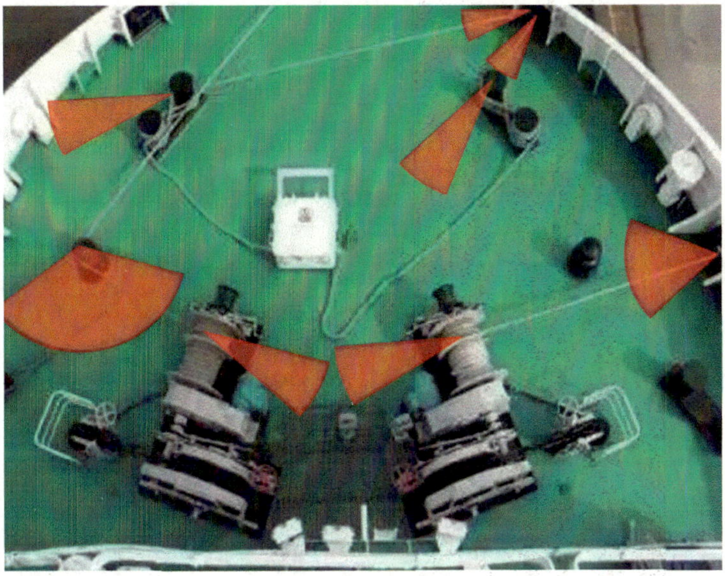

图 5-3　缆绳绷断“反弹”区

(8)在撇缆前应先打招呼，以免撇缆头伤人，撇缆时不可离船舷太近，以免用力过猛时碰伤，同时要注意脚下防滑，缆绳带上后应注意及时收回撇缆绳。

(9)绞缆作业时应注意缆绳受力，不能硬绞以防损伤甚至崩断缆绳。尾缆收进要快，出水后立即报告驾驶台，以便动车、舵。

(10)绞收靠妥后各缆受力要均匀一致。缆绳系好后由于潮汐变化和装卸货的原因要经常检查受力情况，并及时调整。

(11)在使用拖船协助操纵时，船舶操作人员更应注意：

①确保在拖船带妥前，或正在解掉时系船缆不受力；

②要听从驾驶台的指挥，不要听从拖船船员的指挥；

③解拖缆时，始终要有控制地把拖缆松到导缆孔，以防受到“鞭击”或发生其他意外。

第三节　船舶锚泊操纵和抛锚方法

一、锚位的选择

船舶抵达港口锚地锚泊前，船长应根据本船吃水、海图水深、风浪情况、预计船舶回旋半径等信息，用雷达、电子海图和 AIS 等寻找适合本船的锚位，确定锚位后向海事部门申请并获得批准，或者由海事部门指定锚位。

二、锚泊方式

锚泊方式主要有单锚泊、一点锚、一字锚和八字锚，见图 5-4。八级风以下情况一般抛单锚即可，抗风抗台抛一点锚和八字锚，一字锚适用于回旋余地较窄的江河中或港内水域，由于一点锚（即双锚同一点平行抛下）抓力最大，被广泛采用。

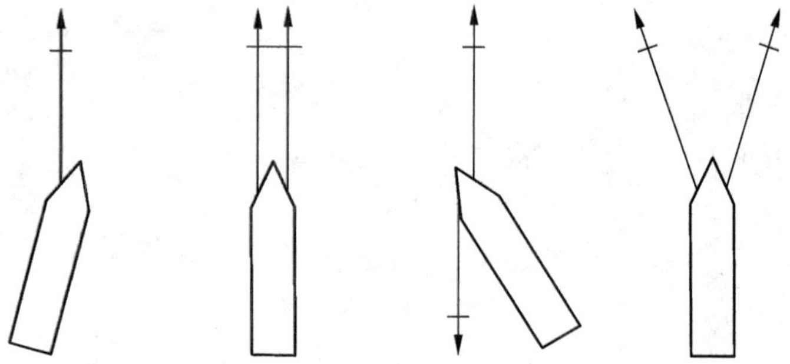

图 5-4　船舶锚泊方式

(a)单锚泊；(b)一点锚；(c)一字锚；(d)八字锚

三、抛锚的基本操纵方法

商船一般采用后退抛锚法。当船舶到达预定抛锚点，在船身略有对地退势时抛下首锚的操纵方法，称为后退抛锚法。

1. 驾驶台锚泊操纵

(1)确定锚泊位置，船舶锚泊时应顶风、流或风流合力方向。可以参考周围船舶的船首向来判断风流合力方向。

(2)控制抛锚时船舶余速：抛锚时船舶后退速度，万吨船小于 2 kn，船满载时船小于 1.5 kn；大型船小于 0.5 kn。务必控制后退速度以避免抛下锚时速度过快，带式制动器刹不住而造成危险。一般用计程仪、GPS 导航仪来确定速度，或者观测周围船舶或陆标（一般锚地离岸较远，无陆标参考）方位变化来确定。

(3)在较大风况条件下抛锚，船舶常因速度慢、无舵效，船身会与风向打横。可待船速停止后先抛 3 节锚链入水，锚抓牢后使船身转至锚链与风向拎直，再松锚链到船长指令的节数。

(4)抛锚后驾驶员要迅速测定锚位，确定船位运动半径并在海图上标注。

2. 船首抛锚作业

(1)船首抛锚作业由大副和水手执行。

(2)备锚：根据船长指示备左锚或右锚。开锚机，空转试验应正常。合上离合器，松开制链器和刹车带，用锚机将锚送到水面或离海底 15 m 处，刹好刹车带，脱开离合器，报告驾驶台锚备妥。

(3)抛锚与松链：接到船长抛锚命令立即松开刹车带，让锚自由落下，锚链入水两倍水深刹住使锚受力，升锚球或开锚灯。然后根据船后退情况再半节、半节松出锚链，直至船长指令的节数。如松链过快，说明后退速度大；如锚链垂直，说明船已停住，此时通知驾驶台车舵配合。

(4)判断锚抓牢：当锚链松至所需长度时，观察锚链一度拉紧并又松弛下来说明锚已抓牢。

(5)紧固：抛锚后要合上制链器，刹好制动带，脱开离合器，关上挡浪板，切断锚机电源。

第四节　检测锚位方法

一、锚泊船船位安全区域的确定

船舶抛锚后应迅速确定锚位，以锚位为圆心，驾驶台至船首的距离与抛锚链长之和为半径的圆区域即船舶船位监测的安全区域，见图 5-5。

二、检测锚位方法

锚位正常时，锚链是有规律的一张一弛；走锚时，锚链筒外面的锚链会出现吃力后突然松弛的现象，用手触摸锚链筒附近的锚链，能感觉到锚链间歇性的抖动。检测锚位的方法主要有以下几种：

1. 用雷达核查与周围船舶的距离方位法

船舶抛锚后除定好锚位外，还要测定周围船舶的距离和方位。值锚泊班时用固定距标圈、电子方位线放置在监测的最近距离其他锚泊船的雷达回波上，根据锚泊船相互间的距离和方位的变化判定我船或他船是否走锚，见图 5-6。

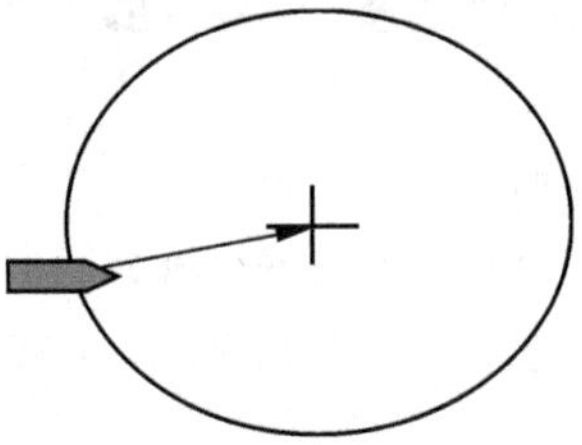

图 5-5　锚泊船船位安全区域

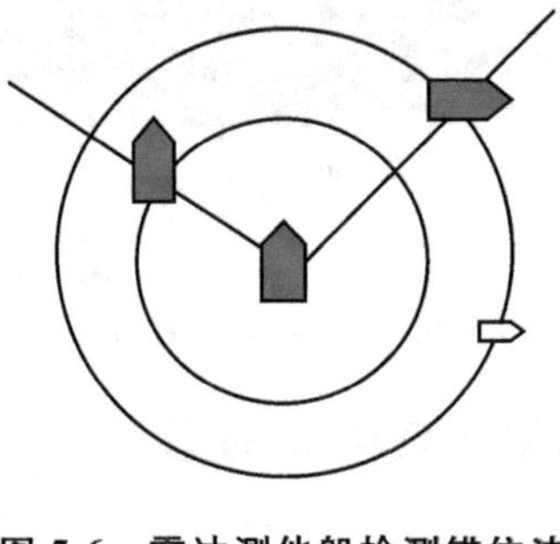

图 5-6　雷达测他船检测锚位法

2. GPS 定位与报警法

应用 GPS 导航仪自有监测船位功能设置报警区域，以初始锚位为圆心，检测半径为 GPS 天线到船首的距离加上抛锚链长，船位超出此区域即报警。

3. 雷达定位

应用雷达定位方法检测船位，与初始锚位比较判定是否走锚。

4. 陆标方位测定法

应用两陆标或三陆标方位定位检测船位，与初始锚位比较判定是否走锚。

第五节　船舶锚泊时号灯、号型显示及旗号悬挂

一、船舶锚泊时号灯、号型

根据《1972 年国际海上避碰规则》规定：

1. 锚泊中的船舶应在最易见处显示：

(1)在船的前部，一盏环照白灯或一个球体；

(2)在船尾或接近船尾并低于前部环照白灯处，一盏环照白灯。

2. 长度小于 50 m 的船舶，可以在最易见处显示一盏环照白灯。

3. 锚泊中的船舶，还可以使用现有的工作灯或同等的灯照明甲板，而长度为 100 m 及 100 m 以上的船舶应当使用这类灯，如图 5-7 所示。

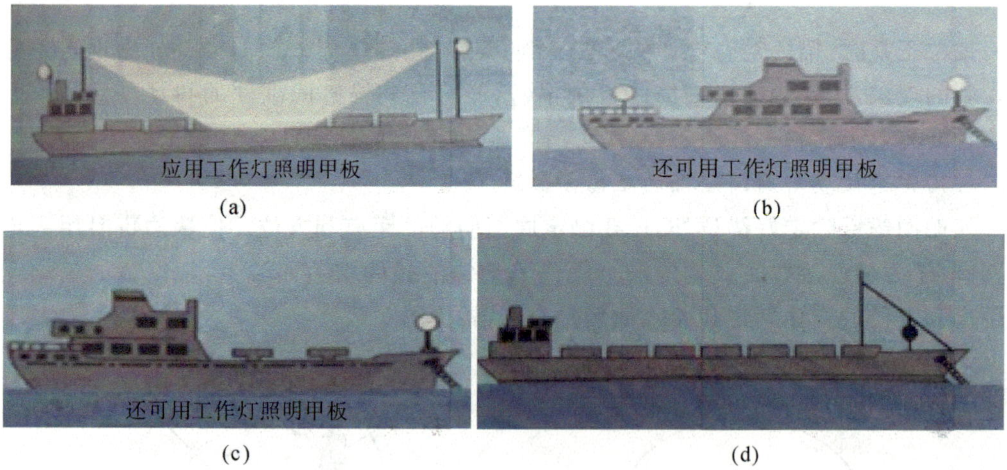

图 5-7　锚泊船的号灯、号型

(a)$L \geqslant 100$ m(号灯)；(b)50 m$\leqslant L < 100$ m；(c)$L < 50$ m；(d)L 不限(号型)

二、国旗和信号旗的悬挂

1. 国旗和船名旗

(1)船籍国国旗挂在船尾旗杆上。

(2)抵达港港口国国旗挂在驾驶台信号桅顶部或右横桁。

2. 信号旗

信号旗是指在能见度良好的白天，在视觉范围内使用国际信号旗传递信息的通信方式。

一套国际信号旗共 40 面，由红、黄、蓝、白和黑色五种颜色的旗纱制成。其中字母旗(alphabetical flag)A 到 Z 共 26 面；数字旗 0 到 9 共 10 面；代替旗(代一、代二、代三)共 3 面；回答旗 1 面，如图 5-8 所示。

字母旗：每面字母旗是一个单字母信号旗，既可单独使用，也可与其他字母旗或数字旗联合使用。其中单字母旗适用于任何通信方法，26 个英文字母除 R 外，每一个字母都代表一个完整的意义。一些常用字母旗代表的意义如下：

(1)Q 旗：船舶抵达国外港口应在主桅旗绳上悬挂字母 Q 旗，表示我船没有染疫，请发给进口检疫证。

(2)G 旗：我轮需要引航员。

(3)H 旗：我船上有引航员。

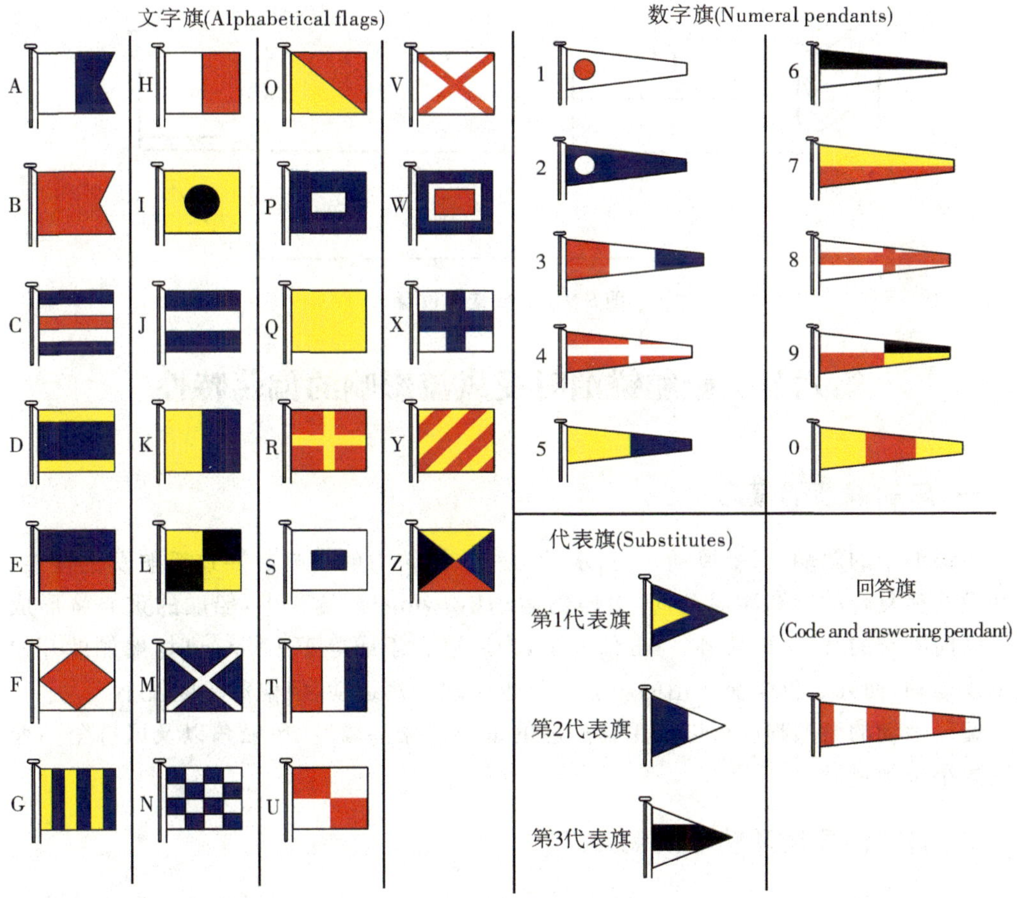

图 5-8　国际信号旗

(4)B旗:我船正在装卸或载运危险货物。货船进行油类作业也应显示B旗,夜间显示一盏环照红灯。

不同的港口国或者不同的抵达港对船舶应悬挂的信号旗有不同的要求。船舶在进入这些水域之前或当时,应了解这方面的有关规定以便正确悬挂信号旗。例如,通过日本关门海峡的报告线时应该悬挂信号旗"KPU"或"KPM"。

当需要悬挂信号旗时,取出所需要悬挂的信号旗,到船舶桅杆挂旗处,解开桅杆上的旗绳,把旗绳一头与信号旗旗头的绳环用单套结(或用双套结)连接,再用信号旗旗尾的小绳以单套结(或用双套结)连接。如有旗绳"8"形钩,直接套接即可。

3. 挂旗时间

每日早升、晚降,恶劣天气除外。船舶在航行、锚泊时,由值班0400～0800时的值班水手负责升降;靠泊时则由相应班次的值班水手负责。船舶挂旗位置见图5-9。

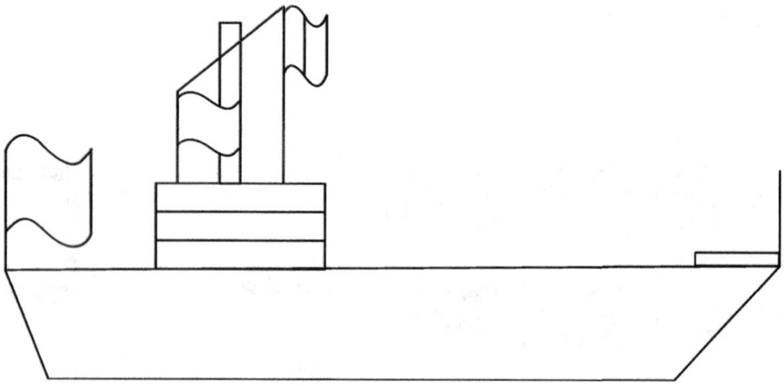

图5-9　船舶挂旗位置

第六节　船舶锚泊时受风流影响的偏荡特性

一、船舶偏荡的概念

单锚泊中的船舶,因受风动压力、水动力和锚链拉力的影响而导致船舶发生首摇、纵荡和横荡相复合的周期性运动,称为偏荡运动(yawing)。偏荡中,船舶的重心将形成一个与风向横交的"8"字形轨迹,一般情况下,当风速大于或等于10 m/s时,船舶就开始产生偏荡运动,而处于仅受流作用的船舶尽管也出现偏荡运动,但偏荡幅度较小。

偏荡运动的激烈程度可以采用锚泊船的重心的振荡幅度、风舷角以及风链角的变化幅度大小来衡量。

二、船舶偏荡运动轨迹的测定

营运中的船舶经常会在锚地候泊、抗台和抗风。可以利用大风中船舶发生偏荡的有利时机进行船舶偏荡运动轨迹的测定,经过分析可以深刻理解船舶偏荡运动的过程以及对船舶发生走锚的机理。

1. 实验数据表格的设置(表 5-1)

表 5-1　船位运动轨迹观测数据统计表

船桥距船首距离________　抛锚链长________　风力________　风向________

吃水：D_f________　D_a________　载况________　锚位________

时间	船首向	纬度	经度	时间	船首向	纬度	经度

2. 实验数据的测定

(1)在测定实验数据前进行分工,分别记录时间、船首向、船舶 GPS 经纬度。

(2)从船舶偏荡时航向罗经读数最大或最小时开始记录,每隔 30 s 记录一次。

(3)连续记录两个周期。

3. 偏荡运动轨迹绘图(图 5-10)

(1)绘制经纬度坐标:根据船舶运动范围确定。

(2)将观测的船位读数在坐标中标出,并用短线标出对应的航向。

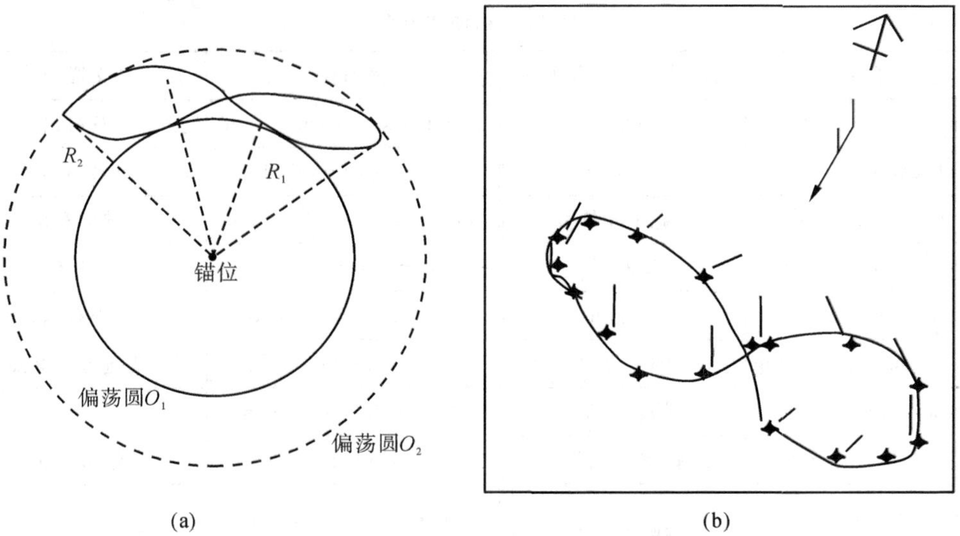

图 5-10　船舶偏荡运动轨迹

(3)用平滑的曲线连接各点。

(4)标出锚位或指出锚位方向。

(5)标出风向。

4.分析船舶偏荡运动的规律

根据船舶偏荡运动的轨迹、周期、航向变化幅度等进行总结。

第七节 驾驶台锚泊、系泊和离泊作业操作中英文口令

1.舵令

见表3-3。

2.车钟令

船舶标准车钟令见表5-2。

表5-2 船舶标准车钟令

英文车钟令	对应中文车钟令	英文车钟令	对应中文车钟令
Full ahead	全速前进	Full astern	全速倒车
Half ahead	半速前进	Half astern	半速倒车
Slow ahead	慢速前进	Slow astern	慢速倒车
Dead slow ahead	微速前进	Dead slow astern	微速倒车
Stop engine	停车	Finish with engine	完车

3.锚泊作业令

船舶锚泊作业令见表5-3。

表5-3 锚泊作业令

英文锚泊作业令	对应中文锚泊作业令	英文锚泊作业令	对应中文锚泊作业令
Standby port anchor	备左锚	Standby starboard anchor	备右锚
6 shackles in water	6节入水	6 shackles on deck	6节甲板
Let go port anchor	抛下左锚	Let go starboard anchor	抛下右锚
Heave in port anchor	绞左锚	Heave in starboard anchor	绞右锚
Ease port anchor	松左锚	Ease starboard anchor	松右锚
How is the cable leading	锚链方向	Leading to 9 o'clock.	锚链方向9点
Anchor is brought up	锚已抓牢	The anchor is aweigh	锚离底
The cable is tight	锚受力吃紧	The cable is slack	锚链松弛
The cable is leading up and down	锚链垂直	The cable is leading ahead (astern)	锚链朝前(后)

4. 系离泊令

船舶系离泊令见表 5-4。

表 5-4　系离泊令

英文系离泊令	对应中文系离泊令	英文系离泊令	对应中文系离泊令
Forward station, 4 head lines and 2 spring lines	船首带 4 根头缆，2 根倒缆	Aft station, 4 stem lines and 2 spring lines	船尾带 4 根尾缆，2 根倒缆
Forward station, head first	船首先带头缆	Aft station, stem line first	船尾先带尾缆
Make head line fast	把头缆收紧	Make stem line fast	把尾缆收紧
Single up fore and aft	前后单绑	Let go fore and aft	前后解缆
Make tug fast on port quarter	拖轮带在左前	Make tug fast on port bow	拖轮带在左后
Make tug fast on main deck	拖轮带在主甲板		

第六章

船体保养与水手工艺

了解船体保养与水手工艺是教学实习的必要环节，实习人员在船期间应熟悉船舶清洁、船舶除锈与油漆、船舶救生和消防设备的检查保养、舷梯的收放与日常检查保养、水舱的测量、常用绳结的系结、缆绳与钢丝绳的插接、高空作业、舷外作业及撇缆的方式等船体保养与水手工艺。

第一节　船舶清洁工作

船舶清洁工作是船员日常工作的一部分。其目的在于保持船体、上层建筑内外及各种设备、器材的清洁、卫生，使船员有一个良好的工作和生活环境，以保证船员及其他在船人员的身心健康以及船舶的安全营运。现行的几乎所有的地区性 PSC 备忘录都规定对到港船舶执行《1976 年商船(最低标准)公约》(ILO. No. 147)的情况实施检查，而不考虑船旗国是否是该公约的缔约国，并明确可以滞留下述船舶：船舶卫生状况极差；在通道及住所存在过量的垃圾、设备或货物的阻碍或其他不安全的状况。PSC 检查以强制的方式保证船舶的清洁、卫生，保障船员的职业健康和船舶的安全营运。

一、清洁用具

一般清洁用具包括手刷、长柄刷、软硬扫帚、拖把、水桶、铁锹等。这些清洁用具用于清洗甲板、楼道、舱室、厕所等。

一般清洁用品包括棉纱布、抹布、旗纱、洗衣粉、去污粉(剂)、消油剂等。棉纱布、抹布、旗纱用于清洗各种设备的表面、墙面、玻璃等处。洗衣粉、去污粉(剂)、消油剂等化学试剂用于彻底清除污垢、油迹。

现代船舶内饰高档，部分船舶，船员舱室、驾驶台、走廊等处铺有地毯，做清洁时使用吸尘器和专用去污剂。

大型船舶在清洗货舱时，为了减少洗舱时间，使用高压水和压缩空气清洗货舱。

二、日常清洁工作

(1)每天早晨0400～0800值班水手应对驾驶台(操舵室、海图室及驾驶台两翼甲板)进行认真的清洁工作，包括擦亮门、窗、玻璃以保持良好视线，抹洗门、窗、桌椅，去除有关仪器仪表上的灰尘污渍，擦洗或用淡水冲洗驾驶台外建筑物、前窗玻璃、栏杆扶手等，清除因海浪飞溅而沾上的盐水，拖净地板，开启门窗，通风晾干，保持驾驶台内清洁无尘，窗明几净。

(2)靠泊期间，梯口值班水手应保持梯口清洁卫生，及时清扫污水、垃圾杂物和积雪，保持舷梯扶手、栏杆、踏步、上下平台以及舷墙等处清洁，保持良好船容船貌。

(3)个人居住的房间由个人负责清扫，外派船舶的船长、轮机长房间由服务员负责清扫。

(4)服务生负责相关走廊、通道、楼梯、餐厅和公共卫生间等处的清洁工作。

(5)轮机部有关人员负责机舱内部的清洁工作。

(6)厨师负责厨房的清洁工作。

(7)每逢星期日，船上应进行一次全船大扫除，由船长等进行检查，并记录。

三、进出港前后的清洁工作

船舶装卸货后，甲板上、货舱内一般都有一些垃圾杂物和废旧垫舱物料，船舶出港后应将其及时处理掉，在将垃圾杂物处理入海时，应遵守《经1978年议定书修订的1973年国际防止船舶造成污染公约》(MARPOL73/78)以及《中华人民共和国海洋环境保护法》的有关规定(如一切塑料制品禁止处理入海。在特殊区域外，未经粉碎的食品废弃物距最近陆地12 n mile以外可排放入海；经粉碎或碾磨，通过筛眼不大于25 mm的粗筛的食品废弃物可在距最近陆地3 n mile以外排放入海。在特殊区域内，未经粉碎的食品废弃物禁止入海；经粉碎或碾磨，通过筛眼不大于25 mm的粗筛的食品废弃物可在距离最近12 n mile以外排放入海；等等)。

船舶在进出港前一般都要进行甲板冲洗工作。冲洗前，应先将货舱内和甲板上的垃圾杂物整理归堆，以便处理。在冲洗甲板过程中要注意及时清除各排水孔的堵塞物，保证甲板排水畅通。还可以借冲洗甲板之机检查甲板设备和船体是否有锈蚀、破漏，检查水密设备的水密情况，排泄管道的通畅情况以及电器设备的绝缘情况等。

四、各种设备的清洁工作

1. 甲板的清洁工作

(1)钢质甲板的清洁工作

钢质甲板的清洁工作包括整理、清扫和冲洗，其中最主要的工序就是冲洗甲板。

冲洗甲板前，应写出通知，船员关好门窗，同时甲板人员必须检查舱盖是否达到水密要求，甲板上的舱灯插头座是否已盖严，住舱的门、窗是否已关紧，甲板货是否已封盖好等。冲洗上层甲板要注意机舱天窗是否已关好，如没关应通知机舱关好后方可进行冲洗。

冲洗甲板的一般原则：从前向后、由上到下、由上风到下风、由舷内到舷外。如船有倾斜应先从高舷往低舷处冲洗，如人员充足最好分成两组，从前后同时往船中冲洗。

冲洗甲板一般由两人一组操作，其中一名水手执水枪，冲洗甲板和上层建筑；另外一名水手协助移动和整理水龙带，其余人员用硬扫帚扫除甲板上的垃圾及污水。对油迹较重的部位，通常先用洗涤剂清洗，然后再用水冲洗。应注意避免将冲洗甲板的水龙带在甲板上拖动，也不要使水龙带过度弯曲。

冲洗甲板时不宜对船上的风斗、舷窗直冲，以免造成舱室进水。冲洗甲板最好安排船在淡水中航行时进行，如条件不可能，上层甲板及船员生活区最好用淡水冲洗一下。不少船利用压载的淡水冲洗甲板，这对保护钢板防止锈蚀有很大作用，是船体保养的有益措施。

不论是木甲板还是铁甲板，在平时和冲洗后都必须将积水全部扫清，以保持甲板干燥。

(2)木甲板的清洁工作

先用水冲洗，再撒上筛过的细砂，用椰子壳沿着板缝反复刮，然后用竹扫帚扫去杂物，用水冲刷干净，最后用拖把抹干。在一般情况下，只用竹扫帚扫和水冲洗，用布拖把抹干即可。如果甲板上有油迹，应先涂上一层浓石灰水，然后擦净。

(3)塑料地板或油毡的清洁工作

塑料地板或油毡一般铺设在生活舱室的铁甲板上面，可用毛刷和肥皂水进行清洗。

2.舱室的清洁工作

舱室的清洁工作主要是清洗油漆涂面。清洗时应注意：

(1)对新漆和容易清除的污渍，可以用淡水冲刷，也可用抹布进行清洗，对局部污渍处可用调得很稀的肥皂水刷一遍，再用清水冲干净或抹布抹干净。对一般新漆面，为了保护漆膜，最好在短时期内不沾肥皂水。

(2)对污渍比较多的油漆面，应先用淡水冲洗一下，然后用调稀的肥皂水抹一下，肥皂水的浓度应根据污渍的严重程度而定，以既能除去污渍又不致损坏漆面为准。最后用淡水冲刷干净或用抹布将肥皂水和污渍清除干净。洗刷时，要自上而下，由一边至另一边，对于不易清洁的部位更应注意细心清洗。肥皂水会损坏油漆面，故在清洗油漆面时，油漆面上不能残留肥皂水，如用手抹布清洗，水桶里的水应勤换，防止肥皂水清除不净。在清洗油漆面时，必须将墙角及甲板上残留的肥皂水冲洗掉。

(3)对孤立状油污，可用棉纱蘸松香水或煤油、汽油擦抹，切忌用碱水擦抹，以免油漆面失去光泽。这类工作最好放在清洗前进行。

(4)当有铁锈黄水残留在漆面上时,除用肥皂水外,可用去锈清洁剂涂洗,如锈水痕迹时间较长,去锈清洁剂浓度可配浓一些,锈水痕迹较淡则可在清洁剂中加些淡水;清洗大面积锈水可用滚动刷,小面积或锈蚀点则用弯头刷。清洁剂的浓度强时操作者须戴防护镜,防止溅入眼中,手臂不应直接触及,以防受到伤害,工作结束后要用淡水反复冲洗。

3.舷外清洁工作

洗刷舷外大多利用船舶靠码头或系浮筒时进行。洗刷舷外时,可以放下小艇或搭架板做清洁工作。船舷油漆如果是浅色的,应用肥皂水洗刷,有油迹的地方需用棉纱蘸煤油擦洗干净。

4.铜器的清洁工作

先用旗纱布蘸上擦铜油在铜器表面上用力擦拭,去除铜器上的污渍和铜绿。然后用棉纱将污渍擦净,再用干净的棉纱蘸上干燥的去污粉进行擦抹,即可使铜面洁净光亮。最后用干净的棉纱擦去去污粉。经常不擦的铜器表面如有很厚的污垢层,应先用砂砖或砂布磨掉铜绿后,再用擦铜油擦拭。

5.帆布的清洁工作

各种帆布制品,可用毛刷蘸肥皂水刷洗,但接缝处不宜多刷,以免损坏帆线。刷洗干净后,放在通风、干净的地方晒干,注意不要挂在生锈的铁器上面,以免帆布受损。

6.桅柱和吊杆等的清洁工作

用麻丝或散开的白棕绳纤维或柔软的刷子蘸上热肥皂水进行洗刷,污垢较多的地方,要先用漂白粉溶液洗净,再用干净的淡水洗几遍。

7.擦玻璃

擦驾驶台玻璃时,大多根据本船情况自制一套适用的工具。一般先用淡水冲一下,冬季要用温水,但不能用太热的水,以免玻璃破裂,然后用手抹擦去淡水,再用干净的毛巾布抹干即可。有条件的船舶用玻璃清洁剂喷洗后用毛巾擦净即可。对有机玻璃,注意不能用硬抹布擦抹,以免留有痕迹,可用棉花蘸酒精将浮污擦去即可。

第二节　船舶防锈、除锈与油漆

钢铁直接裸露在空气和海水中,会发生腐蚀生锈的现象。一艘钢质船舶如不采取防锈除锈措施,要不了几年就会锈烂报废,如保养得当,则能使用几十年。因此,船体的防锈、除锈是水手的一项重要的日常工作。在船舶甲板的维护和保养工作中,除锈刷漆保养工作时间在正常的营运时间中所占比例很大,在这方面投入的费用很多,船舶公司也为此付出了大量的人力,从而使得船舶使用寿命延长。“船上有除不完的锈和刷不完的漆”,这句话清楚地描述出除锈刷漆保养工作的长期性和艰巨性。

除盐,其目的是消除海浪过后残留的直接侵蚀钢结构的盐分。具体做法是每次对锈蚀部位除锈前,首先使用淡水进行冲洗,冲洗时务求彻底、干净,最好使用温水,对于小面积部位可使用棉纱或破布蘸淡水清洗。

敲铲，其目的是去除锈包、锈块，防止其继续蔓延，以保护其邻近部位。具体方法为对大面积部位使用电动或气动工具进行除锈，对小面积部位使用手锤及铲刀或气针枪、气动锤进行局部敲铲。这一工序中要把握一个度，既要对生锈部位彻底除锈，又不要过度扩大除锈面，以免对四周涂层良好部位造成破坏。

打磨，其目的是对除锈部位的浮锈予以彻底清除，防止其产生蛀虫效应。具体操作中，对大面积部位使用电动或气动角磨机，对小面积部位使用钢丝手刷。该步操作中应注重除锈部位与四周涂层接合部位的处理，以四周涂层和除锈部位出现斜坡为宜，便于新涂层与四周涂层的紧密结合。

去尘，又可称为清洁，其目的是使除锈面在刷漆前保持清洁，有利于油漆的良好附着。具体操作为:使用扫把、拖把，必要时使用干净的抹布去除粉尘，最好使用高压空气吹除。此步骤中恰恰与敲铲中的原则相反，清洁面积宜大不宜小，防止粉尘随风而来。

涂刷，即刷漆作业，是为了隔绝钢结构与空气的接触以实现其保护钢结构的目的。应根据具体施工步骤及有关技术标准，务求涂层与钢结构之间以及各涂层之间结合紧密，涂层宜均匀。

善后，指的是保养后的工作。保养过后要经常检查，尤其是装卸作业及经历风浪后，如发现涂层受损，应及时处理涂层受损部位，涂刷新漆，防止其蔓延。

通过以上六个步骤，有效地延长了保养周期，减少了物料及油漆的使用，大大控制了费用支出，同时也降低了保养工作中劳动的付出。

当然，甲板的维护和保养并不是船舶维修保养工作的全部内容，船舶设备的维修保养工作占去了船员工作总量的绝大部分，一个系统的、有条理的维修工作安排计划是非常必要的。

一、钢铁锈蚀的种类

1. 化学腐蚀

钢铁接触氧、酸、碱、盐或其他有腐蚀性的物质，直接与其发生化学反应使钢铁产生损耗，这种现象叫化学腐蚀。如海水浸泡船体而生锈；装过盐后，未将货舱中的盐渍冲洗干净，舱内钢板将会产生严重锈蚀。

2. 电化学腐蚀

不同的金属在同一种电解液(能导电的液体，如酸、碱、盐的水溶液)中发生的腐蚀叫电化学腐蚀。电化学腐蚀比化学腐蚀更为普遍，危害性也更大。

不同的金属在同一种电解液中，电极电位较低的金属容易失去电子，成为阳极而产生损耗，如锌比铁电位低，铁又比铜电位低，因此锌与铁或铁与铜被放在同一种电解液中时，锌和铁分别被腐蚀。在船舶的修造过程中，在车叶附近的船壳上以及舵和铜质车叶之间装置了些锌块(锌阳极)，有意识地让电位比铁更低的锌被腐蚀而减缓钢铁的损耗，从而保护了船壳。

电化学腐蚀也常发生于钢铁被加工(如电焊、敲击、弯折等)过的部位,因为这些加工使这些部位的材料结构和电位发生了变化,所以船体的焊缝或弯折处比其他部位更容易生锈。

3. 生物化学腐蚀

船舶在水中一定时间后,船壳上就会附着海生物,这些海生物在其生命过程中,新陈代谢的产物有很多成分对金属船壳甚至对船体的非金属涂层有破坏作用。

二、防锈

引起金属腐蚀的原因很多,因此,针对不同的情况,采取的防腐蚀方法也是多种多样的。针对海船所处的环境,防止船体锈蚀的方法有以下几种:

1. 合理选材

根据使用海区、部位和条件,选用合适的金属材料和非金属材料。

2. 外加电流保护

根据金属电化学腐蚀的原理,采用直流电源,将负极接船壳,正极接至外加的阳极上以形成向船壳提供负电压的回路。通过控制设备使整个船体成为处于一定负压区的阴极,腐蚀微电池作用被迫停止,使船壳得到保护。

3. 牺牲阳极保护

在船体上装置电位较低的金属材料作为阳极,它与被保护金属在电解溶液中形成大电池,而使船体阴极极化,这时阳极金属被腐蚀,而船体被保护。

目前船舶常用的阳极材料是锌或锌合金,它被安放在水线以下船壳板的外表上。由于锌的电极电位比铁低,在海水中,原电池作用使锌被腐蚀(牺牲)而船壳(钢铁)得到了保护。

4. 外加金属保护层

在被保护金属的表面镀上一层耐腐蚀金属,如镀铜、铬、金、银等。但这种方法不适用于船体防腐蚀。

5. 金属表面钝化

使金属表面形成一层致密的、化学性质稳定的氧化膜。钢材出厂时,一般都采用这种防锈措施。

6. 非金属涂层保护

在被保护金属表面喷、涂一层耐腐蚀的非金属物质,如涂刷油漆、油脂、水泥浆等,以保护金属不被腐蚀。涂刷油漆是船体防锈蚀的主要方法。

三、除锈

1. 锈的种类

(1)薄平锈(浮锈、粉状锈):一般都在甲板上或新钢板的表面上,涉及面积较大,但此种锈不深，对这种锈要用铲刀铲刮干净后，再用钢丝刷刷干净。

(2)厚片锈(厚锈)：多在不易敲铲或阴暗潮湿隐蔽的边角部位。由于薄锈长久未除，锈蚀越来越厚而形成块状或片状锈。这种锈的被锈蚀面一般是凹凸不平的，最好先用电动榔头除锈，然后用小榔头找补。因为在大块铁锈的下面有时还有斑点锈，所以必须仔细找补，才能彻底除尽。

(3)斑点锈(疙瘩锈)：一般指锈点很小但是锈得很深的锈蚀现象，往往是由于前次除锈不彻底就进行油漆作业所造成的，由于油漆的掩盖，一般不易发现，直到油漆表面隆起才知道。对这种锈最好用尖榔头敲并应彻底清除。

钢铁生了锈，应该及时除去，否则锈蚀会一步步加深。除锈时，对不同的铁锈应采用不同的除锈方法及工具。除锈要求彻底干净，而且敲铲时不能用力太大，避免在钢材上留下锤痕，因为这些锤痕又会产生锈蚀。

除锈方法除了敲铲刮刷外，还可使用除锈液、除锈膏等化学除锈方法，船厂则采用高压水喷砂、喷砂、喷丸等方法进行大面积、快速、高效的除锈作业。

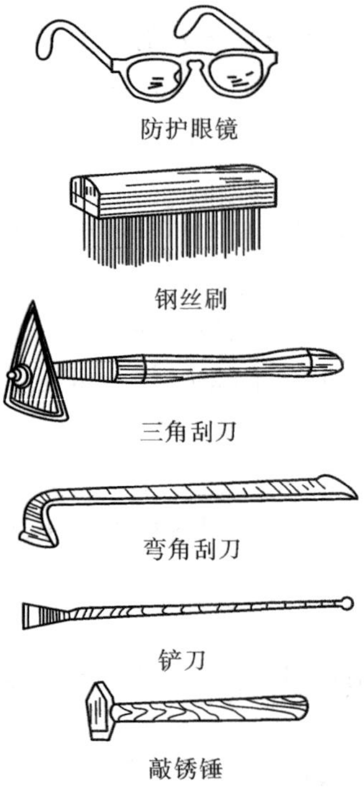

图 6-1　手动除锈工具

2.除锈工具

(1)手动除锈工具(图 6-1)

①敲锈锤(敲锈榔头)：可以用于敲斑点锈和片状锈。敲锈时手持锤柄约 1/3 处，利用手腕转动锤柄，根据锈的薄厚，用力适当，使锤刃垂直敲击锈片，但不能损伤钢铁表面或留有很深的锤痕。敲锈面积宜小不宜大，把一处锈除尽后再敲另一处。

②刮刀和铲刀：刮刀有弯角刮刀和三角刮刀两种。刮刀有弯头的可用于刮漆皮，另一头则用于铲薄锈或漆。铲刀有木柄铲刀和铜管合金铲刀两种。铲刀比较锋利，双手持柄往前推，粉状锈和老化漆膜都能被铲净。刮刀适合于刮圆形管柱，双手持刮刀将弯角刮刀刃与管柱接触用力拉，能较快地将粉状锈或旧漆膜刮净。

③钢丝刷：有带柄的和无柄的两种，且有粗丝和细丝的区别。凡是敲过的片状锈、斑点锈或铲过的粉状锈处，都要用钢丝刷将铁面的残锈刷净，使之露出光泽。

④防护眼镜(特制的平光防护眼镜)：在敲锈时必须戴上，以防止铁锈溅入眼中。

(2)电动除锈工具(图 6-2)

手提式电动除锈机是由电动机通过软管轴带动一个除锈器(齿轮、钢片或钢丝刷轮)，与锈蚀表面碰击、摩擦而除锈。电动除锈机除锈效率高，除厚锈可使用钢片除锈器，除薄锈可使用齿轮除锈器，除粉状锈可使用钢丝刷轮。操作时，左手握住按柄，控制电动开关，右手握住锤柄，按住和控制除锈器与锈面的接触。这种工具适用于除较大面积的锈。

图 6-2　电动除锈工具

(3)气压除锈工具(图 6-3)

气压除锈机只有在船甲板有压缩空气系统的情况下才能使用。

①气压梅花头锤：常用于中等面积除锈，如与气压砂轮片配合除锈，漆面平整效果更好，凡气锤能伸进的角落都能进行除锈。

②气动砂轮片：常用于除薄锈及除锈结束后，对钢板进行磨平、磨光。

③气压针锤：常用于小面积出白，对麻皮锈效果极佳，对船体结构成直角的部位也能进行有效的除锈。

④气凿锤：能除厚锈，尤其是管道死角的厚锈，但是同一地方长时间敲击会损伤钢板。

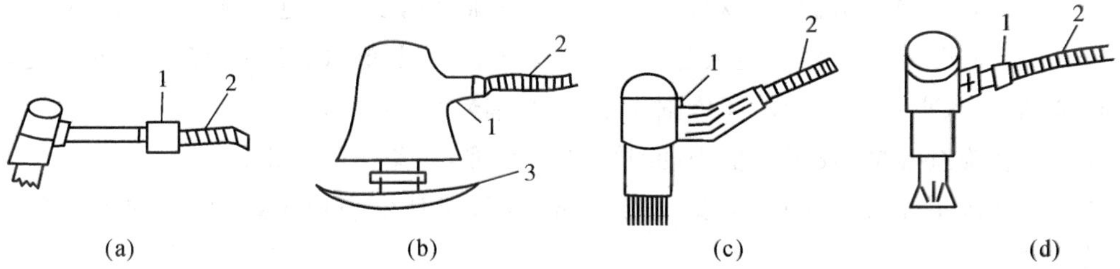

图 6-3　气压除锈工具

(a)气压梅花头锤；(b)气动砂轮片；(c)气压针锤；(d)气凿锤

1—开关；2—气管；3—砂轮片

机械除锈可以减轻劳动强度，大大提高除锈质量和工作效率，但工作现场噪声较大，扬尘较多。

船厂使用的大型喷砂设备本书就不作介绍。

3. 除锈方法

(1)大面积除锈(出白)

如果锈蚀面积较大，利用机械除锈工具除锈效率高且省力。一般是先用电动敲锈机除锈，根据锈的厚薄使用不同的锤头，厚锈用铁片锤头，薄锈用齿轮锤头，然后用手动敲锈锤将残留的锈敲净，再用电动除锈刷在所有敲过锈的钢铁面上刷一遍，使钢铁面露出光泽，这种将铁锈、油漆全部除掉，裸露出钢板的除锈方法称为“出白”(bare metal)。

电动除锈刷刷不到的地方，可用手动钢丝刷刷净，最后将除锈面打扫干净，用棉纱头擦净锈尘。如有油渍，可用汽油或松香水清洗，然后及时涂刷防锈漆，防止再度锈蚀，因为海上空气潮湿，裸钢板非常容易锈蚀。

(2)局部除锈

钢质船体局部生锈时，只需将生锈的地方用敲锈锤敲掉锈，然后用铲刀将敲过的地方铲成方形或圆形，并将周围的漆膜铲成斜坡形，形成平滑过渡，然后用钢丝刷将显露出来的粉状锈刷净，使钢板露出光泽，用棉纱擦净锈，然后及时涂刷防锈漆。

(3)栏杆除锈

如果使用一般的除锈工具对栏杆除锈，工作效率较低。如果用一根直径 5 mm 左右的小链条在栏杆上绕一周，用力来回拉动，铁锈和漆皮将很快被拉掉。但是，这种方法对较厚的锈效果不佳，遇栏杆有厚锈，仍然要用敲锈锤和铲刀进行除锈，然后用钢丝刷刷净。

(4)链条除锈

各种链条上的锈，用敲锈锤和铲刀是不易除净的，而且工作效率较低。最好的办法是将链条放在蘸有煤油的棉纱中，然后点燃棉纱，烧一段时间后(不能把链条烧红)，把火灭掉，用锤子敲打链条，铁锈很快就会被除去，最后用钢丝刷刷净。

4. 除锈注意事项

(1)敲锈时必须戴防护眼镜和防护手套，用机械除锈工具时还应戴口罩和护耳。

(2)多人同时除锈距离不能太近，敲锈时不要敲得太重，以免锈片乱飞，妨碍他人工作；同时，敲得太重还可能会破坏周围漆膜并对船体结构有所损伤。

(3)经常检查锤柄，发现锤柄松动时应及时修理，以免锤头飞出伤人。

(4)敲锈锤不能过于锋利，以免损伤金属表面，使其出现很多斑痕，造成下一次更深锈层的隐患。

(5)铲刀、刮刀和敲锈锤由于自然磨损，会逐渐变钝，可以在磨刀石上刃磨，或用砂轮刃磨。在砂轮机上刃磨时，应边磨边沾水，以防退火变软；敲锈锤不要磨得太快；铲刀或刮刀在砂轮上磨过后最好能在磨刀石上再磨一下，刀刃锋利，工作起来才又快又省力。

(6)用电动敲锈锤时，右手不能将锤头按得太紧，以免损坏机械及锤头，并应注意防止电线接头处发生漏电现象。

(7)敲锈工作告一段落后，应将工具收拾、整理好，用棉纱擦净放回工具间，必要时应用帆布盖好机械除锈工具，以免受潮，并应将敲下来的铁锈、漆皮、垃圾等打扫干净。

图 6-4 船用油漆

四、船用油漆的种类

船用油漆(图 6-4)按其用途和性能可分为下列几种：

1. 防锈漆

(1)红丹防锈漆:简称红丹漆,以红丹粉、精制干性油等调制而成的,与钢铁表面接触后能生成均匀的氧化薄膜而起防锈作用。它防锈能力强、附着力强,船上常用其来打底漆,特别适用于防锈要求较高的甲板(如船舶的大气暴露区)。但因其含有毒性,且经海水浸泡容易起泡剥离,在船上已很少使用。

(2)铁红防锈漆:以氧化铁为原料,其性质稳定,有较好的附着力、覆盖力,漆膜坚韧,防锈能力次于红丹防锈漆,可在锈蚀不太严重的地方用作底漆,也可用作面漆,常用于机舱、上层建筑内部、货舱等。

(3)锌黄防锈漆:以锌铬黄为主要原料,其特点是耐高温,干燥迅速,漆膜坚硬,附着力强,防锈能力强,主要用作各种轻金属及铝合金材料的底漆。

(4)灰色和黑色防锈漆:灰色防锈漆是用锌粉或含铅氧化锌作为颜料,有一定的防锈能力,耐气候性较好;黑色防锈漆是用氧化铁作为颜料,也具有一定的防锈能力,一般用作面漆。

(5)铝粉铁红防锈漆:以氧化铝为主要颜料,漆膜坚韧,附着力强,受高温烘烤无有毒气体,防锈能力强且干燥快,用于船体分段打底及金属防锈。

2. 调和漆和磁漆

调和漆是用精炼干性油、颜料和溶剂配制而成的,调和漆在船上使用广泛,它的附着力和耐气候性都很好,并有一定的防锈能力,但干燥较慢,漆膜较软,一般用作室外面漆。

磁漆是用清漆和颜料配制而成的,它与调和漆相似,但质量较好,干燥快,光泽好,颜色鲜艳,漆膜平滑坚韧。磁漆分室外用和室内用两种,外用磁漆的耐水性和耐气候性都比内用磁漆好。

3. 清漆

清漆是以树脂为主要成膜物质的淡黄色透明油漆,它不含颜料成分,可用来调制磁漆,或单独用于木质表面。清漆有油基清漆和硝基清漆两种。

(1)油基清漆:又称凡立水,是用树脂、干性油和溶剂等配制而成的,漆膜坚韧,光亮平滑,不会有刷痕,适用于木质及室内家具表面罩光用;虫胶清漆又称泡立水,是用虫胶片(干漆片)、酒精调制而成的。这种漆使用方便,干燥快,漆膜坚硬、光亮,适用于木家具打底和出光,但耐水性和耐气候性差,日光暴晒会失光,热水浸烫会泛白。

(2)硝基清漆:又称清喷漆,是以硝化纤维素为基础加入其他树脂、增塑剂等制成的。这种漆具有干燥快、漆膜坚韧、耐磨、光亮和有耐久性等特点,适用于室内木家具。

4. 沥青漆

沥青漆俗称“水罗松”,即黑沥青漆(水柏油)。沥青漆价廉、防腐蚀、耐水、易干,但不耐日晒并且有毒,一般用于锚链舱、锚、锚链、污水沟、污水井等通常不见阳光的地方。使用沥青漆时不用打底漆。

5. 甲板漆

甲板漆是直接涂刷钢质甲板的面漆,具有良好的附力、耐海水冲刷、耐摩擦、耐日晒、防锈蚀和防滑等特性。

6. 船壳漆

船壳漆是涂在重载水线以上船壳部分的油漆，也可涂刷上层建筑、甲板室外部、桅杆等部位。它具有附着力强，漆膜光亮，耐气候性好，能经受风雨、日晒，且有柔韧、快干等特性。它有各种颜色和油性，如酚醛船壳漆、醇酸船壳漆、氧化橡胶醇酸漆等。

7. 水线漆

水线漆是涂在船舶轻载水线、重载水线之间的油漆。它具有附着力强、耐气候性好、干燥快、漆膜坚韧，在海水侵蚀、日晒、浪击、干湿交替的情况下不易脱落、起泡和破裂等特性，还具有毒杀海藻的防污作用。常用的有各种颜色的酚醛水线漆、氯化橡胶防污水线漆、AC-15 铝粉防锈漆、铝粉氯化橡胶水线底漆、氯化橡胶水线漆等。

8. 船底漆

涂在船舶轻载水线以下船壳部分的油漆称为船底漆。这部分船壳多数时间是在水中的，只有船进坞时才露出水面，因此，除要求它具有防锈、防污的性能外，还要具有耐水、持久、快干、附着力强的特性。船底漆一般包括以下三种：

(1)打底漆：在除净锈的船底钢板上涂刷两层底漆。它具有防锈、防水、防盐分渗透的特性，附着力强，常用的有铝粉沥青底漆。

(2)防锈漆：是涂在底漆上的油漆，漆膜坚韧，能牢固地附着在底漆上，同时还能使防漆牢固地附着于其上，并有良好的防水性能，隔绝铝粉底和含铜绿的防污漆的接触，以免发生电化学作用而影响油漆的效果，常用的有沥青船底漆。

(3)防污漆：又称防藻漆，涂在船底最外层。油漆中含有铜及松香成分(以前的防污漆含有锡，因有毒，易污染海域，现已禁用)，漆膜较疏松，以使船体在航行时与水摩擦而产生抛光作用，从而防止海洋生物附着，使船体光洁，减少阻力，常用的有沥青防污漆等。

9. 水舱漆

水舱漆是涂于水舱内的油漆。它具有防锈、耐腐蚀、耐霉菌等性能，常用的有无溶剂环氧树脂水舱漆，它气味小，常温下固化成膜，有耐油、耐水及耐油水交替性能，分底漆、面漆两种，施工时气温不能太低。

10. 油舱漆

油舱漆是油船货油舱或燃料涂刷的防腐蚀油漆。由于某种原因石油及其产品中的有机酸和硫腐蚀力较强，货油舱经常与海水交替装载，或用高温、高压海水洗舱，更加速油舱的腐蚀，因此要求具有附着力好、耐腐蚀、耐油和耐冲击等特性的涂料，常用的有 834 环氧铝粉油舱漆(打底)和 835 环氧铁红油舱漆(罩面)等。

11. 银粉漆

银粉漆具有防锈、耐热、反光的性能，常用于发热的管路、暖气片、机器上，也可用作烟囱的底漆。有配制好的银粉调和漆，也有将银粉和油料分开盛装，使用时将两者调匀。自己调制时，可用 1 kg 铝粉加 4 kg 清漆，并加适量稀释剂和催干剂调匀后即可使用。

12. 烟囱漆

烟囱漆具有耐高温的特性。一般先用酚醛烟囱漆打底两遍，然后用锌黄防锈漆涂一层，最后按烟囱标记所需的颜色涂刷面漆，也可用银粉漆打底，然后再涂刷面漆。

13. 防火漆

防火漆的漆膜遇热会分解产生不能燃烧的气体或气泡，可起隔离作用，阻止或延缓燃烧。它是用酚醛树脂或氯化橡胶与醇酸树脂配制而成的，或用四氯化苯与醇酸树脂配制而成，常涂刷在旅客舱室和仪器设备上。

14. 带锈底漆

带锈底漆涂刷在有残锈的金属表面上，具有缓和锈蚀的效果。它通过渗透、转化、稳定等作用，将金属包封，与腐蚀的介质隔绝，使锈层钝化，以达到防锈和保护的目的。根据不同的机理，带锈底漆可分为以下三种类型。

(1)渗透型:它是利用漆料对铁锈的湿润、渗透作用把铁锈分隔，并包括在漆料中，阻止锈蚀的发展，并借助颜料起防锈作用，如油性红丹漆。

(2)转化型:它是利用各种能与铁起反应的物质，把活泼铁锈转化成对钢铁表面起保护作用的钝化膜，以阻止钢铁锈蚀，通常用磷酸黄血盐、磷酸丹宁酸制成的转化液与成膜液、溶剂等调配而成。

(3)稳定型:它是依靠活性颜料的组合，在成膜后通过缓慢的水解和相互作用，与活泼的铁锈形成难溶的物质，抑制锈蚀的发展，常用铁红、氧化锌等多种活性颜料和防锈漆料、溶剂等制成。

以上介绍的是船上常用的油漆。此外，为了适应不同的需要，还有许多特种涂料，如电气部分采用的绝缘漆，前后尖舱和污水沟使用的水泥涂料等。随着油漆工业的发展也不断出现新的高性能，满足各类特殊要求的新型涂料。

五、油漆作业

油漆涂刷在钢质表面上，能够在被涂钢铁表面形成一层坚韧的薄膜，起到隔离、防腐、延长钢铁使用寿命的作用。这是一种比较经济实用的方法。油漆作业施工简便、成本较低、效果较好。为了达到用油漆保护船体的目的，值班水手必须掌握油漆的基本特性、调制方法、漆面处理、作业要领和船用油漆工具的使用方法，不断提高油漆作业的施工效率和施工质量，提高船体保养的质量。

1. 油漆工具

船上涂刷油漆最常用的工具是漆刷。漆刷是用猪鬃、其他兽类的毛或化学纤维制成的，常用的有扁刷、圆刷、笔刷、弯头刷和滚筒刷等。

大面积涂刷油漆用滚筒刷最合适，工作效率高，但漆纹不整齐，涂刷质量没有扁刷好，有的处所仍需要用扁刷配合加工整顺；扁刷的应用很普遍，涂刷的漆纹整齐、光顺，涂刷的漆膜薄而且均匀；圆刷目前使用较少，它的优点是蘸油漆较多，适合绑长杆涂刷高、远处时使用;笔刷用于水尺、船名、载重线标志及烟囱标志的描边、写字等;弯头刷则用来涂刷难以涂到的角落和缝隙等处。常用的涂刷工具见图 6-5。

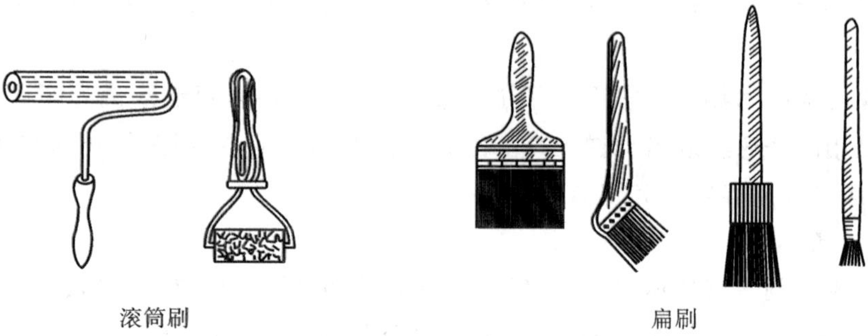

图 6-5 常用的涂刷工具

2. 油漆工具的保管

每次涂刷工作完毕后应将漆刷上剩余的油漆涂刷完或在油漆桶上刮干净。暂时不用的刷子,应把它放入水中,以免刷毛变硬而不能使用造成浪费。

如漆刷准备改色(特别是深色改淡色)或较长时间不用的刷子,则应用松香水或煤油将漆刷上的油漆洗干净,再用热肥皂水和清水洗净晾干。

使用新漆刷时应将新漆刷用温水浸泡一下,可防止漆刷出现脱毛或发硬的现象。

油漆桶每次用毕应将剩余的油漆并在同一品种的油漆桶内;暂时不用的油漆桶应擦洗干净。如日久桶内积存漆皮太多,可选择一个安全防火的地方用微火将漆皮烧掉,然后用棉纱或干布擦干净。

3. 油漆方法

(1)刷涂法

根据所涂地方的不同采用各种合适的漆刷对提高工作效率非常重要。

①扁漆刷

使用扁漆刷时最好在刷子根部钉一根小钉,以便把漆刷挂在桶上。

扁漆刷的握法有两种,一种叫握笔式,另一种叫握锤式,如图 6-6 所示。一般涂刷小型设备或边角处,多采用握笔式,涂刷比较均匀,油漆质量较高;而涂刷天花板或大面积油漆时则采用握锤式,比较省力,工作效率高。具体施工时可根据需要交替采用。

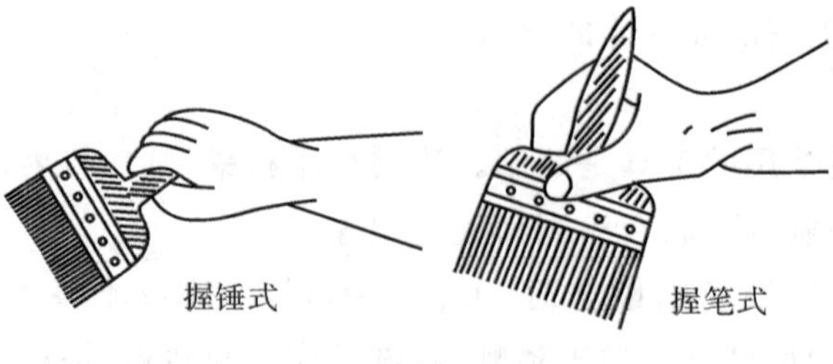

图 6-6 扁漆刷的握法

油漆刷蘸油漆时，不宜多蘸，蘸刷毛的 1/2～1/3，特别是仰面涂刷时，更应少蘸。漆刷离开漆桶前应将刷毛朝下，以防油漆流到刷柄上或滴落下来。

每蘸一次漆的涂刷面积要适当，首先把油漆推开，转动漆刷使漆面上的油漆摊得又薄又均匀，特别是涂刷不光滑的涂面，手腕要灵活转动，使涂面上每个小凹洞都能涂上油漆。如先横向涂刷，则最后进行上下方向的漆纹修拉，每次修拉的方向应一致，使油漆面接头平顺。

涂刷油漆的基本原则：先上后下，先难后易，先里后外。

涂刷油漆时，应布漆均匀，薄厚适当，刷纹整齐，不漏涂，不流挂，并做到三顺，即一要顺水，如上层建筑和内部舱室一般采用上下涂刷；二要顺纹，如在木质涂面上应顺着木纹涂刷；三要顺光，如舱室内天花板应顺着光线射入的方向涂刷。

涂刷油漆时，有时必须涂刷两种不同颜色，如船壳轻、重载水线交界处等，必须刷直，应先刷浅色的，后刷深色的，深色覆盖浅色，并要等覆盖的漆表面干后方可进行。刷线时为了拿稳漆刷，可以将中指、无名指和小指伸直，帮助大拇指及食指用力。

②滚筒刷

滚筒刷有短柄和长柄两种。所谓长柄就是把短柄滚筒刷用细铁丝接到长竹竿上做成，用铁丝绑扎最少两道并且要牢固，竹竿长短可根据工作需要而定。

根据需要采用不同大小的滚筒刷，便于操作和提高工作效率。

滚筒刷的操作比较简便，工作效率高。现代船舶越来越大，船舶配员少，保养工作多的情况下更能显示滚刷法的优越性。其缺点就是比较浪费油漆，油漆作业的质量比采用扁刷差，油漆面干后光泽也差。为了保证油漆质量，增强油漆附着力，要求在使用滚筒刷时要来回接滚以增强油漆附着力。

滚筒刷使用的油漆桶一般采用长方形桶并配有漏板。为了减少浪费，特别是油漆船壳时滚筒上蘸的油漆不宜太多，并要在油漆桶的漏板上滚几下，最佳状态是滚筒上油漆饱和均匀又不下滴。沾满油漆的滚筒刷刚移至施工表面上时，切勿大力挤压，以免滴挂浪费。

除船壳、甲板外一般采用滚刷法配合扁刷进行涂刷较为理想，既能发挥滚筒刷涂刷的优势又能显示扁刷的长处，其方法是先用滚筒滚过后再用扁刷上下或左右拉顺。此种方法要求有较好的配合，滚筒滚涂一块，扁刷拉刷一块，特别是干燥天气更要快一点操作，也可两人配合施工，一人操作滚筒刷，一人跟在后面操作扁刷。

(2)喷涂法

利用压缩空气机发出的喷射气流，经喷枪的喷嘴，将漆液喷成雾状，均匀地覆盖在涂面上。其特点是施工效率很高，适于大面积的喷涂作业。即使是有缝隙或小孔，凹凸不平的涂面也能得到均匀分布的涂层，且涂层光亮美观。喷涂时，喷嘴与涂面的距离应保持在 20 cm 左右的适当距离，如距离太近，涂面会产生油漆流挂现象；距离太远会发生喷雾干结、涂面产生漆粒的缺陷。

喷涂时，应从上向下喷成一条带状，直到下边为止，然后将喷枪向左（或向右）移动，再自下向上喷成第二条带状，依次进行。相邻喷带要重叠1/3，喷枪移动的速度要均匀。

喷涂完毕后，应用稀释剂将喷枪中的油漆洗干净；否则，油漆干燥后会堵塞喷嘴而无法使用，用过的稀释剂要放在密封桶中，下次仍可以使用。

喷涂多使用硝基漆（喷漆），若使用油基漆，应多加些漆油和松香水稀释，使其具有5%～7.5%的黏度。

喷涂的缺点是有相当一部分漆液会随着空气的扩散而损耗，须反复喷涂几次才能获得一定厚度的漆膜；扩散在空气中的漆料和溶剂有害人体健康。因此，操作人员要戴防护面罩。通风不良时，漆雾容易引起火灾；在空气中溶剂达到一定浓度时遇火源会发生爆炸。

4. 油漆施工注意事项

(1)注意气候的影响。油漆施工最好安排在春、秋两季，干燥无风，气温在5～25 ℃时进行。在烈日和高温下油漆易产生漆膜流挂，干燥后有起皱、裂纹现象。潮湿天气最好不要进行油漆施工，因为在潮湿表面上油漆附着力不强，并且漆膜会长时间不干，受到露水的影响漆膜会出现白色水点，降低漆膜质量。刮大风天气进行室外油漆施工也不适宜，由于风的作用使稀释剂挥发过快，不利施工人员操作，涂刷稍不注意就会产生漆膜厚薄不均或起皱现象。同时风把灰沙刮起沾在新涂的油漆面上，影响美观。

(2)涂面要干净、干燥，否则会影响漆膜质量。

(3)漆膜要均匀，厚度要适当，要多层薄涂。漆膜厚了，会出现流挂、起皱、长时间不干等现象，还浪费油漆；漆膜薄了，盖不住底色，油漆效果不佳，再补一层，又浪费材料和时间。

(4)油漆施工时要戴纱手套，手边要有一团棉纱，油漆滴下时要及时擦掉，并保持漆刷的清洁。刷子沾漆宜少，勤在桶沿上刮，防止滴淋油漆。

(5)涂刷每度油漆的时间间隔，因各种油漆的干燥时间不同而有所差异。一般情况下油漆在4小时可达到表面干燥，但完全干燥需24小时以上。第一道油漆没干透不能涂刷第二道，否则会起皱或开裂。

(6)铝合金及镀锌零件上不允许用含有铜、汞、铬黄和铁红作颜料的底漆。

(7)不同颜色相接或打线时，一般情况下分两次涂刷，即第一色漆干后，再涂另一色漆。不同色漆同时涂刷，先涂的色漆在相交处要薄涂一些，以免两色漆相交处发生相混互渗现象。

(8)油漆使用前须调匀，厚薄适中，既要便于施工，又不影响油漆质量。漆桶和调漆工具要保持清洁，如有漆皮或杂质应用铜网纱做成漏斗过滤后方可使用。

(9)油漆中含有大量挥发性溶剂，人体过量吸入会中毒，对含有铜化合物及有毒颜料的油漆更应严加防范。工作场所应通风良好，必要时应穿戴防护用品，油漆未干前应禁止在舱内睡觉。

(10)油漆施工场地禁止使用明火。凡是沾过油漆和松香水的棉纱头要收集起来统一处理,不许乱丢,以防自燃。

第三节　船舶消防、救生设备的使用、检查、保养方法

船舶主管人员应定期对船舶消防设备进行检查保养,使其处于随时可用状态。为方便船员对消防设备进行检查、保养,船舶应按国际海事组织海安会的要求建立消防设备的保养体系文件。

一、消防设备保养的有关体系文件

检查保养指导书应简单易懂,尽可能采用图解。一般包括下列几方面:

(1)设备保养与修理指导书;

(2)设备定期保养时间表;

(3)设备备件项目表;

(4)有关检查保养记录簿,其中包括注明设备不合格项目和保养与修理的预计完成日期。

二、定期检查与测试的要求

IMO 海安会 Circ. 850 对船舶消防设备检查保养的要求如下:

1. 每周检查与测试

(1)所有有线广播系统(包括船内电话系统)和警报系统工作正常;

(2)所有空气呼吸器钢瓶内的气体不泄漏,压力在规定工作范围内。

2. 每月检查与测试

(1)所有消防员装备、灭火器、消火栓、消防水带、消防水枪处于良好状态且存放在正确的位置;

(2)所有固定灭火系统的阀门能正常开关,干管式自动喷水系统的压力表显示正常工作压力;

(3)自动喷水系统的压力水柜的水位显示在正常位置;

(4)自动喷水系统的消防泵能在压力减少时自动启动;

(5)所有消防泵能正常启动;

(6)所有固定气体灭火系统设施的气瓶不能有泄漏。

3. 季度检查与测试

(1)所有自动喷水系统的自动报警部分利用各部分的测试阀进行测试;

(2)国际通岸接头处于良好状态;

(3)消防设备备品库内有备品清单,消防设备处于良好状态;

(4)测试所有防火门和通风管系内防火挡板控制装置,应处于良好状态;

(5)检查固定灭火系统的所有 CO_2 钢瓶连接部件是否松动。

4. 年度检查与测试

(1)检查所有灭火器的存放位置、内部压力、状态;

(2)自动探火系统按相关要求测试;

(3)测试所有防火门和通风管系内防火挡板遥控装置;

(4)测试所有固定泡沫和喷水系统,保持其工作状态正常;

(5)目视检查固定灭火系统的所有易接近部件,保持其良好状态;

(6)测试所有消防泵的压力和流量;

(7)测试所有消火栓,保持其工作状态正常;

(8)对灭火剂测试防冻保护装置;

(9)对自动喷水系统从船舶消防管的连接部件进行检测,使其处于良好状态;

(10)对所有消防水带进行水压试验;

(11)检测呼吸器气瓶充装设备的空气质量;

(12)检查固定灭火系统的控制阀;

(13)使用压缩空气对固定灭火系统管系进行通畅检验。

5. 每 5 年检验项目

(1)对空气呼吸器的所有钢瓶进行水压试验;

(2)对固定灭火系统的控制阀进行内部检验。

三、救生艇的维护保养与检查

1. 使用准备状态

在船舶离港前及在整个航行期间,救生艇必须处于正常工作状态,并立即可用。

2. 维护保养

(1)应备有救生艇维护保养须知,并应进行相应的维护保养。

(2)如果船上计划维护保养表包括救生艇维护保养须知,那么可用船上计划维护保养表来代替救生艇维护保养须知。

(3)吊艇索的保养:

①降落救生艇所用的吊艇索的两索端应互相调头,间隔不超过 30 个月;若由于吊艇索变质而需要换新时,或在不超过 5 年的间隔期内(取其较早者),应予换新。

②若不采用上述的“两端调头”的方法,而是定期检查吊艇索,任何时候发现吊艇索由于变质而需要换新时,或在吊艇索使用不超过 4 年的间隔期内(取其较早者),予以换新,则主管机关也应予认可。

(4)备件与修理设备:

救生艇及其易损或易耗而需要定期更换的部件,应配有备件与修理设备。

3. 检查

(1)每周检查：

①船上的所有救生艇及降落设备应进行目视检查，以确保其立即可用。

②只要环境温度在起动和运转发动机所要求的最低温度以上，救生艇的发动机都应进行运转试验，时间不少于 3 min。在这段时间内，必须证实齿轮箱和齿轮箱传动系统运行正常。

③通用应急报警系统应进行试验。

(2)月度检查：

①每个月都应该对救生艇进行彻底的检查，包括救生艇的属具和备品，以确保完整无缺，并处于良好状态。检查报告应载入航海日志及检查和维护保养记录簿。

②对于金属箱柜装、塑料桶盛装的淡水，每个月更换一次。

(3)救生艇内的食品每半年抽查一次，如果发现有变质、发霉的，应该全部换新。

(4)每年将救生艇表面油漆一次，使其表面颜色新鲜，标记清楚。

(5)每年船舶进厂修理时，都要对救生艇的浮力等进行必要的检测和试验。

四、救生艇日常维护保养和检查的工作内容

救生艇的维护保养和检查直接关系到救生艇的使用效果，因此也直接关系到船舶遇险后船员的生命安全能否得到保障。虽然日常保养和检查工作中，主要由三副负责具体的工作，但是对于艇机的保养和检查，由船上的三管轮负责；船长、大副应积极参与救生艇的检查和保养，督促和指导三副的工作；船公司也应从安全角度出发，加大对救生艇的保养和检查工作的监管力度，确保救生艇状态完好，满足要求。

(1)必须保证救生艇的结构、部件、设备和属具处于完好和随时可用状态。

(2)制定和张贴“救生艇放艇操作方法”，要定期对全体船员进行救生艇使用的培训。

(3)每个月都检查救生艇的结构水密情况，艇壳有无变形、裂纹，空气浮箱是否正常，吊艇钩和基座、连接螺丝等是否严重锈蚀。

(4)每个月检查“救生艇放艇操作方法”以及有关的张贴物有无丢失、破损或模糊不清。

(5)按照配备规定，每个月检查救生艇属具是否丢失或损坏。对有使用期限的食品、淡水、药品及救生信号等应特别注意检查是否处于有效期内，还应检查各属具的标记是否明显清晰。

(6)每个月检查吊艇架的活动部件是否活络，有无锈蚀或油漆卡死的现象，检查吊艇钢丝有无断丝、润滑油是否硬化、艇架限位开关是否正常，并检查动力装置与手动艇装置之内的连锁保护装置是否正常。

(7)要定期试验、维修、保养艇机及其属具。

(8)每个月针对机动救生艇检查发动机的起动、运转，离合器的闭合、脱开、正倒车等

动作是否正常。

(9)每个月检查吊艇架机械系统是否正常。

(10)每个月救生艇应扬出舷外,放至干舷,船员就位,并清点属具;每三个月救生艇应脱钩降放入水一次,并进行操艇训练。上述演习进行后要记录在“航海日志”“轮机日志”“船舶演习记录簿”上。

(11)对救生艇设备及属具,要经常整理及保养,如有损失或过期失效,应及时报告公司申请补充及换新。

(12)救生艇架、钢丝和滑轮等活动部件应每三个月检查、除锈、油漆和加润滑油一次;吊艇钢丝按时间调头或换新,该项工作必须有记录。

(13)检查和保养的结果应记入“救生设备维护保养手册”中,船员无法消除的缺陷应由三副填写“消防、救生设备缺陷报告”,船长签字后上报公司。

五、救生筏的检查与保养

SOLAS 公约要求,船上所有的救生设备都要制订维修保养计划,对救生设备要建立周期性检查维护的制度,使船上的所有救生设备都始终处于立即可用的良好技术状态。救生筏的检查保养工作有:

(1)每周对救生筏及其存放和降放设备进行目视检查,以确保立即可用,并要做好记录。

(2)每个月要对救生筏存放架上的快速脱钩、固定索具、首缆、绳塞、连接卸扣、救生筏容器上的封条检查一次,发现有损坏的或不是处于立即可用的状态,应该立即修复,使之处于良好的技术状态,并要做好记录。

(3)救生筏检修的时间间隔不超过 12 个月,经主管机关同意的可以展期到 17 个月。

(4)救生筏的检修,必须到主管机关认可的检修站检修;或者由主管机关考核认可的持证人员在船上按要求对救生筏进行检查。检修的主要项目有:筏体的表面质量(粘贴不牢固、破损等)检查,盛装筏体容器的检查,对筏的舾装件的检查,救生筏属具备品的清点、检查,对充气钢瓶、启动撞针、任何一个零部件、任何一个舾装件、任何一件属具备品的检查;发现短缺、损坏、霉变等任何不良的情况,必须补充、修理或更换,保持其处于良好的技术状态。

(5)在一般的存放和使用情况下,救生筏的筏体使用年限为 10～15 年,超过使用年限,必须更换。

(6)如果静水压力释放器在船上可以自行调换,船上要有合格的备件,使用到期后,要及时更换。

(7)静水压力释放器(除可自行调换的外)检修的时间间隔为 12 个月,经主管机关认可的可以展期到 17 个月。

(8)救生筏的容器表面绝不可以涂漆,容器上标明的标志、技术数据一定要清楚明显。在容器上不可以额外加盖，不可以额外再添加固定索具。

第四节　舷梯的收放、日常检查与保养

舷梯是供船员及其他人员上下船的通道。船舶靠泊码头或锚泊时，它通常用于人员登、离码头，上、下小艇。

一、舷梯的结构

舷梯（图 6-7）的主要结构为两块夹板，中间安装梯阶（俗称踏板），舷梯的上下两端各装置一小平台。上端平台的里端用铰连接的方式固定在船壳上，下端平台（或称下踏板）靠近梯阶一端用轴分别安装在护夹板上。另一端安装了与下平台同宽的滚轮，能与护夹板下滚轮保持同一平面，当舷梯触地时，船舶由于某些原因导致移动，舷梯也能跟随移动，防止损坏。

沿舷梯两边和上、下平台外缘安装有高约 1 m 的金属支柱（俗称栏杆），舷梯的支柱有的用凸凹槽，旋转固定，有的用铰链固定安装在护板上。柱与柱之间连接用作为扶手的绳索或细铁链。

(a)

(b)

图 6-7　舷梯

二、舷梯的收放

1. 放舷梯

(1)接通电源；

(2)检查船舷外有无障碍物，吊臂、滑轮、钢丝绳是否活络，有无损伤；

(3)将旋转盘下撑挡放妥,操纵控制器按钮,稍稍收紧吊梯钢丝绳,松开所有的固梯钩,然后慢慢松出钢丝绳,将梯子放平;

(4)竖起支柱或插好支柱;

(5)安装好两边扶手,将梯子的下平台放到一定角度,插妥横销,放妥梯子,放平下平台便于人员上下舷梯,然后穿妥扶手索;

(6)系浮筒时应先将安全网系妥,靠码头时应在梯子放妥后再装上安全网;

(7)由一人指挥、一人操纵控制器,将舷梯松放到适当位置,插上保险销,关掉电源,收好控制器,系妥扶手索;

(8)调整好吊梯索,使其不妨碍人员上下舷梯;

(9)检查梯口的救生圈是否符合要求。

2.收舷梯

(1)接通电源,拔下保险销,检查梯子附近有无障碍物、回收舷梯是否安全,卸下安全网,将舷梯绞平;

(2)将下平台横销拔出,将其放平,插上横销,收回扶手索,将支柱放平或拔下;

(3)慢慢将舷梯外缘绞收上翻贴近船边;

(4)舷梯到位,将所有的固梯钩挂好,收紧;

(5)切断电源,整理附件,收妥。

三、舷梯的保养

(1)应经常保持舷梯的清洁,各金属部分如支柱、链条、梯阶、滑车、平台等需及时除锈和油漆,滑轮铰链等部位应经常加油润滑;

(2)防止超重、碰击或扭曲舷梯,舷梯上不许放置沉重的物品;

(3)在舷梯与船舷之间要有护舷物;

(4)如支柱卸下时,应将支柱沿扶手绳合并在一起,用索端将其捆好,存放在库房内;

(5)按航行状态吊绑舷梯时,务必收妥吊柱滑车组,并将吊柱固定牢靠。

四、工作软梯

与引航员软梯相比,用圆形梯棒制成的工作(软)梯轻巧方便,非常适合船员进行舷外作业时用,如观看吃水、临时性修理、临时上下交通艇等。工作软梯通常也由船员自己扎制。取一根直径 24～28 mm 的白棕绳,长度取空船干舷高度的两倍再加 1 m,将其对折起来,在对折处用扎绳结扎一套环,扎时使用油麻绳,一绳头夹入两边绳之间,再将两边绳扎在一起,紧密、整齐地扎上 10 圈左右,然后在两边绳之间穿绕两周,并在这两圈上打一平结,收紧即可。套环扎好后,把左右两绳用力扭直,使扭劲完全松去,再从套环顶端量起,每隔 35～40 cm 相等距离,在左右两绳上做上记号,将梯棒插入做记号的绳股中。插法是棒的右端穿一股,左端穿两股,穿第二棒时则右端穿二股,左端穿一股,交替进行，使左右两绳保持平衡及长短一致，这样扎成的软梯棒两端连同其上下方的梯绳一并紧密绑扎固定在一起。所有梯棒全部扎好后，左右两绳头各插一套环，并使套环顶端至梯棒的距离不小于一个梯档的距离。工作软梯如图 6-8 所示。

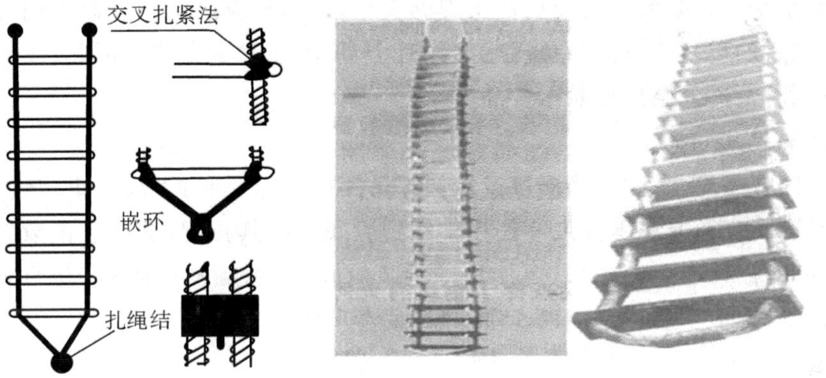

图 6-8　工作软梯

工作软梯在投入使用前还需在其两只绳头套环上各插接一根长度约为 3 m、直径为 24～28 mm 的白棕绳。收藏时应从梯绳对折处的套环开始，将工作(软)梯卷起来，再用插接的白棕绳将卷好的软梯卷扎起来。

第五节　水舱的测量方法

在国际贸易中，重量鉴定结果直接关系到契约各方的合法权益和经济责任。水尺计重作为一种科学的重量鉴定方法，已为国际上所公认。在水尺计重时，船用物料的测定对水尺计重结果准确性的影响很大。而在船用物料的构成中，压舱水又占了很大的比例。很多人认为测定压舱水深是一件很容易的事情，没有引起足够重视。但在实际操作中，由于种种原因会导致测量压舱水深产生偏差，从而使最终计算结果产生较大误差。因此，在进行水尺计重时，如何准确测定压舱水深极其重要。

1. 选用合适的测量工具

有的船上提供的测量工具已经经过改装，数值已经失真；还有的船上用自制棉绳测量压舱水深，棉绳容易吸水，读数相当困难。所以在测量压舱水深之前应检查一下测量工具，应使用具有合格证且在有效期使用范围内的卷尺、绳尺或铜折尺，并且用卷尺对测量工具进行对比矫正。遇到测量管弯斜，应使用卷尺头部不长的尺锤。

2. 避免漏测压水舱

测量水舱之前，先了解水舱数量及名称，并通过容积图和舱容表加以核实，做到心中有数。

3. 避免移动吊杆或开关舱盖等

移动吊杆或开关舱盖等机械激烈运动势必引会起船体晃动，使船体纵倾和横倾时刻发生变换，而测出的水深纵倾和横倾校正失去依据。因此，在测量压舱水深时，船上应停止一切作业，禁止移动吊杆或开关舱盖等机械激烈运动。

4. 避免泵进或泵出水

水尺计重是通过装或卸货前后两次观测水尺，计算相应排水量并修正，扣除压载水、淡水、燃料油后的重量差值。测量压舱水深时，水尺不能发生变化。因此，在测量压舱水深时，严禁同时泵进或泵出压舱水。

5. 操作要规范

有些木匠在测量水深时，当测量卷尺头部尺锤接近舱底时，下尺很重，从而使水花上溅，容易使读数偏大；有些木匠尺锤还没接触到舱底就将其拉起，从而使读数偏小。当尺锤接近舱底时，放尺速度要减慢，要使尺锤触及舱底，尺锤触及舱底时，会明显感觉到撞击或听到撞击声，但不应将尺放松，不使绳尺或卷尺弯曲。

6. 读数要准确

测量完水深读数时，避免将米数、分米数或厘米数读错。有时也许尺带不清或粗心大意，将读数读错。在看完数值后应习惯性地前后一米、一分米或一厘米再核对一下。尺上水痕不清时，需擦干及抹上白粉或试水膏使其易于观测，但可能会犯这样的错误：仅仅看到变色的头部而断然读数。因为有可能白粉或试水膏还没涂抹到，应使水痕位于白粉或试水膏涂抹中，并且再看看前面有没有水渍。

7. 水舱水从测量管溢出时应适当处理

有些人认为水从测量管溢出来就认为是满舱，其实这是不正确的。因为船体很容易处于倾斜状态，如果测量管的高度低于该舱顶部高度，即使测量管的水冒出来，但是该舱的顶部没水，因此不能说是真满，应该加长测量管设法测出实际水深并进行纵倾校正。如无法测出实际深度，应建议泵出部分水，使水深能够正常测量。

8. 压载水舱存在压缩空气时测量注意事项

如压载水舱前部没有空气管，压载水接近满舱，船舶尾倾时，在压载水舱内可能存在压缩空气。压缩空气的存在，会造成测量结果出现异常。因此，如存在压缩空气，应泵出舱内的部分压舱水，直至压缩空气被释放，然后再进行测量和计算。

9. 压舱水深测出为零，舱内并非无水

实际上，船体一般处于纵倾状态，测量管位置处于高位，没有测出水深但并不代表低位没有留存水。所以建议在排压舱水时无需将压舱水全部排出，至少在测量管位置能够测出液位高度，这样计算出来的结果准确。

10. 准确记录

由于有的船水舱较多，容易将左舱记录记到右舱，或将边舱记录记到深舱，因为各舱的容积和结构并不相同，一旦记错，以后计算压载水容积也会产生错误。所以记录的数据一定要清楚端正、对号入座。

水舱测量记录表如表 6-1 所示。

表 6-1　水舱测量记录表　　　　　　日期：

舱名	高度	体积	舱名	高度	体
首尖舱					
首压载左			积首压载右		
NO. 1 底舱左			NO. 1 底舱右		
NO. 2 底舱左			NO. 2 底舱右		
NO. 3 底舱左			NO. 3 底舱右		
NO. 4 底舱左			NO. 4 底舱右		
NO. 1 边舱左			NO. 1 边舱右		
NO. 2 边舱左			NO. 2 边舱右		
NO. 3 边舱左			NO. 3 边舱右		
NO. 4 边舱左			NO. 4 边舱右		
NO. 1 尾压左			NO. 1 尾压右		
NO. 2 尾压左			NO. 2 尾压右		
			压载水合计		
淡水舱左			淡水舱右		
			淡水合计		

第六节　常用绳结的系结方法、缆绳和钢丝绳的插接方法

一、绳结的基本知识

为方便说明打绳结的方法，应了解绳结的基本知识（图 6-9）。

1. 绳头

打结操作时，绳子的一端用来打结、穿绕的部分，习惯上称为绳头。打绳结时通常右手握绳头。

2. 绳根

与绳头相对，在打结中不动的部分（被穿绕的部分）称为绳根，有时也叫绳干。

3. 绳环

将一端绳头回弯成 180°，与绳根基本平行、不相交。

4. 绳圈

将绳子弯成绳环后，绳头与绳根相交。

5. 半结

半结是在进行许多绳结作业中最简单的结。绳头绕过绳根后从绳圈中穿出。

6. 活结

半结的绳头不穿过绳圈，而是将绳头留长，折返成双，用这双绳穿过绳圈收紧并留下绳头。拉拽活头，绳结即可以松散解开。

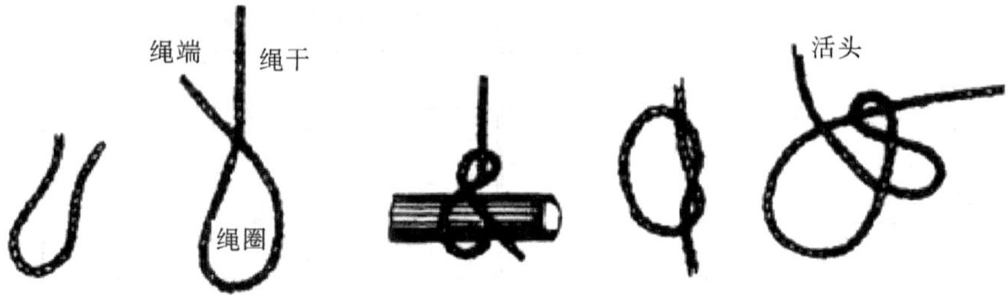

(a)　　(b)　　(c)　　(d)

图 6-9　绳结的基本知识

(a)绳环；(b)绳圈；(c)半结；(d)活结

二、纤维绳绳结

纤维绳绳结有很多种，本节介绍船上常用的、值班水手必须掌握的 20 多个绳结。

纤维绳绳结的编结要领在于：实用、牢固、压绳头、不滑脱，编解方便，针对工作要求，尽量考虑美观。

1. 平结

形式与用途：两根粗细相似的短绳相接，一般用在不经常解开的地方。

打法：两手各握一绳头，先打好一个半结，然后将两绳头并拢再打一个半结，收紧即成，如图 6-10 所示。

注意事项：平结打好后，绳端与绳根穿出的方向应一致。

2. 缩帆结

形式与用途：两根粗细相似的短绳相接，用在经常解开的地方。

特点：易解开，使用方便，但不如平结牢固。

打法：与平结打法基本相同，只要在打第二个半结时留出一个活头，收紧即成，如图 6-11 所示。

注意事项：绳结打好后留出的活头不应太短，以防松散。

3. 丁香结

形式与用途：将绳索固定在圆柱形物体上。

打法：将绳头由里向外绕物体一周，压住绳根，再将绳头绕物体一周并穿进第二道绳圈内，收紧即成，如图 6-12 所示。

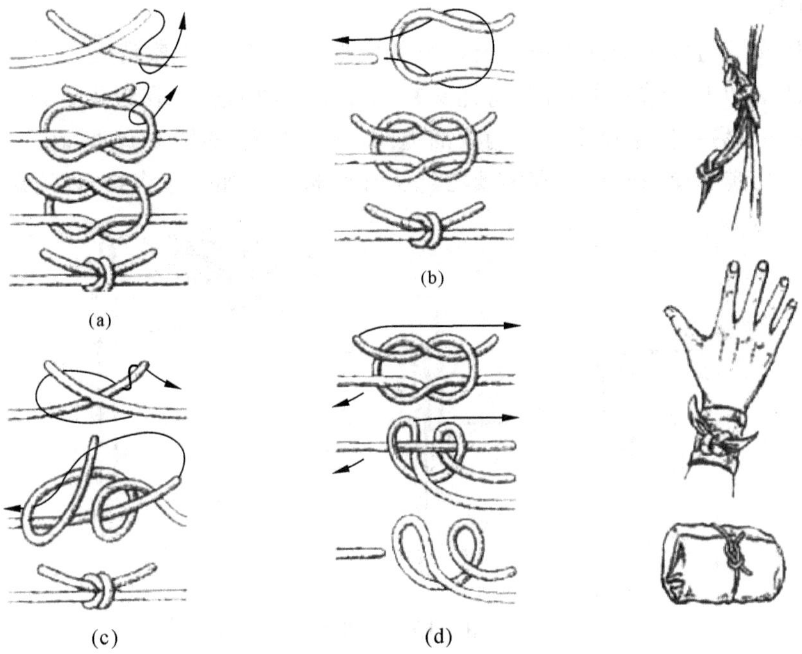

图 6-10　平结

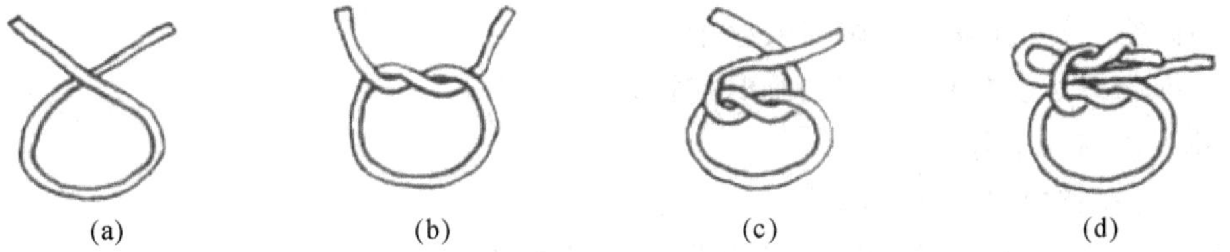

图 6-11　缩帆结

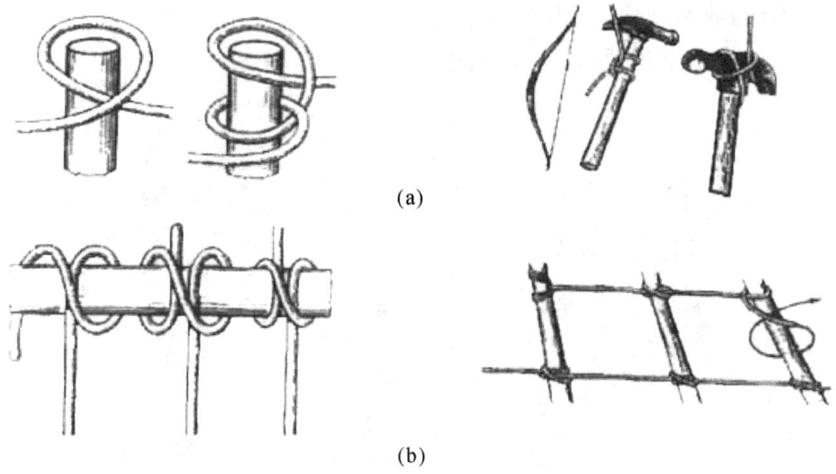

图 6-12　丁香结

4. 鲁班结

用途：用在受力较大的地方或吊升木材等圆形物体，防止绳索滑脱。

打法：此结和丁香结基本相同，将绳头在物体上绕两周后压在绳干上，再将绳头绕物体一周从绳干的另一侧穿过第三次构成的绳圈，收紧即成，如图 6-13 所示。

注意事项：实际使用时可根据需要将绳头在绳根上再加一个半结，以确保牢固。

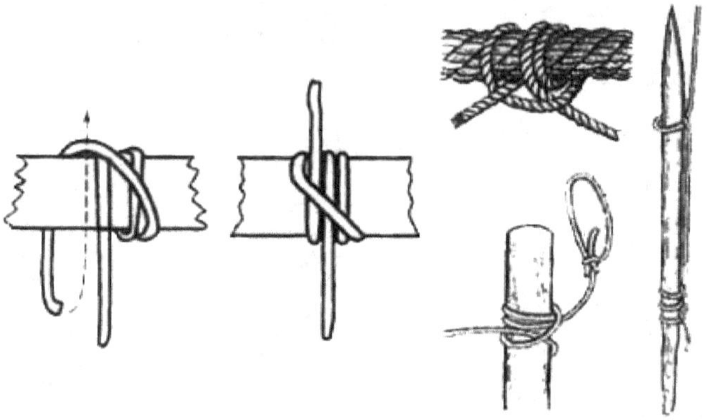

图 6-13　鲁班结

5. 单套结

用途：此结在船上用途很广，例如：

(1)高空、舷外作业时作临时安全带；

(2)绳与绳、绳与眼环之间的临时连接；

(3)用作临时眼环；

(4)作为临时琵琶头带缆。

特点：打法简单、迅速、牢固，能单手打结，容易松解。

打法：在离绳头一定距离处打一半结，拉紧绳头使绳根形成一个绳圈，将绳头绕过绳根，回穿进绳圈内，收紧即成，如图 6-14 所示。

注意事项：绳头不宜过短，以防受力后滑脱。

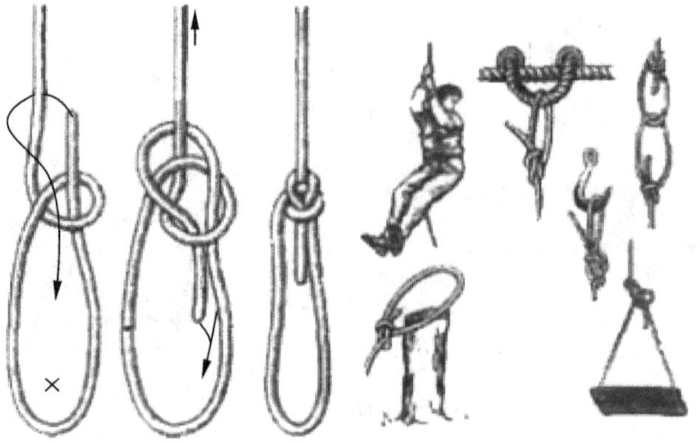

图 6-14　单套结

6. 单索花

形式：两根不同粗细的绳索相连接或绳索连接眼环。

特点：能将大小或粗细不同的绳索相连接；松解方便，但牢固性较差。

打法：将绳头穿过眼环一周，再使绳头穿过绳根，收紧即成，如图 6-15 所示。

注意事项：留出的绳头不宜太短，以防松散或滑脱。

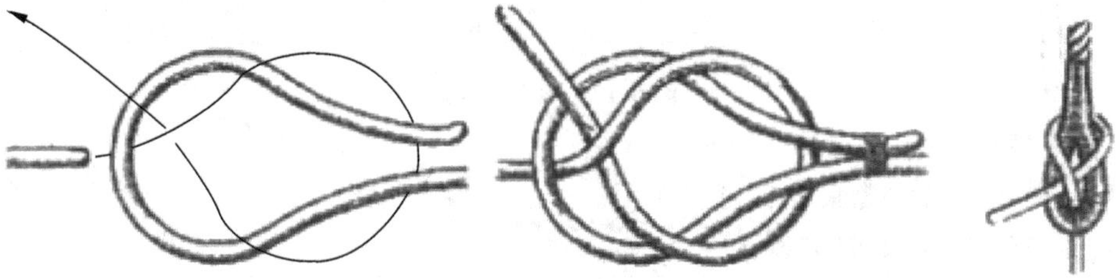

图 6-15　单索花

7. 双索花

用途：与单索花基本相同，一般用在受力较大的地方，如上高绳连接座板绳。

特点：能将粗细不同的绳索相连接或绳索连接眼环。

打法：在单索花的基础上，再将绳头绕眼环一周穿过绳根收紧即成，如图 6-16 所示。

注意事项：用在上高绳连接座板绳时绳头须留长一些，以防松散或滑脱。

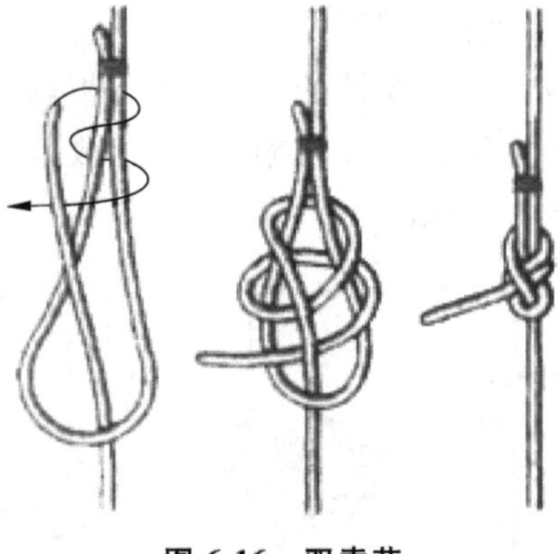

图 6-16　双索花

8. 系缆活结

用途：固定双系缆桩上的钢丝缆，防止钢丝弹出。

特点：系结简便，松解迅速方便。

打法：将小绳折成双股。自上向下数，在第三道钢缆的下方由内向外穿出，将 A 端绳头做一活头穿过绳环，收紧 B 绳头做一活头穿过 A 端绳环，收紧 A 端绳头即成，如图6-17所示。

注意事项：一定要扎在第三道钢丝缆下面，并保持活头。

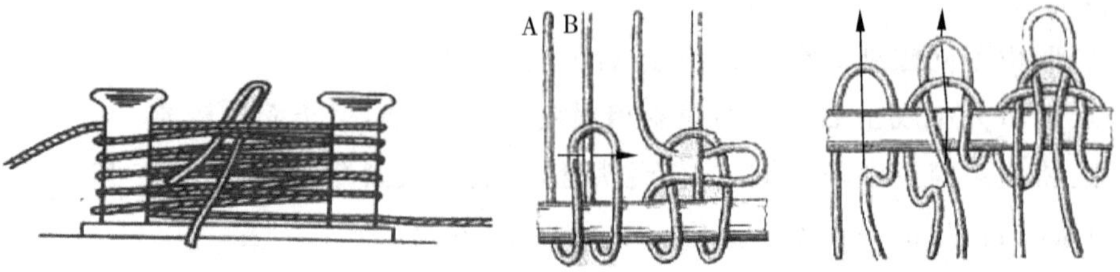

(a) (b) (c)

图 6-17 系缆活结

9. 撇缆活结

用途:撇缆绳与大缆眼环临时连接用。

特点:系结迅速,牢固可靠,松解方便。

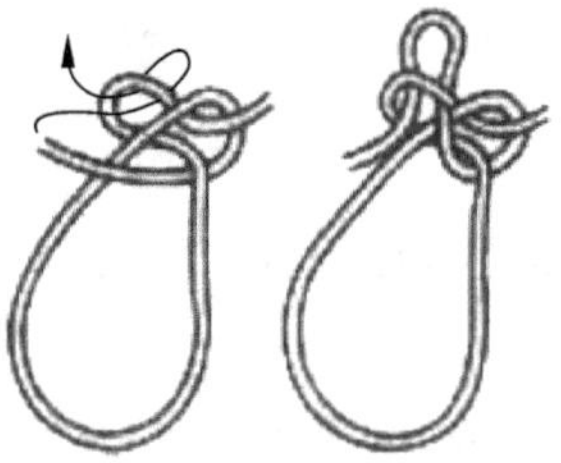

图 6-18 撇缆活结

打法:将撇缆绳绳端穿过大缆眼环后,在撇缆绳尾部做一眼环,再将撇缆绳绳端绕眼环一周并做一活头穿过下面的绳圈后塞进眼环,收紧绳根即可,如图 6-18 所示。

注意事项:此结一定要留活头,留出部分不宜太短,以防松散。

10. 架板结

用途:舷内、舷外作业时搭架板用。

特点:此结牢固,能使跳板保持平衡。

打法:把架板绳的中部放在架板横挡的内侧,将架板两侧的绳索在横挡下方交叉绕过再回到架板上,将横挡内的绳松长并套在架板头上,收紧两侧绳索并各做一半结套在两侧横挡上收紧即可,如图 6-19 所示。

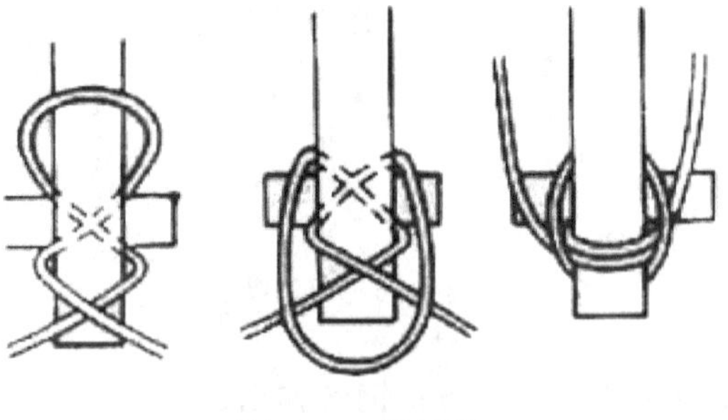

图 6-19 架板结

注意事项:绳索须收紧,两个半结方向应一致。

11. "8"字形结

用途:将绳索穿过圆形孔洞,防止滑脱。

特点:打法简单,使用牢固,松解方便。

打法:将绳头压住绳根构成一个绳圈,并用绳头绕绳根一周再将绳头穿回绳圈内,收紧即成,如图 6-20 所示。

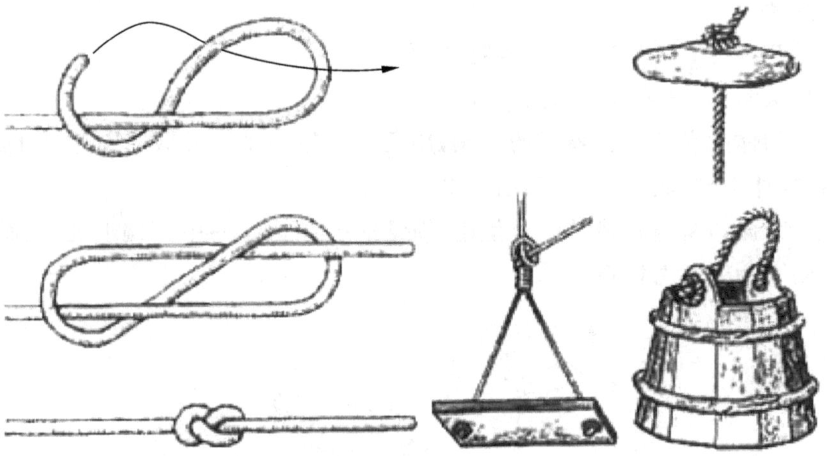

图 6-20　“8”字形结

注意事项：绳头不要留得太短，以防受力后松散滑脱。

12. 圆材结

用途：拖曳、升降圆柱形物体或小桶。

特点：此结受力后不易松散，容易解开。

打法：将绳头绕物体一周，然后穿过绳根，再在绳根上绕 2～3 圈收紧即成，如图 6-21 所示。

注意事项：在绳根上绕圈时，一定要绕在绳身一端。

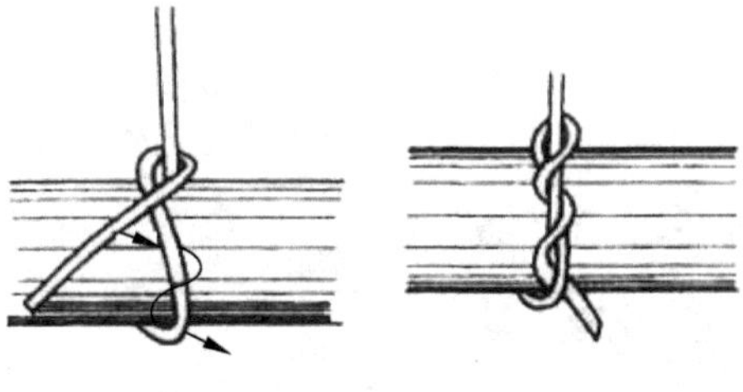

图 6-21　圆材结

13. 扎绳头

用途：防止绳头散开。

特点：迅速，不易散开。

打法：左手握住被扎绳使绳端朝右，将绑扎小绳的两个绳头叉放在被扎绳端部，A 端绳头在下，B 端绳头在上。然后将 A 端绳头的后部由里向外，从右向左在被扎绳端上绕 8～10 圈，最后收紧 B 端绳头即成，如图 6-22 所示。

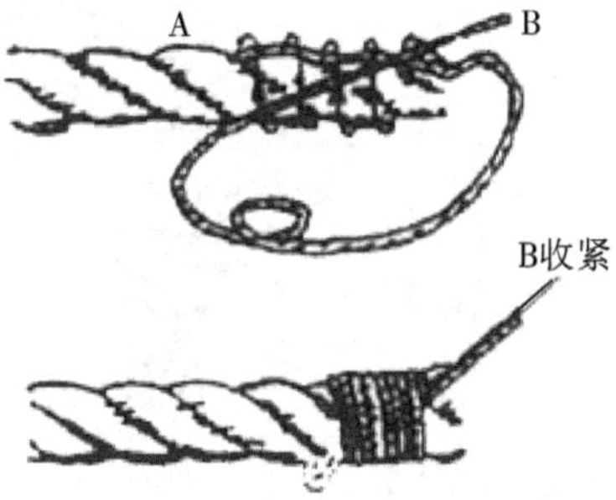

图 6-22　扎绳头

注意事项：缠绕时应整齐、平行、紧凑，B 端绳头应收紧，最后把多余绳头割掉。

14. 立桶结

用途：吊装各种无耳环的桶、罐等物体。

特点：打法简单，吊装方便，易打易解。

打法：将物体的底部压在绳索的中段，用两绳头打一半结并收紧至物体上部，再将半结分开套在物体上部，收紧即成，如图 6-23 所示。

注意事项：此结常与杠棒结配合使用，绳结应打在物体的中部偏上处，两根绳头受力要均匀，以防止物体左右摇摆。

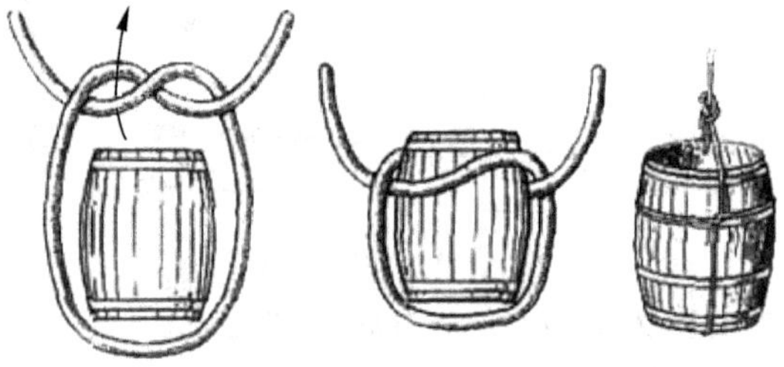

图 6-23 立桶结

15. 拖木结

用途：吊拖较长的木材及其他圆柱形物体。

特点：此结基本同圆材结，加半结后更加牢固。

打法：打好圆材结后，用绳根在物体另一端做一半结，套进物体，收紧即成，如图6-24所示。

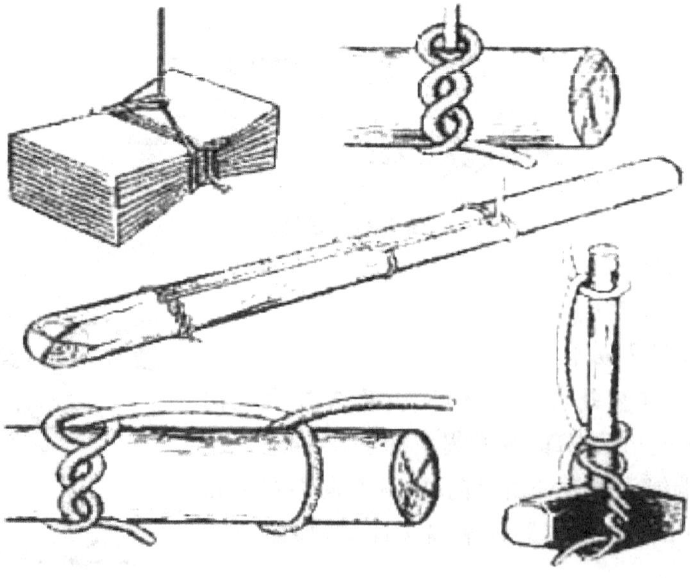

图 6-24 拖木结

16. 双套结

用途：短时间高空或舷外作业时用作临时座板。

特点：此结牢固，但作为座板使用时较困难。

打法：把绳子折成双股，然后将双股绳构成一个绳圈（与单套结的第一步打法相似），再将双股绳头由下向上从绳圈中穿出，以张开的绳圈从上往下套过双股绳圈，然后向后翻上，收紧双股绳圈即成，如图 6-25 所示。

注意事项：此结用作临时座板时，将结的两个绳圈分别套在操作者的大腿上，绳结位于操作者的胸前，再用一根保险绳，以保证安全。

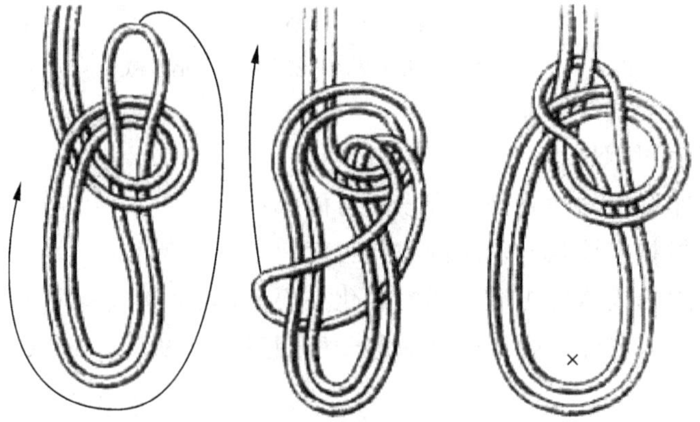

图 6-25　双套结

17. 化纤缆止索结

用途：船舶靠、系泊时临时止住缆绳的滑动。

特点：此结受力强，止滑作用大。

有两根止索绳时的打法：将两根止索绳在化纤缆上向缆绳受力方向上下交叉缠绕 5 道以上，接近止索绳尾部时两根止索绳并拢扭紧，抓牢即可，如图 6-26 所示。

只有一根止索绳时的打法：将止索绳自缆上方绕缆绳一周后，向缆绳受力方向连同止索绳下部紧密缠绕 5 圈以上，抓牢止索绳尾部即可。

注意事项：因为化纤缆数量和种类的增加及其强度的巨大，使得在将系缆“打住”时使用适当的缆绳制动索显得至关重要。

图 6-26　化纤缆止索结

实践表明，理想的制动索（图 6-27）应满足下列要求：

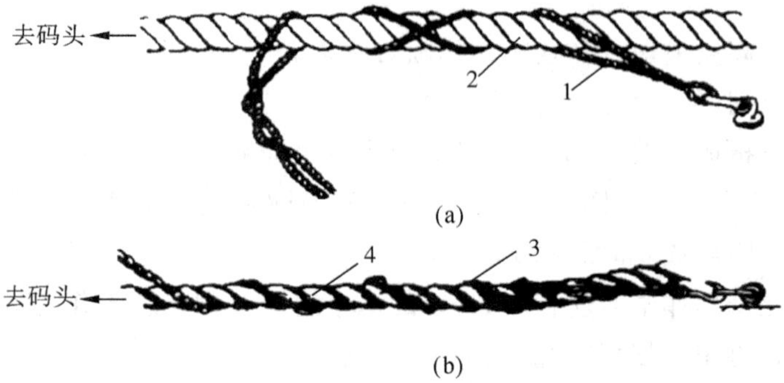

图 6-27　制动索

1—制索绳；2—化纤绳；3—制索链；4—钢丝缆

(1)制动索应是合成纤维绳；

(2)制动索应使用“双股”；

(3)制动索应非常柔软而且规格应该尽可能小；

(4)制动索的材料应该具有较小的拉伸程度；

(5)用于制动索的人造纤维绳材料的熔化点要高，如聚酯或者尼龙；

(6)用于制动索双股绳的合成强度应等于所用系缆破断负荷的 50%。

18. 绳锥结

用途：常用来吊运传送各种小工具(手锤、油漆刷、扳手等)给在桅上或舷外的工作人员。

特点：打法简单，使用方便。

打法：在绳索上打一个绳圈，然后将工具放在绳圈上做成的眼环里，收紧绳索即成，如图 6-28 所示。

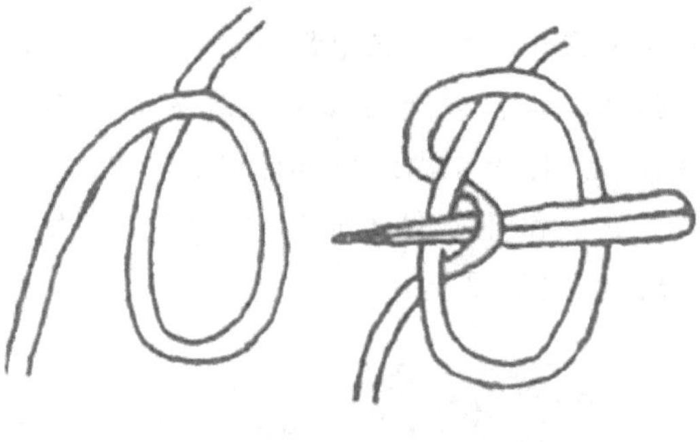

图 6-28　绳锥结

注意事项：此结应打在工具的中间，并应将出绳圈的一端作为绳索的受力松降端，以防在传送过程中松动、滑脱。

19. 松降结

用途：高空、舷外作业时，可随意控制单人座板的松降，双人架板也可用它来控制松放。

打法：先将高空作业用的绳索一端在单人座板上打好双索花结后留出绳端约 2 m 长，另一端从单人座板 4 根小索的中间拉出后向上方，用绳端把 3 根受力的绳干用丁香结缠绑，余下的绳端用作座板腰绳，如图 6-29 所示。

注意事项：此结使用时，应打准确，绳端须留足，以防受力后因绳头太短而松散。

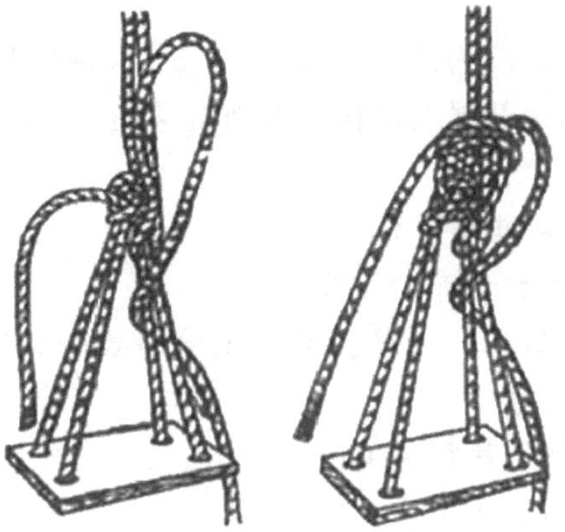

图 6-29　松降结

二、救生索编中结

用途：编在救生索上，便于船员借助救生索登艇。

编法：如图 6-30 所示，自救生索索眼顶端从上往下，每 50 cm 做一记号。备好编织绳两根，长度 60 cm，粗细为救生索直径的 1/3，两端用帆线扎紧。用木笔在救生索记号处穿过，将两根编结绳分插在救生索上，成为 4 根绳股，其长度一致，编结方法同扶索结，只是扶索结为 3 股，而救生索编中结为 4 股。

(a)　(b)　(c)　(d)

图 6-30　救生索编中结

三、化纤缆插接

1. 化纤缆插接工具

木笔、木槌、帆线、油麻绳、胶带、水手刀、皮尺、电烙铁。

2. 插接前的准备工作

将缆绳自绳端处散开，长度为缆绳周长的 4～5 倍，将散开的绳头用胶带缠紧并用烙铁烫成圆锥形便于穿插，将散开绳股的根塑麻绳缠紧防止松散。

3. 安全操作注意事项

(1)插接前必须做好各项准备工作。

(2)必须穿好工作服，不允许赤膊作业。

(3)正确使用木笔、木槌，防止工伤。敲打木笔时要防止槌头脱落伤人，尤其是两人合作操作时，应成"T"字形站立。

(4)使用电烙铁时，应严格执行有关用电规定。

(5)整理场地，做好清洁卫生工作。

4. 化纤双股插索眼(琵琶头)

用途：作带缆索眼用。

插法：量出索眼的大小和下笔的位置并做一记号。带缆用索眼的周长一般为 4～5 m。

将散开的绳股分成四组，搓向一致的 1、2 组放在一边，搓向一致的 3、4 组放在另一边。把 1、2 组压在被插接绳与 1、2 组搓向一致的绳股上同时穿出。再把 3、4 组压在被插接绳子与 3、4 组搓向一致的绳股上同时穿出，也就是搓向一致的插接绳与搓向一致的被插接绳同孔穿出，如图 6-31(a)所示，这就是起头。

将索眼翻转 180°，将 1 组插接绳沿其下面的被插接绳向前插一股，再将第 3 组插接绳沿其下面的被插接绳向前插一股。第 2、4 组按上述方法同样穿插一次，这时才算插完一花，如图 6-31(b)所示。

照上述方法四组插接绳再插二花，便完成了三花的插接。用木槌将插接处敲打平整，用胶带将每组两根绳头缠紧，剪齐熨平即可，如图 6-31(c)所示。

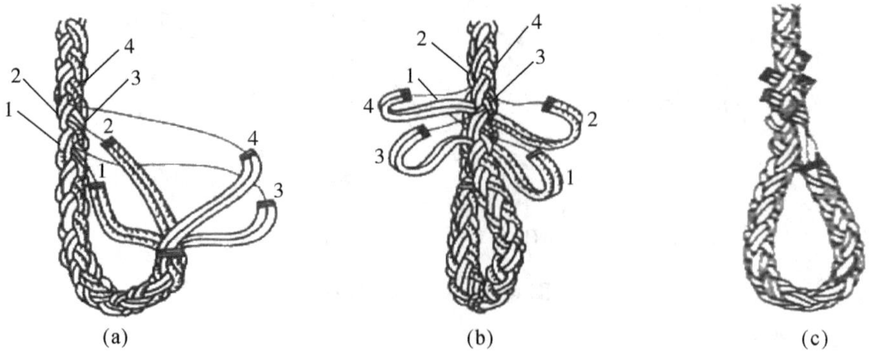

图 6-31 化纤双股插索眼(琵琶头)

5. 化纤缆单股插索眼（琵琶头）

用途：作系缆索眼用。

插法（图 6-32）：起头与双股插索眼相同，然后把第 1 组插接绳中的两股分别成反方向插入第 1 组插接绳下面的两根被插接绳中，再把第 2 组插接绳向左，按第 1 组方法插入与第 1 组相邻的被插接绳中。把索眼翻转 180°，第 3 组同第 1 组一样，插入被插接绳中，第四组插接绳向右，按第 3 组方法插入与第 3 组的相邻的被插接绳中。一花插完，按上述方法，各组插接绳分别再插二花，共插三花。由于每组插接是单根插入被插接绳中的，因此称为单股插接。

当三花插完后，四组插接绳的长度参差不齐，因此以插接距离最长的为基础，将其他二花补齐。该做法的目的：增强单股插强度，使单股插更为整齐、美观。最后用木槌将插接处敲打平整，将相邻两根单头用胶布缠紧，剪齐熨平即可。

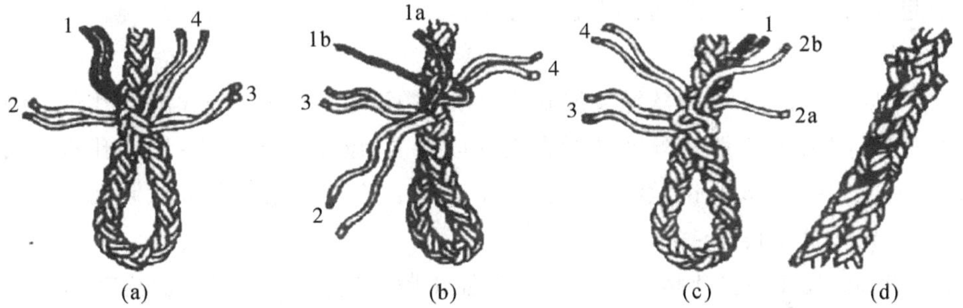

图 6-32　化纤缆单股插索眼（琵琶头）

四、钢丝绳插接概述

钢丝绳插接是船上甲板作业中经常进行的一种技能操作。钢丝绳插接作业比较复杂，技艺性较强，要求插接牢固、紧密、平整、美观。

1. 钢丝绳插接工具

(1)榔头一把；

(2)铁笔两支；

(3)液压钢丝剪或电动切割机一台；

(4)钢凿或斩斧一把；

(5)卷尺或木尺一把；

(6)夹缆器一台；

(7)防护眼镜、水手手套各一副；

(8)油麻绳、棉帆线各一卷；

(9)剪刀一把；

(10)插钢丝专用凳一条。

2. 钢丝绳切割与插接安全注意事项

(1)切割钢丝绳前，必须在切断处两端留出约 10 cm 的长度，并各用油麻绳扎紧，防止切断后钢丝绳股松散。

(2)切割钢丝绳时，必须戴防护眼镜，防止碎钢丝弹伤眼睛。

(3)使用电动切割机切割钢丝绳时，必须严格遵守操作规程，严防衣袖及人体任何部位被卷入砂轮之中。

(4)如不具备机械切割条件，不得已使用大锤、斩斧切断钢丝绳时，两操作者必须站成“T”形位置，不可对面站立操作，防止大锤脱柄伤人。操作时斩斧要拿稳，大锤要敲准，并注意周围环境。

(5)插接时防止铁笔滑脱，刺伤身体。

(6)在每股钢丝插入、拔出、收紧的过程中，要防止钢丝绳索股弹击伤人或戳破手指。

(7)起头后接合部必须收紧，以免影响强度。

3. 钢丝绳插接起头方法

(1)二、四起头法：6 股钢丝绳 4 股在上 2 股在下，绳芯在上，1～4 股同孔进，异孔出。

(2)三、三起头法：6 股钢丝绳 3 股在上 3 股在下，绳芯在下，1～3 股同孔进，异孔出。

(3)一、五起头法：6 股钢丝绳 5 股在上 1 股在下，绳芯在上，1～5 股同孔进，异孔出。

4. 钢丝绳常用插接方法

(1)单花插：压 1 股插 1 股。右搓绳向左压 1 股，向右插 1 股，压、插均在同一绳股上。

(2)暗双花插：压 1 股插 2 股。右搓绳向左压 1 股，向右插 2 股。

(3)明双花插：压 2 股插 2 股。右搓绳向左压 2 股，向右插 2 股。

5. 钢丝绳插接收尾方法

(1)暗双花收尾法：插接花数完成后，把其中 1、3、5 绳股切断，将 2、4、6 绳股按暗双花各插 1 笔，一共 3 笔。暗双花收尾可简单记为：丢 1、3、5，插 2、4、6。

(2)单花跑插收尾法：在单花插中，将 1、3、5 绳股连续跑插 4 花，2、4、6 绳股连续跑插 5 花。或者将 1、4 股连续跑插 4 花，2、5 股连续跑插 5 花，3、6 股连续跑插 6 花。

(3)剥皮去芯插皮收尾法(较多用于静索)：插接花数完成后，将每根绳股的钢丝外层剥开，去掉里芯，用外层插单花 2 花，暗双花 1 花，最后把里芯、钢丝皮扭断即可。

五、钢丝绳插接操作

1. 二、四起头双花插索眼(琵琶头)(图 6-33)

用途：钢丝绳端作索眼用。

(1)准备工作：在绳端 10 倍周长处，用油麻绳扎紧，将 6 股绳股松开，擦去油渍，每股绳头用棉帆线扎紧，丈量好眼环大小并做记号。

(2)起头：将铁笔在记号处插入，4 股在上，2 股在下，绳芯在上。从外向里依次 1、2、3、4 根绳股与第 1 股同孔穿进，异孔穿出，起头完成。

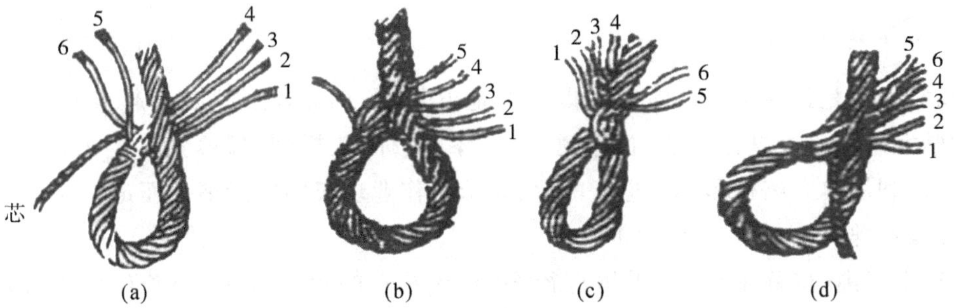

图 6-33　二、四起头双花插索眼(琵琶头)

(3)敲紧：人站立平稳，右手握住铁笔根部，左手握住 6 股钢丝并提起，用铁笔在靠近插接处的两旁用力敲紧到位。

(4)铁笔在第 4 股穿出孔插入 2 股绳股，将第 5 绳股在铁笔剖开处插入并收紧，铁笔在第 5 绳股缝中插入 2 股，将第 6 绳股在铁笔剖开处插入并收紧；铁笔在第 6、1、2、3 绳股缝中顺序插入 2 股，把第 1、2、3、4 绳股在铁笔剖开处插入，这时暗双花 1 花完成。

(5)铁笔仍按暗双花顺序继续插入，此时即改为明双花，明双花需插 2 花后收尾。最后用榔头顺序敲打平整，切断多余绳股。从起头到收尾总共 25 笔。

2. 三、三起头单花插索眼(琵琶头)(图 6-34)

用途：作静索索眼。

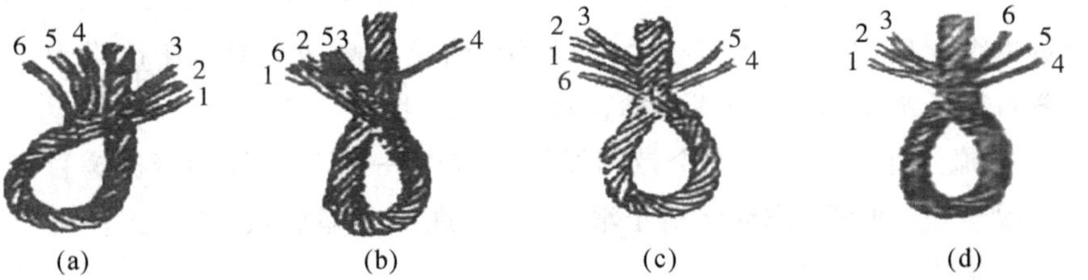

图 6-34　三、三起头单花插索眼(琵琶头)

(1)准备工作同二、四琵琶头。

(2)将铁笔在记号处插入，3 股在上，3 股在下，绳芯在下。用三、三起头法把第 1、2、3 绳股依次插入并收紧，铁笔在第 3 绳股穿出孔插入，铁笔按钢丝绳搓向转动，每转动一圈，第 3 绳股与铁笔相对剖开处插入，然后倒回铁笔，第 3 绳股同时倒回拉紧，这为插了一花。这时铁笔不要拔出，按上述方法继续插接，直到完成要求的花数即可拔出铁笔。

第七节　高空作业与舷外作业

在船体保养工作中，高空和舷外作业是经常进行的。由于作业具有一定的危险性，因此要求船员应掌握高空、舷外作业的作业技能和安全操作规程。

一、高空作业

高空作业是指在工作基面 2 m 以上的地方作业，例如，在桅杆上、起重柱上、烟囱外部、驾驶室外部等处进行的清洁、除锈、涂油漆、做标记、拆装、保养索具等工作。高空作业主要是利用单人座板和跳板进行的，具体依据作业现场的实际情况而定。

1. 高空作业使用的工具、索具

(1)上高绳(也称坐板绳)采用直径 20 mm 左右的植物纤维绳，长度为桅高的二倍以上；

(2)座板或架板；

(3)安全带和保险绳；

(4)辫子滑车(索尾滑车)，其绳孔滑轮应与植物纤维绳匹配；

(5)作业人员必备的劳保用品(安全帽、手套、防护眼镜等)；

(6)工作绳，采用直径 8 mm 的白棕绳。

2. 高空作业工作步骤

(1)将上桅作业需要的属具全部搬到桅下甲板。认真检查上高绳、保险绳、辫子滑车、座板等是否牢固，有无断裂、磨损等现象，确保所有属具牢固、安全。

(2)在桅上装辫子滑车。方法 1：上桅工作人员系好安全带和保险绳，将辫子滑车的绳索打一单套环形结，便于套在肩上背带上桅。将上高绳的一端穿过辫子滑车的轮子，上高绳穿过木滑车后，在绳头上打一个“8”形结，防止上高绳从滑车中滑出来。上桅工作人员自己背着辫子滑车和上高绳顺着桅梯爬到桅顶上。

方法 2：上桅工作人员系好安全带和保险绳，带上一根工作绳顺着桅梯直接上桅。上桅后固定好保险绳，利用工作绳将辫子滑车、上高绳吊上桅肩(由下面工作人员将工作绳一端与辫子滑车连接)。

(3)爬桅梯时必须两手抓住梯边栏柱，两眼向上，一步一步爬上去，如需在桅顶安装辫子滑车，爬到桅顶后，高的一只脚跨在梯档内，低的一只脚站在梯档外，这样就可腾出两手进行工作。工作前首先系牢保险绳，然后在牢固的地方将木滑车的辫子绳系在桅肩的栏杆上，系时则必须绕过两道栏杆后再用丁香结加半结系牢。

(4)桅上工作人员将辫子滑车上上高绳有“8”形结的一端拉到甲板上，下面的协助人员将上高绳在座板上打一双索花结与座板连接好，双索花结绳头必须留出 1.0 m 长左右，以便在座板上打松降结用，然后将座板绳双股用手抓牢，两脚踩在座板上，用力蹬几下，试一试上高绳的安全强度是否可靠，最后把座板拉到桅顶上。

(5)桅上的工作人员将上高绳的力端和根端用左手抓住的绳子就是三根了，利用打双索花结余下的 1 m 左右的绳子将左手抓住的三根绳子一起用丁香结捆绑牢，收紧丁香结(松降结)。

(6)桅上作业人员坐入座板，系好座板拦腰绳，用工作绳吊上所需要工具，就可进行工作，当工作告一段落需要往下松移座板时，先松解保险绳，将它系在低一点的位置上，然后左手握住双股上高绳，右手略松上高绳的活端，由于人的重量，座板自然向下松移，当松到所需工作位置时，把松降结收紧，工作人员坐在座板上就不会下降了。再要往下松移时，可照上述方法进行，直至松降到甲板上为止。

(7)上桅工作完毕后，解开松降结，解开双索花，拉下上高绳，将上高绳盘好，然后工作人员再从桅梯爬上桅，系牢保险绳，解开辫子滑车，利用辫子滑车辫子绳打一单套结，把辫子滑车背在身上，解开保险绳，从桅梯上下来，也可用工作绳将辫子滑车吊至甲板。最后解掉安全带，存放好各种索具、工具，清理现场。

3. 高空作业安全操作注意事项

(1)禁止在航行中进行高空作业；

(2)除特殊情况外，气象条件不良时，应禁止高空作业；

(3)高空作业必须由大副或水手长亲临现场检查，并进行指导，以防发生事故；

(4)对工作人员应进行安全操作规程教育，传授工作方法，按安全操作规程操作；

(5)进行高空作业的人员应系好安全带，系牢保险绳，戴好安全帽；

(6)桅上工作人员不准穿硬底鞋和过宽过大的衣服，以免妨碍工作，不准戴皮手套，不准穿高筒胶鞋，以免发生工伤事故；

(7)桅下协助工作的人员，必须戴安全帽，以防上面工具失落击伤头部，更不准随便离开工作岗位，集中思想上下配合工作，桅上作业所需工具必须装入桶内或工具袋内，并将桶或工作袋系在座板上，不准把工具插在腰间或装在衣袋内，以防不慎失落击伤下面人员或损坏甲板设备；

(8)上桅工作前各种属具都必须经过细心检查，尤其是上高绳有无磨损与腐蚀，木滑车、辫子绳是否牢固。

二、舷外作业(搭跳)

舷外作业，指在水线以上的船体外部作业，船员习惯称为舷外搭跳作业。

舷外作业一般在船舶锚泊或者系泊码头、浮筒时进行。船舶舷外作业除船长批准外，还应严格遵循当地有关规定，获得港口主管机关许可(目前很多国家主管机关禁止在港内进行油漆作业)后，方可进行。

舷外作业除应遵守与高空作业相同的规则外，还应做好作业人员一旦落水时的救生准备。

1. 舷外搭跳使用的工具、索具

(1)架板(俗称跳板)：木质，长 2.5～3.5 m，宽约 40 cm，厚 25 mm 以上。

(2)架板绳(俗称搭跳绳)：用直径 20 mm 左右的白棕绳，按船舶大小，船舷高低决定架板绳的长短，一般用 30 m 左右长度的绳子两根，打在架板的两端。

(3)安全带连保险绳：保险绳采用直径 12～16 mm 的白棕绳或尼龙绳。

(4)作业人员必备的劳保用品(安全帽、手套、防护眼镜等)。

(5)救生圈、救生衣等。

(6)工作人员上下的软梯。

(7)传递工具物料的工作桶(袋)和绳子。

2.舷外搭跳操作步骤

(1)将搭跳所需工具抬到工作地点,仔细检查跳板及支撑木是否牢固,架板绳有无霉点或磨损过大、断股等现象,确保跳板、架板绳安全、牢固、可靠。

(2)用架板绳中间部分在架板两端各打一个架板结。架板有支撑木的一面是反面,没有支撑木的一面是正面,架板两端打好架板结后把架板抬到船舷外,支撑木长端朝下,短端朝上,架板正面向里(朝船壳),把架板放在所需要的工作位置上,收里档绳,松外档绳,使架板的正面朝上反面朝下,并使架板放平,架板外沿可比内沿稍高一点,这样人坐上去比较舒适。然后将双根架板绳在舷边栏杆上打一架板活结。有的舷边没有栏杆只有舷墙,则可在舷墙合适位置上打丁香结加半结生根,或挽在附近羊角上系牢。总之要使绳子生根牢固,安全又便于工作。

(3)架板搭好后,操作人员系上安全带,系牢保险绳,保险绳的长度要适当,以架板到舷边栏杆间的高度为准。将保险绳的一端用单套结系在栏杆上(或舷边其他牢靠的眼环、羊角上)。

(4)如果架板放下的位置离甲板位置不太低,工作人员可跨出栏杆或舷墙,两手握住架板绳,两脚的前掌抵在船壳上,两腿稍微弯曲,臂部与足跟约齐平,手脚交叉一步一步地向下挪动,或两脚夹住绳索滑下。下到架板后,先用力蹬一蹬,试一试架板是否牢固,并使架板上的绳结受力,然后再开始工作,如果架板放得太低,可放下软梯,由软梯下到架板。

(5)当工作人员在架板上站好或坐好后,甲板上的协助人员把工具放在工具袋内或铁桶中,用小绳吊到离甲板适当高度将小绳绑好,以便架板上的工作人员取用。

(6)工作完毕后,甲板上的协助人员先把工具吊上来。如架板位置离甲板适宜,架板上的人员可用两手抓住架板绳,顺绳爬上甲板,姿势与下架板同。如甲板与架板间距离较大,可顺软梯爬上,上下软梯时,双手握住软梯的一边绳索,一脚放在里档,一脚放在外档,以免软梯摇摆不定。

(7)工作人员上来后先脱掉安全带,解开保险绳。由二人同时用双手拉起外档架板绳将架板拉上甲板,解清绳结,整理绳索,把全部工具和索具放回原处。

第八节 撇缆的方式

船舶系靠码头时,必须将缆绳系在码头的缆桩上,然后将船绞进并靠拢码头。如没有小艇协助传递缆绳时,就必须依靠撇缆绳来引送大缆。因此,撇缆操作必须迅速、准确,撇得远,撇得准,成功率高,特别是在气象、外界条件不利时,尽早带上缆绳对保证船舶操纵的安全便利格外重要。

撇缆由撇缆绳和撇缆头组成。撇缆绳采用直径为 6～7 mm、长度为 30～40 m 的编织化纤绳。撇缆绳尾端制成一个眼环,用于撇缆时套在手腕上,撇缆绳前端与撇缆头连接。撇缆头质量为 0.35～0.40 kg。

撇缆方式有多种,下面仅介绍常用的几种。

一、抛投式(船舶式)

将撇缆绳尾端的眼环套在左手腕上,将撇缆绳按顺时针方向盘成大圈与小圈两部分,小圈的绳数依撇缆者右手能握多少来决定,小圈的直径为 30 cm 左右,每圈盘理时不应有扭结。盘好后,下垂的撇缆头距手掌 50 cm 左右,并应在绳圈外面以防打结。左手握大圈,右手抓住连同撇缆头的小圈,将目标置于左侧,呈 70°～90°,两脚间距稍比肩宽,上身重心稍向下倾。撇出前先用右手在身体右侧前后摆动一到两次,腰腿随着助摆,摆动时应控制使撇缆头与绳圈同步摆荡,然后由身体带动右手由慢到快转向目标,借腰部的力量挺胸抡臂,顺势将右手的绳圈与撇缆头成 45°抛出,同时乘势向前自然松出左手上的全部绳圈,如图 6-35 所示。

图 6-35 抛投式

根据个人习惯的不同,也可以将小圈部分距撇缆头 50～80 cm 处拧一绳圈绕其自身翻转 3～4 圈,穿过并兜住整个小绳圈,撇时握住该绳圈的两边,以抛投式撇出。

注意:不允许为了用力撇出而使劲向身后甩动;出手时右肘部应朝上,并控制好出绳方向。

二、旋转式

这是在抛投式基础上改进的全转身式撇缆方式,能撇出较远的距离,但难度较大,方向不太好控制,需要反复练习才能掌握。

按抛投式做好准备工作。撇缆时,身体右侧对着目标,两脚左右分开,距离稍宽于肩。摆动双臂使撇缆绳随着摆动,当撇缆绳摆动到身后时,蹬伸右腿,以左脚前脚掌为支撑,身体向左旋转,当身体左侧转到对准目标时,掌握恰当的时机将撇缆绳一起抛出,如图 6-36 所示。

(a)

(b)

图 6-36 旋转式

三、摆动式(码头式)

将撇缆绳尾端的眼环套在左手腕上，并抓住盘好的全部小绳圈，右手在距撇缆头0.5～1 m处折一道并抓住，面向目标，左脚在身前，右脚在后，右手自下而上，由后向前带动撇缆头在身体右侧垂直旋转1～2周，然后右脚向前跨一步，转身，使撇缆头由上过渡到左边并向后荡去，借腰部力量右手反手将撇缆头撇向目标，同时顺势向前松掉左手上的全部绳圈，如图6-37所示。

图 6-37 码头式

在进行撇缆操作时，应注意：

(1)撇缆前应对撇缆进行全面检查，确保撇缆绳、撇缆头以及连接处状态良好。

(2)盘绳圈时应由大到小，不可时大时小，以防相互缠绕。

(3)撇缆的眼环套在手上，不可随意放置甲板上，以防撇缆全部溜出。

(4)撇缆时，先提醒身边人员和码头带缆工注意，以免造成伤害。

第七章

船舶导助航仪器

熟悉并掌握船舶导助航仪器的操作方法是教学实习的重要环节。本章重点介绍航海雷达、船舶自动识别系统（AIS）、船用 GPS 接收机、航海六分仪及全球海上遇险与安全系统（GMDSS）的使用方法及注意事项。

第一节　航海雷达

雷达是船上最重要的导航仪器之一，它能够及时发现远距离弱小目标，精确测量本船相对目标的距离和方位，确定船舶位置，引导船舶航行。通过传感器的支持，雷达还具备了目标识别与跟踪、地理参考信息显示等功能，能够更好地避免船舶碰撞，保障航行安全。船舶驾驶员必须熟练掌握雷达操作。下面以古野 FURUNO FR(FAR)-2805 型雷达为例，介绍雷达操作。

一、打开雷达电源

警告：在开机之前，确保雷达天线附近无障碍物及无人工作。

FR-2805 系列雷达电源开关是装在显示单元的右下角上，按一下就可以开启雷达，再按一下就可以关闭雷达（图 7-1）。开启雷达后约 15 s 后屏幕会显示方位圆圈和数字计时器，计时器计时 3 min 预热时间。在这段时间里磁控管或发射管做发射前预热准备。计时器倒数到 0：00，STBY 的指示灯会亮，表示雷达已经准备好。

在预热和待机期间，会有“BRGSIG MISSING”（方位信号丢失）显示。这现象是正常的，因为当扫描单元还没有转动的时候，方位信号还没有产生。当雷达开启和发射的时候，“ON TIME”和“TX TIME”的时间会显示在屏幕的底部。

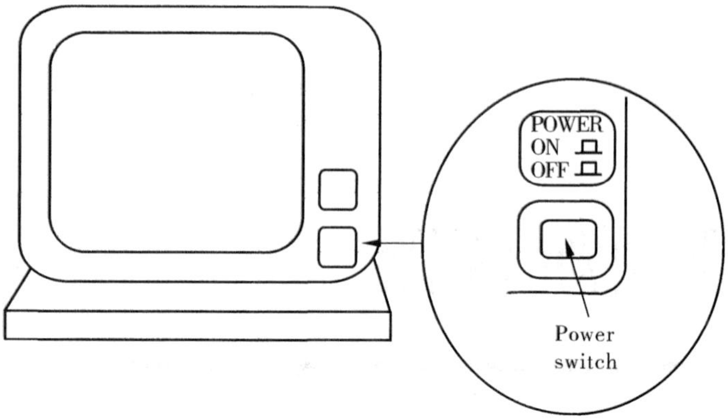

图 7-1 雷达电源开关位置

二、开启发射

当屏幕上显示出“STANDBY”时，按下显示单元控制面板上的发射开关（按键标有“ST-BY/TX”），雷达开始发射信号。雷达的工作参数为上次使用的量程和脉冲宽度。其他设置如亮度水平、VRMs、EBLs和可选菜单同样也为上次使用的参数。雷达发射开关可以将雷达在STANDBY和TRANSMIT相互切换。当雷达在STANDBY时天线是不旋转的，在TRANSMIT时雷达是旋转的。

三、控制面板及显示介绍

1. 中心控制面板

显示单元中心控制面板如图7-2所示，其中GAIN、A/C RAIN、A/C SEA和BRILL控制键是push-and-rotate（按压和旋转）形式的。轻轻压一下，旋钮就会弹起来，旋动到合适的位置设定后再压一下旋钮缩回即可。

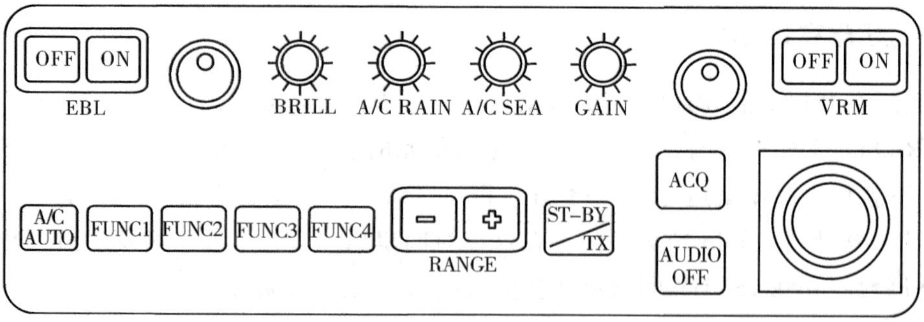

图 7-2 中心控制面板

面板上的各按键功能定义如下：

【GAIN】——增益，控制雷达接收回波强度；

【A/C RAIN】——雨雪抑制，清除雨雪干扰；

【A/C SEA】——海浪抑制，清除海浪干扰；

【BRILL】——显示屏亮度，控制显示屏亮度；

【A/C AUTO】——自动海浪干扰抑制；

【OFF/ON/EBL】——电子方位线开关；

【OFF/ON/VRM】——可变距标圈开关；

【ACQ】——手动捕获物标键；

【AUDIO OFF】——去除警报声音。

2. 模式选择面板

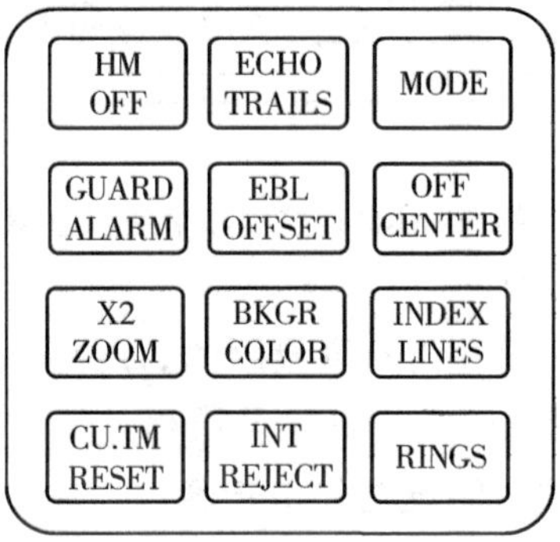

图 7-3 显示控制模式选择面板

显示控制模式选择面板如图 7-3 所示，面板上的各按键功能定义如下：

【HM OFF】——船首标记暂时消隐；

【ECHO TRAILS】——显示目标回波的模拟航迹；

【MODE】——选择船首向上、船首向上/真方位、真北向上、航线向上和真运动模式；

【GUARD ALARM】——警戒报警设置；

【EBL OFFSET】——启动和关闭电子方位线中心点的偏心设置；

【OFF CENTER】——显示中心是否偏离；

【X2 ZOOM】——将用户选择的图像部分放大 2 倍；

【BKGR COLOR】——选择背景的颜色；

【INDEX LINES】——平行指示线的显示和消隐；

【CU. TM RESET】——航向向上显示模式，将船首标记重置回 000°，在真运动模式，将本船位置移动到船尾方向半径的 75%处；

【INT REJECT】——降低雷达同频干扰；

【RINGS】——调整固定距标圈的亮度。

3. 标绘(ARPA)控制和辅助调整控制面板

显示单元标绘(ARPA)控制和辅助调整控制面板如图 7-4 所示。

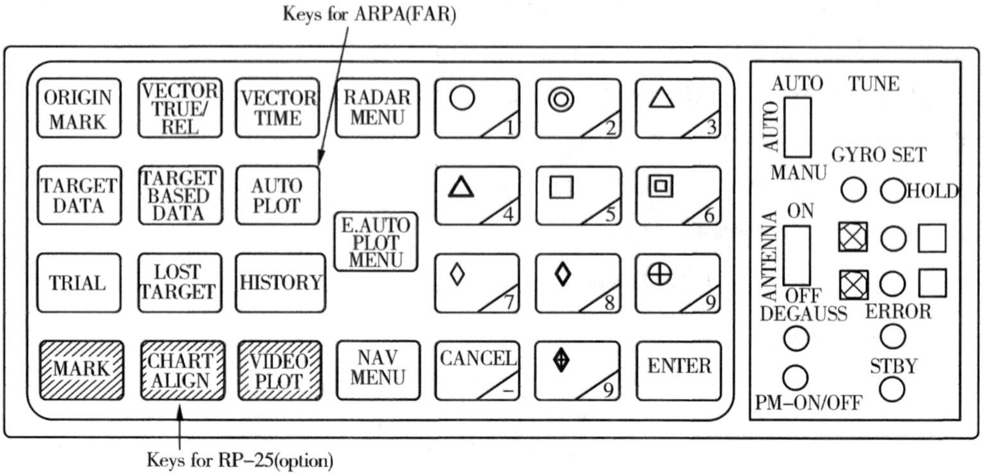

图 7-4　标绘(ARPA)控制和辅助调整控制面板

面板上的各按键功能定义如下：

【ORIGIN MARK】——显示和消隐测量距离、方位参考点的起始标记；

【VECTOR TRUE/REL】——选择真矢量或相对矢量；

【VECTOR TIME】——按时间设置矢量长度；

【RADAR MENU】——开启和关闭雷达菜单；

【E-PLOT,AUTO PLOT MENU】——开启和关闭 E-PLOT(电子标绘)和选 AUTO PLOT(自动标绘)菜单；

【NAV MENU】——开启和关闭航海菜单；

【KEYS 0～9】——选择标绘代号,也用作数据输入；

【CANCEL】——终止特殊目标的标绘或所有跟踪目标；

【ENTER】——用作保存菜单设置的参数。

APAR 功能键(FAR 系列)：

【TARGET DATA】——显示已捕获目标的数据；

【TARGET BASED DATA】——相对一固定目标测量的本船速度；

【AUTO PLOT】——激活和取消自动标绘；

【TRIAL】——试操船；

【LOST TARGET】——静默丢失目标的声响报警和消除丢失目标的标记；

【HISTORY】——显示和消隐以往被跟踪目标的位置。

视频标绘器功能键(可选件)：

【MARK】——输入/消除标记；

【CHART ALIGN】——用作排列海图数据；

【VIDEO PLOT】——开启/关闭视频标绘器。

4. 目标数据显示

显示单元目标数据显示的各种数据内容及含义如图 7-5 所示。

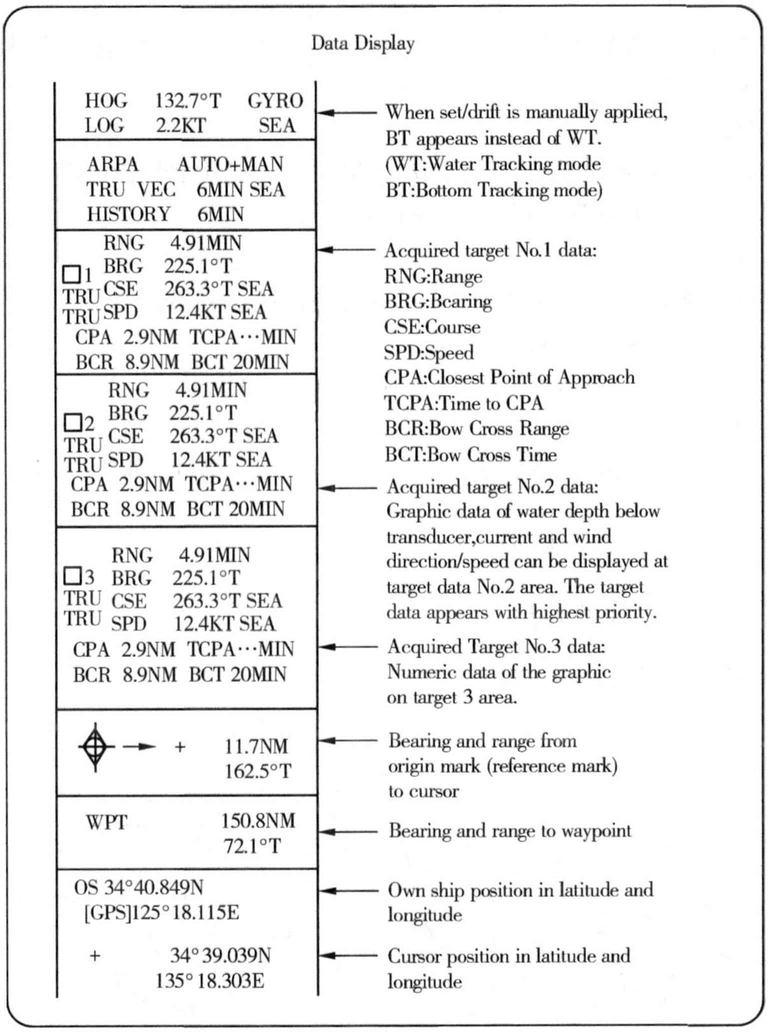

图 7-5　目标数据显示

四、CRT 的亮度调整操作

旋动亮度控制旋钮就可以调整整个显示屏的亮度。应根据白天、夜间等周围环境将其调整到最合适的亮度。

五、接收机的调谐操作

接收机调谐方式有自动调谐和手动调谐两种，调谐控钮位于标绘（ARPA）控制和辅助调整控制面板的左上角。

1. 自动调谐

每次雷达开启，雷达接收机自动使用自动调谐方式工作，因此没有在前控制面板安装【TUNE】——调谐控制器。当调谐回路正常工作的时候，雷达显示屏的右上角会显示调谐指示条和“AUTO TUNE”标志，如“AUTO TUNE”的标志没有显示，检查调谐开关是否设置在“AUTO”的位置上。

2. 手动调谐

如果感觉当前的自动调谐设置不合适，可以按照以下几个步骤进行微调：

(1)将调谐选择开关打到“MAN”(手动)上；

(2)按下调谐控制键，打开该功能；

(3)将量程挡放在 48 n mile 上，回波出现后慢慢调整调谐控制旋钮并找出最佳调谐点，也就是找出雷达回波最好时候的位置；

(4)确保雷达是在最好的调谐点后，将调谐选择开关打回到“AUTO”上等待约 10 s 或天线转了 4 个圈；

(5)此时雷达的调谐指示器应可以指示到 80％的位置上，如果不符合可重复以上操作；

(6)把调谐控制钮按回原来的位置上。

六、屏幕的图例说明和标记介绍

显示屏幕的图例说明和标记内容如图 7-6 所示。

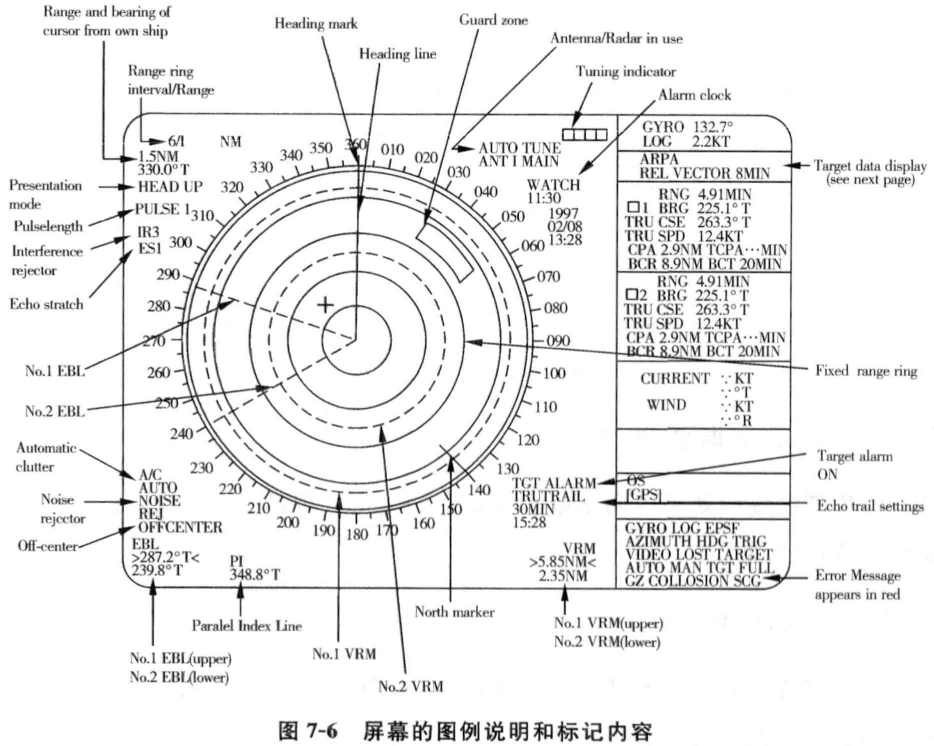

图 7-6 屏幕的图例说明和标记内容

七、CRT 荧光屏消磁操作

每次雷达开机时,消磁电路会自动对 CRT 屏幕进行消磁,将由于受地球的磁场或被磁化的船体而产生的色彩偏差消除掉。当本船做了一个大的航向改变,也会自动启动屏幕消磁。当正在消磁的时候,雷达屏幕可能会有一些垂直线干扰,但这只是短时间的现象。如果想定期人工进行屏幕消磁操作,只需要打开和按下【DEGAUSS】(消磁)开关。

八、陀螺罗经数据初始化

雷达配置了陀螺罗经信号接入接口电路,船舶方位显示在屏幕的顶部。通常初始方位一旦正确设置好后不需要再重新设置,但如果因某些原因造成陀螺罗经读数有错误,就需要按以下步骤将其调整正确:

(1)打开辅助调整控制面板并按一下【HOLD】键,面板上的罗经指示灯(GYRO LED)会亮起;

(2)按【UP】或【DOWN】来调整屏幕上的罗经读数,每按一下键读数会改变 0.1°,如果按住键超过 2 s 可以进行快速调整;

(3)当罗经读数已经调整完毕,按一下【HOLD】键,面板上的 GYRO LED 会灭掉,就完成调整了。

九、选择屏幕显示模式

雷达有以下的几种显示模式:

(1)相对运动模式(RM):船首向上、船首向上(真方位)、航向向上和真北向上。

(2)真运动模式(TM):真北向上。

在模式面板上重复按【MODE】(模式)键,就可以在雷达屏幕的左上角轮流看到以上的显示模式在变化,按到所需要的显示模式就可以停止了。

十、选择量程

R 型的雷达共有 13 挡的量程选择(IM0 要求有 11 挡),通过按动主控制面板上的量程选择按钮【+】或【−】可以改变雷达的量程,如图 7-7 所示。量程的显示在雷达屏幕的左上角。雷达的量程在使用偏心控制的时候会有 75%的变化(R 型的是 100%,即不变)。

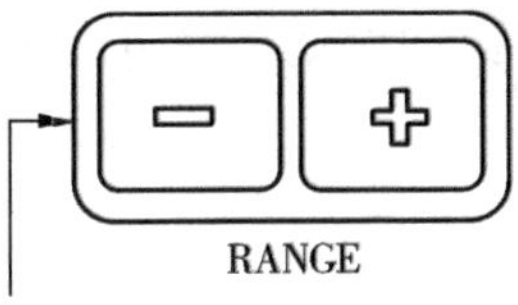

图 7-7 量程选择

十一、调节雷达接收灵敏度

雷达的 GAIN(增益)控制是用于调节接收机的灵敏度来改善屏幕上回波的显示效果。通常调节到雷达屏幕的背景噪声刚刚出现就为最佳效果。通过顺时针或逆时针旋转增益旋钮来增大或减少雷达接收灵敏度,可以通过回波的多少和好坏来判断灵敏度的适当位置。

十二、抑制海浪干扰的操作

在海面情况不好的时候，本船周围几海里的回波会受到海浪的干扰，并有可能掩盖一些目标。可以手动旋转 A/C SEA(anti-clutter sea)海浪干扰抑制旋钮来改善这种情况，另外还可以使用较为简单的自动海浪干扰抑制功能来自动控制实现。如图 7-8 所示，按一下控制面板的左下角的【A/C AUTO】(自动海浪干扰抑制)，就可以自动进行海浪干扰抑制。手动调节时首先将旋钮逆时针旋转到底，慢慢地顺时针旋动 A/C SEA 控制，调节直到信号无减弱或 6 n mile 左右有杂波即可。在任何给定的天气条件下，如何正确设置海浪抑制是靠经验获得的。设置太高会使近距离的目标丢失，绝不要设置旋钮抑制掉所有的杂波，稍留斑点指示可在海浪区域内获得最佳的灵敏度。剩余的杂波可通过调节增益等来协调减少。平时不用时应要把海浪干扰抑制设置在零位。

十三、雨雪干扰抑制

在下雨、下雪或云雾等影响下，雷达屏幕会在一段长距离上出现大量不规则的假回波并会掩盖正常目标，如图 7-9 所示，这时就需要调节 A/C RAIN(雨雪干扰抑制)来改善此情况。它的功能类似于海浪干扰抑制，但一般用于较大的量程上。顺时针慢慢地调节该旋钮就可以降低雨雪的干扰。

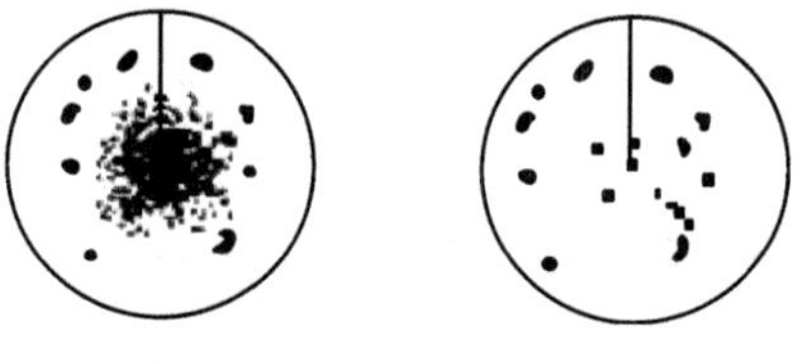

图 7-8 海浪干扰抑制

图 7-9 雨雪干扰抑制

十四、同频干扰消除

如图 7-10 所示，当出现雷达之间的同频干扰时，按【INT REJECT】键可以激活同频干扰消除电路。连续按动该键可以增加同频干扰消除的效果，共有 3 级可调，连续按到第四次就会关闭该功能。

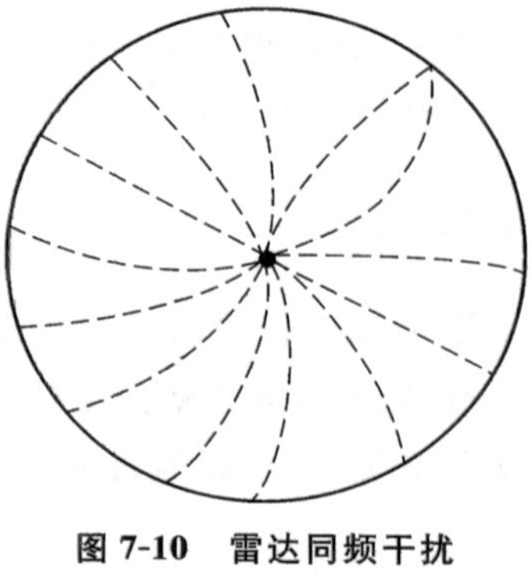

图 7-10 雷达同频干扰

十五、测量距离

通过屏幕显示一般可以大概估算出回波目标的距离。固定距标圈的数目和间隔取决于雷达的量程选择，如果没有显示出来可以在模式选择面板上按【RINGS】键。固定距标圈的亮度共有 4 级可选择，连续按动 4 次就可依次增加其亮度，再按到第五次就会关掉该显示。

通过活动距标(variable range markers，VRM)可以测量到准确的目标距离。如图 7-11 所示，雷达设计有两个活动距标圈，用点线圈来表示以区分固定距标圈，并以不同长度的点线来区分 1 号和 2 号距标。按【VRM ON】键可以激活 1 号活动距标，再按一下可以激活 2 号活动距标，VRM 的读数显示在雷达屏幕的右下角。将激活的 VRM 放置在需要目标的内侧，读出来的距离就是该目标到中心点的距离。每条 VRM 的地理距离不会随着雷达量程的加减而改变，即雷达显示的 VRM 的圈径会随已选择的量程做相应的比例修正了。

按【VRM OFF】键就可以关闭每个 VRM。

十六、测量方位

利用电子方位线(EBL)可以测量到回波目标的方位。如图 7-12 所示，雷达设有 1 号和 2 号电子方位线，依次按动【EBL ON】键可以相互切换。电子方位线是由雷达扫描中心点辐射出去到圆周的两根点直线，1 号方位线的点比较细，2 号的较粗。按【EBL ON】键会激活任意一根电子方位线，连续按可以相互切换激活 1 和 2 号电子方位线，被激活的方位线方位读数显示在雷达屏幕的左下角。

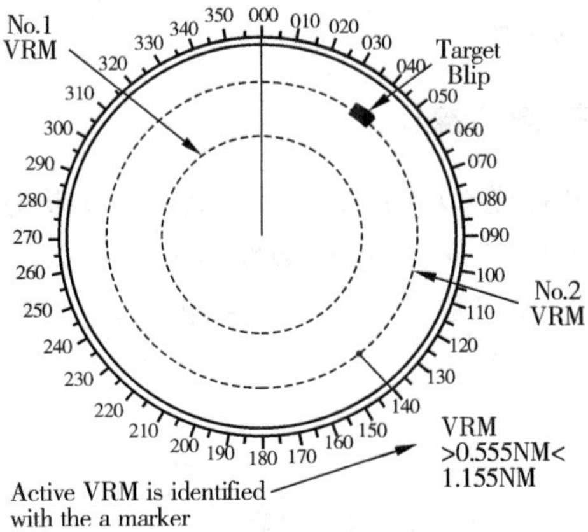

图 7-11　距离测量

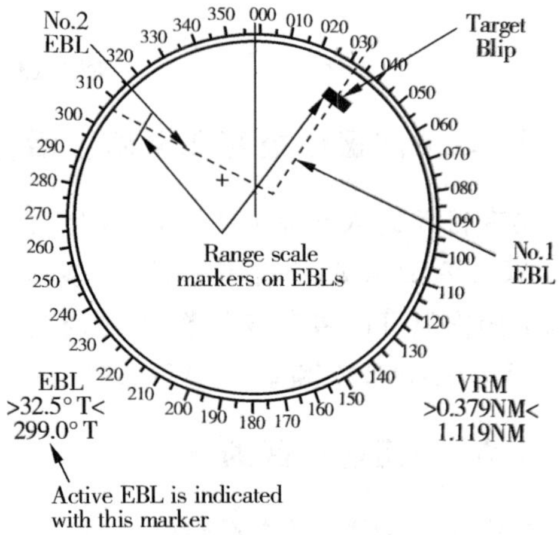

图 7-12　方位测量

顺时针或逆时针转动 EBL 旋转控制钮控制被激活的 EBL 在选定的目标中间，雷达屏幕的左下角的读数就是该目标的方位了。如果雷达显示模式选择了相对运动模式，在电子方位线的读数后会附有“R”(相对运动)；如果是真运动模式，会附有“T”(真运动)。

按【EBL OFF】键就可以关闭每个 EBL。

十七、设置警戒区

雷达可通过设置警戒区(警戒报警),对进入一定区域内的目标(船舶、陆地等)进行声光报警。警戒区(警戒报警)在半径方向上只有固定的 0.5 n mile 宽,离本船的距离也只能在 3.0～6.0 n mile 内调节。警戒区(警戒报警)可在 0°～360°任何方向上设置成任意的扇形角。以下是警戒区(警戒报警)的设置方法:

(1)如图 7-13(a)所示,用轨迹球将光标(+)移动到点"A"上,在模式选择面板[图 7-13(b)]上按【GUARD ALARM】键,SET GUARD(设置警戒)的信息就会显示在雷达屏幕的右下角。

(2)移动光标(+)到点"B"上并按【GUARD ALARM】键,图上会出现一个警戒区,同时雷达屏幕的右下角的 SET GUARD(设置警戒)信息变化为 GUARD 标记。

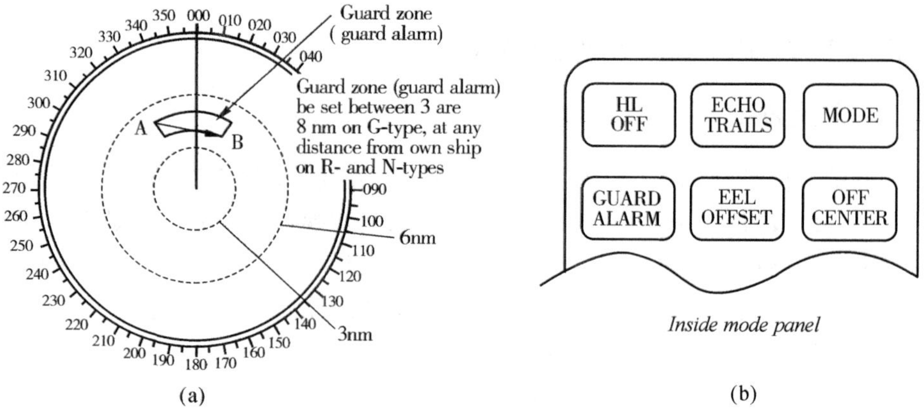

图 7-13 设置警戒圈

十八、关闭警戒报警和重新激活警戒报警的操作

当有目标进入警戒区时,雷达会自动发出视觉(闪动)和声音(嘀嘀声)报警,按【GUARD ALARM】键就可消除,屏幕显示的 GUARD ACK 也会恢复到 GUARD 上。但以上操作只可以将声音报警消除,在警戒区内的目标闪动是不会停止的。再按一下【GUARD ALARM】键就可以重新激活声音报警。

十九、关闭警戒区的操作

按住【GUARD ALARM】键超过 3 s 就可以关闭警戒区(警戒报警)。

二十、偏心设置

本船的位置或扫描的起始点可以移动到图像区的任一位置上。在 R 类型雷达上,扫描的起始点可以用光标偏离到任何方向大于 1 倍量程的点上,而在 IMO 类型雷达上,这会被限制在真运动模式(75%),图像是不能作偏心设置的。

雷达回波的偏心设置操作如下:

(1)用轨迹球将光标放置在需要偏心的地方上;

(2)按【OFF CENTER】键,就会将扫描的起始点移动到现在的位置上了;

(3)再按一下【OFF CENTER】键可关闭偏心设置。

二十一、锚位监测

当船只停泊在锚地时,锚位监测(ANCHOR WATCH)功能可以帮助监视本船是否因风和(或)潮水漂移,实现此功能需要适当的无线电导航设备,辅助输入船舶的位置数据以及船舶自身各种数据。当锚位监测功能被激活,本船的标志会显示在屏幕上。当位置数据没有被输入时,红色的"ANCHOR WATCH ERR"(锚位监测错误)会显示在屏幕上。

IMO类型的雷达锚位监测功能只能在待机状态中使用,而R类型的雷达锚位监测功能可以在待机或发射状态中使用。

激活锚位监测功能:

(1)在 ANCHOR WATCH (锚位监测)菜单(图7-14)上,按【2】键选择菜单第2项 ANCHOR WATCH OFF/ON(锚位监测功能开/关)。

[SYSTEM SETTING 1]
1 [FUNCTIONS]
2 RADAR 1
3 FUNCTION KEY 1
4 FUNCTION KEY 2
5 FUNCTION KEY 3
6 FUNCTION KEY 4
7 RADAR　1/2
8 ANCHOR WATCH
0 [SYSTEM SETTING 2]

Hit [9].

[ANCHOR WATCH]
1[SYSTEM SETTING 1]
2 ANCHOR WATCH　OFF/ON
3 ALARM　OFF/ON
4 ALARM RANGE　0.000 NM
5 HISTORY　OFF/ON

图7-14　锚位监测菜单

(2)接着按【2】键选择 ON(开),然后按【ENTER】确认选择,“WATCH”(监测)会显示在屏幕的左下角。

(3)按【3】键选择菜单第 3 项 ALARM OFF/ON(报警关/开),选择开或关,然后按回车确认选择(此操作决定是否激活锚位监测的声音报警)。

①报警距离设置

在 ANCHOR WATCH(锚位监测)菜单上,按【4】键选择菜单第 4 项 ANCHOR RANGE(锚位距离)。

在数字键上输入 0.1~9.999 n mile 的任意报警距离,然后按【ENTER】确认选择。锚位监测报警圈就建立起来,并以一个红色的圆圈显示在屏幕上。当本船漂流出该报警圈时就会有声音报警产生,屏幕上的 ANCHOR WATCH(锚位监测)变成红色。在控制面板按【AUDIO OFF】键关闭声音报警。

②显示历史航迹

在 ANCHOR WATCH(锚位监测)菜单上,按【5】键选择菜单第 5 项 HISTORY(历史航迹),接着按【5】键选择 ON(开),然后按【ENTER】确认选择。本船受风流影响的航迹点会显示在屏幕上。在开始的 50 min 期间,每分钟会标绘一个点或本船的过去位置;当在 50 min 内标绘完 50 个点后,标绘间隔就会变成 2 min(标绘一个),也就是说接着的 50 min 只标绘 25 个点;如此类推,标绘间隔最大是 12 min(标绘一个)。

二十二、菜单键

在标绘面板上有三类单键:【RADAR MENU】(雷达菜单)、【E-AUTO PLOT MENU】(电子自动标绘菜单)和【NAV MENU】(航海菜单)。

(1)【RADAR MENU】(雷达菜单)

用于设置雷达的基本参数。

(2)【E-AUTO PLOT MENU】(电子自动标绘菜单)

提供给标绘用的标准和大尺寸标绘符号。

(3)【NAV MENU】(航海菜单)

提供给屏幕显示的航海数据选择和修改,同时也可以给视频标绘器作显示数据选择用。

二十三、ARPA 操作

1. 启动 ARPA

(1)开启 ARPA:按压标绘控制面板上【AUTO PLOT】键,在显示屏右上角显示“ARPA”。

(2)输入本船速度:按压标绘控制面板上的【RADAR MENU】菜单,选择自动或手动方式输入本船速度,如图 7-15 所示。

[FUNCTIONS 1]	
1 PULSE WIDTH	1/2
2 ECHO STRETCH	OFF/1/2
3 ECHO AVERAGE	OFF/1/2/3
4 PANEL DIMMER	OFF/DIMM/BRT
5 ECHO COLOR	YEL /GRN/COLOR*
6 SHIP'S SPEED	LOG/NAV* /MAN
7 INDEX LINES	NO. 2 VRM/MAN
8 SET/DRIFT	OFF/MAN
	SET 000.0
	SEIDR 00.0 KT
9 BRILLIANCE	
0 [SYSTEM SETTING 1]	

图 7-15 速度输入

(3)设置 CPA/TCPA 报警界限：

①按压【E-AUTO PLOT MENU】键，显示【ARPA 1】菜单。

②按【6】，选择【6 CPA，TCPA SET】，并输入 CPA 及 TCPA 值，如图 7-16 所示。

③按【ENTER】键。

④按压【E-AUTO PLOT MENU】键，退出【ARPA 1】菜单。

[ARPA 1]	
1 AUTO ACQ	OFF/ON
2 AUTO ACQ AREA	6 NM/SET
3 GUARD RING	OFF/ON
4 GUARD RING SET	
5	
6 CPA，TCPA SET	CPA 00,0NM
	TCPA 00.0MIN
7 HISTORY POINTS	5/10/20*
8 HISTORY INTERVAL	30S/1/3/3/6MIN
0 [ARPA 2]	

* 5/10 only on IMO-type

图 7-16 CPA 及 TCPA 设置

2. 手动捕获物标

(1)滚动跟踪球使光标移到物标上。

(2)按压控制面板上的【ACQ】键,一段时间后,物标将被跟踪。

3. 显示已跟踪目标数据

把光标移到已被跟踪的目标上,按压标绘控制面板上的【TARGET DATA】键,在显示屏上可得到已跟踪目标数据,如图 7-17 所示。

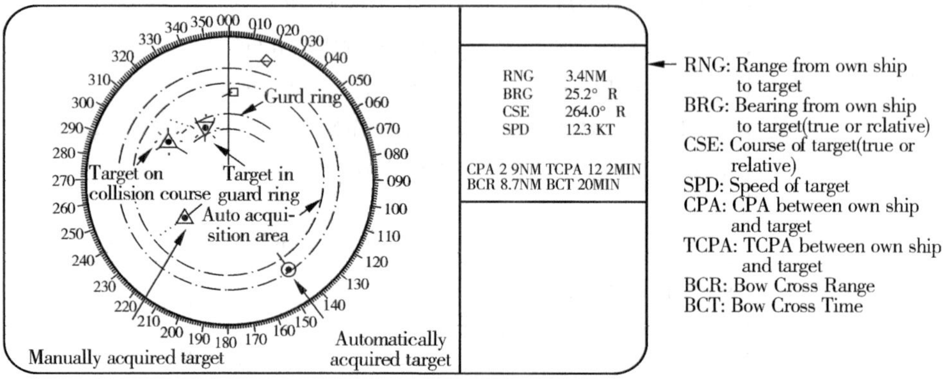

图 7-17 已跟踪目标数据

4. 矢量模式及长度设置

按压标绘控制面板上的【VECTOR TRUE/REL】键可选择真矢量或相对矢量显示方式。真矢量表示目标的真实运动方向,可用于判断目标的会遇态势,以判断是对遇、交叉还是追越局面。相对矢量可用于判断目标有无碰撞危险。

按压标绘控制面板上的【VECTOR TIME】键,可改变矢量长度。

5. 过去位置显示

按压标绘控制面板上的【HISTORY】可显示和消隐以往被跟踪目标的位置。

6. 试操船(略)

第二节 自动识别系统

自动识别系统(automatic identification system,AIS)是在甚高频(VHF)海上移动频段采用时分多址接入(time division multiple access,TDMA)技术,自动广播和接收船舶静态信息、动态信息、航次信息和安全消息,实现船舶识别、监视和通信的系统。AIS 由船载移动站、基站(岸站)及其设施、航标站和机载及搜救移动站等共同组成,是由多个国际组织共同倡导研究开发的,以信息技术为主导,集卫星定位技术、数字通信技术、信息处理技术和计算机网络技术等多门类高科技为支柱的数字助航系统。

一、AIS 船载设备基本构成

典型的 AIS 船载设备组成如图 7-18 所示,包括 AIS 主机和外围设备。

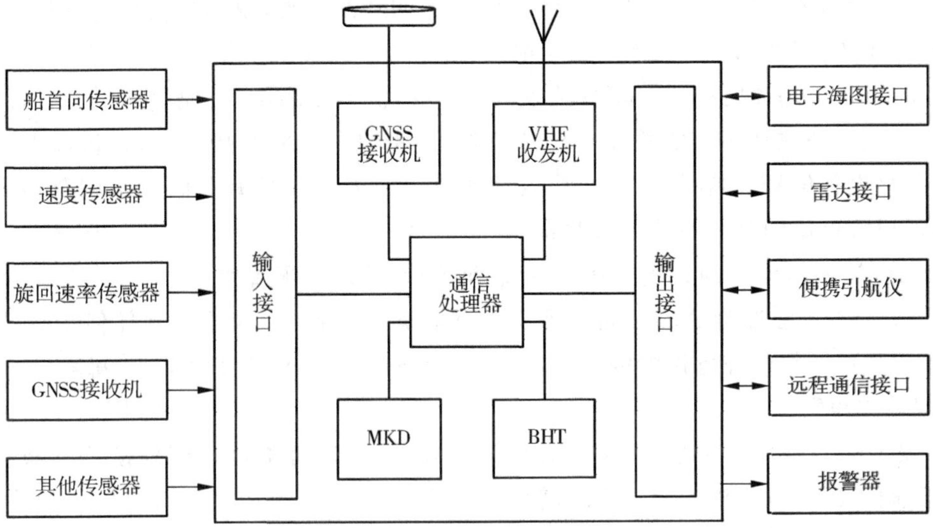

图 7-18　AIS 船载设备组成

外围设备包括船舶运动参数传感器和显示、通信及报警设备。船舶运动参数传感器有船首向传感器，一般为陀螺罗经；船舶对地速度传感器，一般为 GPS 接收机或计程仪；船舶旋回速率传感器，一般为船舶转向计或陀螺罗经(有的船舶未配备或不能提供此数据)；全球导航卫星系统(GNSS)接收机，目前以 GPS 和北斗系统接收机为主。此外，如果具备条件，反映船舶姿态等的其他传感器信号也应通过输入接口与 AIS 设备主机连接。AIS 信息还可以显示在其他航海仪器的显示终端上，如电子海图显示与信息系统(ECDIS)、雷达等，能够有效地增强这些设备的功能。AIS 设备主机都设有便携式引航仪(personal pilot units，PPU)接口，能够与引航员的便携引航设备或计算机连接。如果将 AIS 数据输出到 VDR 保留，则可以方便日后调查取证和研究。如果将 AIS 设备主机与远程通信终端设备(如 GMDSS 或卫星通信站)连接，则 AIS 数据的传输距离可以不受 VHF 通信距离的限制，但 B 类 AIS 设备可不支持远程通信。AIS 设备及功能的报警可以通过表示接口(presentation interface，PI)输出，触发外置报警器。

AIS 设备主机由通信处理器、内置(差分)卫星定位(GNSS)接收机、VHF 数据通信机(1 台 VHF TDMA 发射机、2 台 VHF TDMA 接收机和 1 台 VHF DSC 接收机)、内置完善性测试(built-in integrity test，BUT 或 built-in test equipment，BITE)模块、船舶运动参数传感器输入接口、数据输出接口，以及简易键盘与显示(minimum keyboard display，MKD)单元等组成。

通信处理器是 AIS 设备的核心，组织和协调数据的处理、显示、编码和发送。根据操作者或主管机关 AIS 基站的请求，通信处理器控制 VHF-TDMA 收发机或远程通信设备选择及切换信道，完成近程或远程通信。通信处理器控制 VHF 发射机按照 TDMA 协议，将固化的静态数据、各传感器实时传送的动态数据、驾驶员事先输入的航次相关数据以及随时输入的与航行有关的安全消息编码，在两个信道上交替广播发送 AIS 数据。同时，通信处理器还对接收到的来自其他 AIS 设备的数据解码，按照驾驶员的选择，将信息显示在显示单元(MKD)或其他外接显示设备上。

AIS 设备内部都集成了 GNSS 接收机，用以提供本船船位、对地航速/航向以及定时基准。A 类设备往往还配备外接 GNSS 接收机(船舶主 GNSS 接收机)提供以上船舶信号，当外接设备信号中断时，自动切换内部接收机。为了在沿海和内河水域获得更精确的船位，通常可使用差分 GNSS 接收机。

MKD 是 AIS 设备的人机交互界面，满足 IMO 的最低配置要求。

BIIT 能够连续监测 AIS 设备工作状态和数据的完善性，当监测到任何影响 AIS 设备正常工作或数据的完善性的因素时，能够在显示器上显示报警信息，并每隔 30 s 通过 PI 重复输出报警。

B 类 CSTDMA 设备通常只有简化的输入输出接口，可不接任何外接传感器和显示及远程通信设备，也不提供包括简易键盘在内的输入设备，但应具有键盘输入的接口，方便在安装设备时进行初始化输入。

二、AIS 船载设备的功能

AIS 船载设备可以连续或被分配向已装备 AIS 设备的基站、其他船舶和航空器自动地播发本船信息，接收其他 AIS 设备的静态识别信息、动态航行参数、航次货运资料，并且能够根据要求发送和接收航行安全相关短消息。AIS 能够多路、快速、简洁和高精度地处理航海信息，与基站进行数据交换，为主/分航行及监控系统(如 IBS、ECDIS、雷达或 VTS 等)提供目标船和航道安全参考信息，使驾驶员、船务公司以及航行主管部门等能够实时了解所关心海域船舶的状态，帮助使用者全面掌握交通信息，避免船舶碰撞，保障航行安全。根据 IMO 关于 AIS 性能标准的要求，AIS 应能够在功能上实现船对船模式的协助避碰，作为港口国获得船舶及其所载货物信息的手段，以及船对岸模式作为 VTS 的工具。

三、船舶 AIS 的信息

船舶 AIS 信息可分为静态信息、动态信息、航次相关信息和安全相关短消息等四类，其中前三类为基本信息。A 类设备应能接收和发射所有四类信息，B 类 SOTDMA 设备可发射和接收前三类信息的主要内容，并能够接收安全相关短消息，B 类 CSTDMA 设备在系统可利用时隙不足时，则只发射下述的 MMSI 和船舶位置信息。

1. 静态信息

所谓静态信息是指 AIS 设备正常使用时，通常不需要变更的信息。静态信息包括 MMSI、呼号和船名、IMO 编号、船长和船宽、船舶类型、定位天线的位置等，在 AIS 设备安装的时候设定，在船舶买卖移交时需要重新设定。其中，MMSI 为海上移动业务标识，亦称 AIS 设备的 ID 码，AIS 设备仅在写入 MMSI 后，才能够发射信息。

2. 动态信息

所谓动态信息是指能够通过传感器自动更新的船舶运动参数。动态信息包括船位信息，UTC 时间，对地航速/航向，船首向，人工输入航行状态（如失控、在航、锚泊等），船舶旋回速率（如果有），吃水差（如果有），纵倾与横摇（如果有等）。通过这些信息，能够掌握船舶的实时航行状态。

3. 航次相关信息

所谓航次相关信息亦称航行相关信息，是指由驾驶员输入的，随航次而更新的船舶货运信息，包括船舶吃水、危险品货物、目的港/ETA、航线计划、开航前最大吃水等信息。

4. 安全相关短消息

所谓安全相关短消息亦称安全短消息，可以是固定格式的，如岸台发布的重要的航行警告、气象报告等，也可以是驾驶员输入的自由格式的、与航行安全相关的文本消息。

四、JHS-180 自动识别系统的使用

JHS-180 自动识别系统（AIS）是日本无线电公司（JRC）的产品，该设备由控制单元（NCM-722）、带天线的收发单元（NTE-180）、连接箱（NQE-3111）和电源单元（NBD-577A）等部分组成。

1. 控制单元操作面板介绍

操作面板如图 7-19 所示。

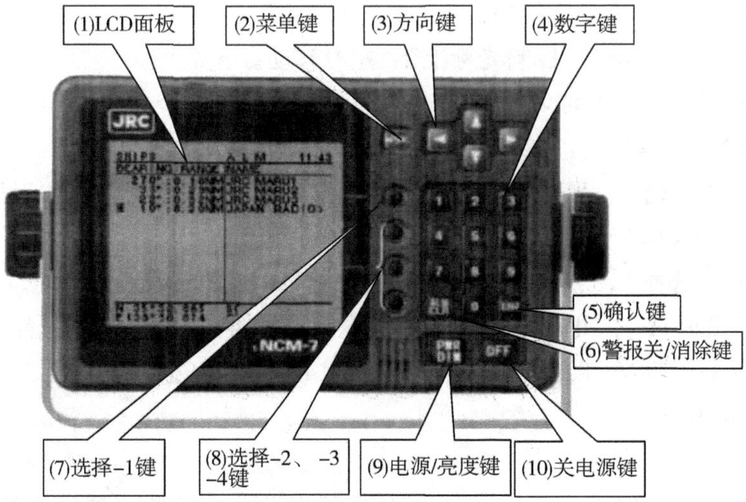

图 7-19　操作面板

(1) LCD 面板。

(2) [MENU]：菜单键，按此键有如下 7 项主菜单（图 7-20）：

MAIN MENU	UTC11:43
BRG:RANGE	NAME/MMSI
270°:0.18NM	JRC MARU1
35°:0.29NM	JRC MARU2
22° :0.92NM	JRC MARU3

1. MESSAGE
2. DESTINATION
3. NAVIGATION
4. ALARM SETTING
5. GROUP SHIP
6. SET UP
7. MAINTENANCE

图 7-20 主菜单

①MESSAGE——短信编辑发送及查看；

②DESTINATION——目的港；

③NAVIGATION——航行信息；

④ALARM SETTING——报警设置；

⑤GROUP SHIP——船组；

⑥SETUP——设置；

⑦MAINTENANCE——维护。

(3)【AVO】——方向键，控制光标上下、左右移动。

(4)【0】—【9】——数字键，输入数字。

(5)【ENT】——确认键，确认输入。

(6)【ALM/CLR】——警报关/清除键，关闭警报声、清除错误输入或返回上级菜单。

(7)【◎】——选择 1 键，按此键返回他船信息显示状态。

(8)【◎】——选择 2、3、4 键，按此三个键执行显示屏提示的操作功能。

(9)【PWR/DIM】——电源/亮度键，开启电源或调整 LCD 和按键的背景灯亮度。

(10)【OFF】——关电源键，同时按【PWR/DIM】和【OFF】关闭电源。

2. 开关机操作

(1)开机

按住【PWR/DIM】键 2 s 开启电源，稍后屏幕会显示 AIS 接收到的船舶列表信息，完成开机。

(2)关机

①同时按下【PWR/DIM】键和【OFF】键不放，直至屏幕出现 PASSWORD 字样，松开【PWR/DM】键和【OFF】键。

②输入关机密码 4 个“0”(设备原始关机密码,船上不要轻易改变)。

③根据屏幕下方提示信息,再同时按下【PWR/DIM】键和【OFF】键关机。

3. 查看目标船信息

开机后显示屏以列表方式显示所有接收到的附近船舶信息,如图 7-21 所示,按上、下方向键选择目标船舶,按【ENT】键确认显示该船详细信息。

按选择 1 键切换本船信息显示(开/关)。

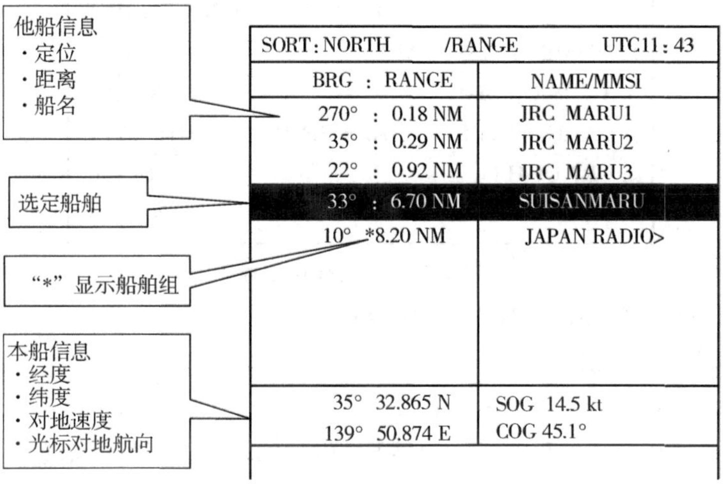

图 7-21　目标船信息

4. 本船信息设置

(1)设置目的港

①按【MENU】键进入主菜单。

②移动光标选择“2. DESTINATION”,按【ENT】键进入目的港设置菜单。

③按照屏幕提示,按选择 2 键打开目的港输入键盘(KEYPAD)。

④按照屏幕提示,分别输入目的港(DESTINATION)、预抵时间(ETA)和转向点信息,按【ENT】键确认。

⑤按【ALM/CLR】键返回上一级菜单。

(2)设置航行信息

按【MENU】键进入主菜单,移动光标选择“3. NAVIGATION”,按【ENT】键进入航行信息设置菜单,如图 7-22 所示,有六项设置内容:

①设置航行状态

a. 移动光标选择“1. NAVIGATIONAL STATUS”,按【ENT】键进入航行状态设置界面,有多种状态选择,如:

0 UNDER WAY USING ENGINE——用主机航行中;

1 AT ANCHOR——锚泊;

NAVIGATION	UTCI 1:43
BRG:RANGE	NAME/MMSI
270°:0.18 NM	JRC MARU1
35°:0.29 NM	JRC MARU2
22° :0.92 NM	JRC MARU1

1. NAVIGATIONAL STATUS

UNDER WAY USING ENGINE

2. NUMBER ON-BOARD 8191

3. TYPE OF SHIP PASSENGER SHIP

4. CARGO TYPE ALL SHIPS OF THIS TYPE

5. DRAUGHT 10.0 m

6. HEIGHT OVER KEEL 204.7 m

图 7-22 航行信息设置

2 NOT UNDER COMMAND——失控;

5 MOORED——系泊;

6 UNDER WAY SAILING——航行中。

b. 移动光标选择合适的航行状态,按【ENT】键确认并返回航行信息设置菜单。

②设置在船人数

a. 移动光标选择"2. NUMBER ON-BOARD",按【ENT】键进入船上人数设置界面。

b. 用数字键输入在船人数(应先输入两个 0,再输入船上人数),按【ENT】键确认并返回航行信息设置菜单。

③设置船舶种类

a. 移动光标选择"3. TYPE OF SHIP",按【ENT】键进入船舶种类设置界面;有多种船舶类型选择,如:

6x PASSENGER SHIPS——客船;

7x CARGO SHIPS——货船;

8x TANKER——油船;

9x OTHER TYPE OF SHIP——其他类型船舶。

b. 移动光标选择合适的船舶种类,按【ENT】键确认并返回航行信息设置菜单。

④设置货物种类

a. 移动光标选择"4. CARGO TYPE",按【ENT】键进入货物种类设置界面;有多种货物种类选择,如:

CATEGORY A(DG/HP/MP);

CATEGORY B(DG/HP/MP);

CATEGORY C(DG/HP/MP);

CATEGORY D(DG/HP/MP)。

b. 移动光标选择合适的货物种类，按【ENT】键确认并返回航行信息设置菜单(注：当“TYPE OF SHIP”(船舶种类)设置中选择了带有货物的信息时，本“CARGO/STATUS”(货物/状态)信息不能进行设置，且自动显示“NONE”，无法进入设置界面)。

⑤设置船舶吃水

a. 移动光标选择“5. DRAUGHT”，按【ENT】键进入船舶吃水设置界面。

b. 按数字键输入本船本航次的吃水(以 m 为单位，最大可设置 99.9 m)，按【ENT】键确认并返回航行信息设置菜单。

⑥设置船舶龙骨高度

a. 移动光标选择“6. HEIGHT OVER KEEL”，按【ENT】键进入船舶龙骨高度设置界面。

b. 数字键输入本船龙骨高度，按【ENT】键确认并返回航行信息设置菜单。

5. 查阅本船动、静态数据

(1)在显示接收他船信息界面时，按选择 4 键，能显示本船的动态、静态数据信息。

(2)按【▽】光标键查阅更多的本船动态、静态信息。

(3)按选择 2 键，退出本船动态、静态信息，回到船舶列表信息界面。

注：在“6. SET UP”菜单中第 3 项“OWN SHIP DATA”应设置为“ON”，如设置在“OFF”状态将不能显示本船动态、静态数据。

6. 发送短信

(1)按【MENU】键进入主菜单。

(2)按数字键【1】或按【ENT】键，进入“1. MESSAGE”(短信息)菜单，如图 7-23 所示。

(3)按 1 键或按【ENT】键，进入“EDIT AND TX”(短信编辑)菜单(这时光标在 MMSI 后的第一个数字上)。

MESSAGE MENU	UTC11:43
BRG:RANGE	NAME/MMSI
270°:0.18 NM	JRC MARL1
35°:0.29 NM	JRCMARL2
22°:0.92 NM	JRC MARL1
1. EDIT AND TX 2. TX TRAY 3. RX TRAY 4. INTERROGATION 5. LONG RANGE	

图 7-23　短信息菜单

(4)输入对方船舶的 MMSI 码。

(5)按选择 4 键[(TAB) >],光标在“CATEGORY”后的“SAFETY”上,按上下光标键选择“ROUTINE”。

(6)按选择 4 键[(TAB) >],光标在“TEXT”上。

(7)按选择 4 键[(TAB) >],光标在“OFF”上。

(8)按选择 4 键[(TAB) >],光标在“AUTO”上。

(9)按选择 4 键[(TAB) >],光标在“14 FIXED FORM”后的“0”上。

(10)按选择 4 键[(TAB) >],然后按照提示编辑短信内容。

(11)完成编辑后,按选择 4 键[(TAB) >]退出。

(12)按选择 2 键(TX)发送短信(在屏幕右侧有信息提示:ACK 表示发送成功;NAK、NAK2、NAK3 等表示发送失败)。

(13)按选择 3 键退出。

7. 查看接收短信和回复短信

(1)按【MENU】键进入主菜单。

(2)按数字键【1】或按【ENT】键,进入“1. MESSAGE”(短信息)菜单。

(3)移动光标选择“3. RX TRAY”,按【ENT】键,进入接收短信列表(列表前有“ * ”号表示该信息尚未阅读)。

(4)按【▲ ▼】键移动光标选择要阅读的信息,按【ENT】键阅读信息内容。

(5)按选择 3 键退出,回到接收信息列表。

如要对阅读的信息进行回复:

(1)按选择 2 键(EDIT & TX)进入编辑发射界面。

(2)按选择 4 键 4 次,编辑回复信息内容。

(3)完成编辑回复短信内容后,按选择 4 键退出。

(4)按选择 2 键发送回复短信。

8. 报警设置

(1)按【MENU】键进入主菜单。

(2)按【▼】键移动光标选择“4. ALARM I SETTING”,按【ENT】键进入报警设置界面,如图 7-24 所示。

(3)此时光标在“1. RANGE”上,按【ENT】键,光标移至“00. 0 NM”,按数字键输入报警范围 10 NM(最大可设 99 n mile),按【ENT】键确认并退出。

9. 其他相关数据显示或设置

(1)AIS 报警记录显示

①按【MENU】键进入主菜单。

②按【▼】键移动光标选择“7. MAINTENANCE”,按【ENT】键进入维护菜单,如图 7-25 所示。

ALARM SETTING	UTC11:43
BRG:RANGE	NAME/MMSI
270°:0.18 NM 35°:0.29 NM 22° :0.92 NM	JRC MARL1 JRC MARL2 JRC MARL1
1. RANGE	10.0 NM>
2. LOST TARGET	10.0 NM>

○

○Pressing this select key moves the cursor to the "Range" field for Guard Zonc alarm.

○Pressing this select key moves the cursor to the"Lost Targe" field for Lost Target alarm.

○

图 7-24　报警设置

MAINTENANCE	UTC11:43
BRG:RANGE	NAME/MMSI
270°:0.18 NM 35°:0.29 NM 22° :0.92 NM	JRC MARL1 JRC MARL2 JRC MARL1
1. TRX CONDITION 2. AIS ALARM 3. SENSOR STATUS 4. POWER ON/OFF LOG 5. PASSWORD LOG 6. SOFTWARE VERSION	

图 7-25　维护菜单

③按【▼】键移动光标选择"2. AIS ALARM",按【ENT】键进入报警记录显示屏幕。

④按【▲ ▼】键滚动显示,按【MENU】键退出。

(2)开机、关机记录显示

①进入"MAINTENANCE"菜单。

②按【▼】键移动光标选择"4. POWER ON/OFF LOG",按【ENT】键进入开关机记录信息,按【▲ ▼】键滚动显示,按【MENU】键退出。

(3)软件版本显示

①进入"MAINTENANCE"菜单。

②按【▼】键移动光标选择"6. SOFTWARE VERSION",按【ENT】键显示版本信息,按【MENU】键退出。

(4)远距离应答设置

①进入“SETUP”菜单。

②按【▼】键移动光标选择“4. LONGRANGE RESPONSE”，按【ENT】键进入远距离应答菜单。

③按【▲ ▼】键在“AUTOMATIC”和“MANUAL”之间选择，按【MENU】退出。

(5)对比度设置

①进入“SETUP”菜单。

②按数字 7 键进入“CONTRAST”设置菜单，按【▲ ▼】键在“0～6”范围值内选择，按【MENU】退出。

10. 维护保养

(1)每天检查 AIS 设备，检查 GPS 船位信息和交、直流电转换供电试验情况，保持设备正常工作状态。

(2)每月检查天线与电缆连接，收发单元接地不良会造成不能发射或发射部分故障。

(3)静态数据，如船名、MMSI 码、船长、船宽、AIS 天线位置等在安装时由专业人员输入，不得随意改变。当 AIS 故障导致静态数据改变或丢失时，可参阅说明书逐项输入。

(4)动态数据，如航行状态、货物名称、目的港等在开航时必须重新输入。

第三节　船用 GPS 接收机

船用 GPS 接收机亦称船用 GPS 导航仪，是装载在船舶上用于接收 GPS 卫星信号进行定位和其他导航功能的用户终端，也是船上主要的定位设备。目前，常用的船用 GPS 接收机类型是单频(L)、C/A 码、多通道接收机。图 7-26 所示为 Furuno GP-170 型船用 GPS 导航仪。

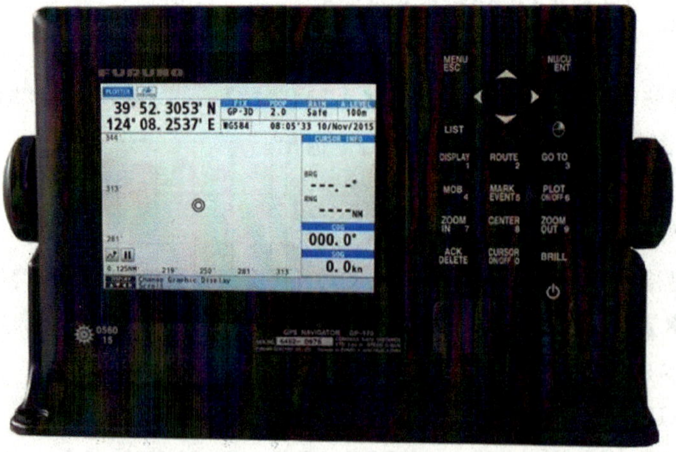

图 7-26　Furuno GP-170 型船用 GPS 导航仪

一、基本组成

船用 GPS 卫星接收机主要由天线单元、接收单元和电源三部分组成，如图 7-27 所示。

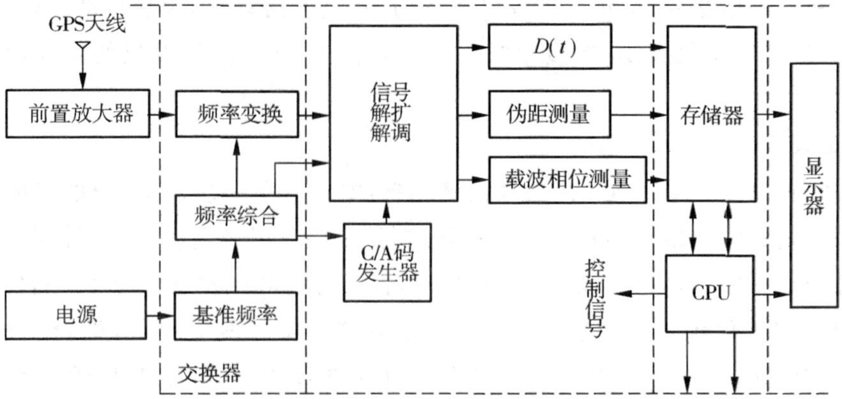

图 7-27　船用 GPS 卫星导航仪基本组成

接收机天线对 GPS 卫星信号进行接收，并将卫星信号转化为相应的电流。电流信号再经前置放大器放大，放大后的信号由变频器和中频放大器将 L 频段的射频信号变成低频信号。由接收单元的信号通道对广播电文数据信号进行解扩、解调得到导航电文，并由存储器保存。CPU 将得到的各种数据进行预处理，使用户得到需要的各种导航定位信息。

GPS 接收机天线由接收机天线和前置放大器两大部分组成。天线的作用是将 GPS 卫星信号的极微弱的电磁波能转化为相应的电流，而前置放大器则将 GPS 信号电流放大。信号通道是接收机的核心部分，其作用是搜索、牵引并跟踪卫星，对导航电文数据实行解扩、解调得到导航电文，进行伪距测量、载波相位测量及多普勒频移测量。存储器主要存储卫星星历、卫星历书、伪距观测值、载波相位观测值及多普勒频移。GPS 接收机电源有两种：一种为内电源，一般采用锂电池，寿命一般为 4 年，主要用于 RAM 存储器供电，以防关机后数据丢失；另一种为外接电源，可充直流电，当用交流供电时，要经过稳压电源或专业电源变换器处理，并对内电源充电。

二、船用 GPS 卫星导航仪的启动

船用 GPS 卫星导航仪的启动分为日常启动、热启动和冷启动。

1. 日常启动

船舶在营运航行或停泊期间，日常关机后的启动称为日常启动。由于 GPS 卫星导航仪内装有电池，在临时关机或者外电源暂时中断时，卫星导航仪能存储关机前所存储的

数据(包括经度、纬度、历书等)并且时钟依旧在运行。日常启动时,只需按下电源键,卫星导航仪即能自动定位。

2. *热启动*

如果船位变化不大于100 n mile(或根据仪器说明书),或三个月(或根据仪器说明书)以内进行过通电接收,卫星导航仪已收集历书,进行启动,称为热启动。热启动时,卫星导航仪不需要初始化操作,当参考振荡器加热后,GPS卫星导航仪便自动搜捕卫星更新船位。

3. *冷启动*

需要进行GPS卫星导航仪冷启动的情况有:安装后第一次启动;导航仪所存历书太陈旧或者所有数据(包括历书)被清除;船舶航行100 n mile(或根据仪器说明书)或三个月(或根据仪器说明书)以上,该GPS卫星导航仪没有通电接收卫星信号进行定位。冷启动时,须进行初始化输入。冷启动后,GPS卫星导航仪需搜索卫星,重新收集历书,30 min以后才有初始船位数据更新;若已知开机时临空GPS卫星的编号,输入编号20 min后即有初始船位数据更新。

冷启动时初始化输入包括:核对年、月、日和时间,时间输入误差不应超过15 min(或根据仪器说明书);输入大概船位的经纬度,输入误差不应超过1°(或根据仪器说明书);设定水平精度因子(horizontal dilution of precision,HDOP)等精度因子阈值;输入天线高度,天线高度基准面为平均海面,只在二维(2D)定位时用,天线高度不准确会影响定位精度;设定坐标系。需要指出的是HDOP阈值关系到卫星定位的精度。由于HDOP随着卫星与测者的运动而变化,若HDOP阈值量定太小,则相对定位机会就少,因为当定位时HDOP大于所置定的阈值,GPS接收机就报警而不作GPS更新位置。一般HDOP阈值范围在00~99。

三、船用GPS卫星导航仪的主要功能

船用GPS卫星导航仪除了具有基本性能外,一般还具有如下主要功能:显示定位的纬度、经度;显示导航数据,如航速、航向、航迹速、航迹向、至航路点恒向线或大圆的操舵航向和距离、航行所需时间、偏航、任何两航路点之间的方向和航程,若有陀螺罗经和计程仪输入的,可显示流向和流速;存储航线设计和航路点编号及其经纬度,位置更新时间约1 s,导航数据更新时间为3~5 s;报警,如偏航、锚更、到达、故障等;坐标系转换;提供输入输出接口;提供卫星信息,如卫星号、方位、仰角、卫星工作状态、被跟踪卫星的信噪比;星座预报。

四、FURUNO GP-90型GPS导航仪的使用

GP-90型卫星导航仪是一部GPS接收机和图形标绘仪的综合设备,包括一个显示单

元和一个天线单元。高灵敏度的接收机能同时跟踪 12 颗卫星，8 通道 Kalman 滤波器能确保所测量的船舶位置、航向和航速值达到最佳精度。

（一）面板按键及功能

GP-90 型卫星导航仪面板与按键如图 7-28 所示。

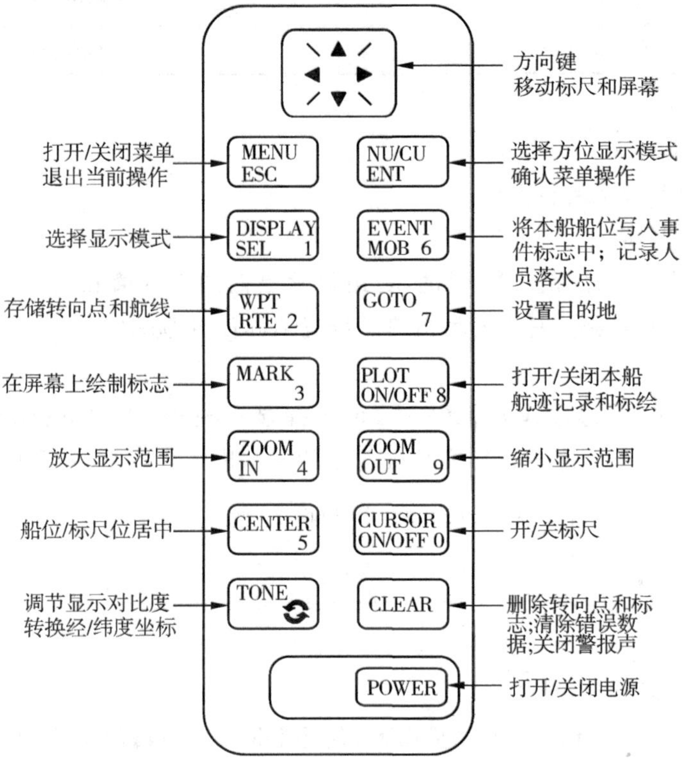

图 7-28　GP-90 型卫星导航仪面板与按键

（二）基本操作

1. 开/关机

（1）打开电源

按【POWER】键。

首先检测仪器的程序存储器、随机存储器和电池，并将结果显示在屏幕上。设备以最近使用的显示模式启动。打开电源 12 s 后，将显示精确的船位（经/纬度）。

如果不能定位，在 GPS 接收状态窗口显示“NO FIX”。当位置精度因子（PDOP）值在 3D 模式下超过 6 或 HDOP 值在 2D 模式下超过 4 时，显示“DOP”，表示定位异常。当卫星信号接收正常，根据设备的设置和 GPS 接收机的状态，显示表 7-1 中所指示的其中一项。

表 7-1　不同设置情况下的 GPS 接收机的状态显示

设备设置	GPS 接收机状态显示
2D	GPS 2D
3D	GPS 3D
Differential 2D	DGPS 2D
Differential 3D	DGPS 3D

(2)关闭电源

按【POWER】键。

2. 调整显示器对比度和亮度

(1)按【TONE】键。

(2)调整对比度,按【◀】或【▶】键,右边显示当前的设置值和设置范围(0～31);调整亮度,按【▲】或【▼】键,右边显示当前的设置值和设置范围(0～4)。

3. 选择显示模式

按【DISPLAY SEL】,用【▲】或【▼】键选择显示模式(当按下【DISPLAY SEL】键时,显示模式可按以下顺序进行转换),被选定的显示模式大约 15 s 后出现。

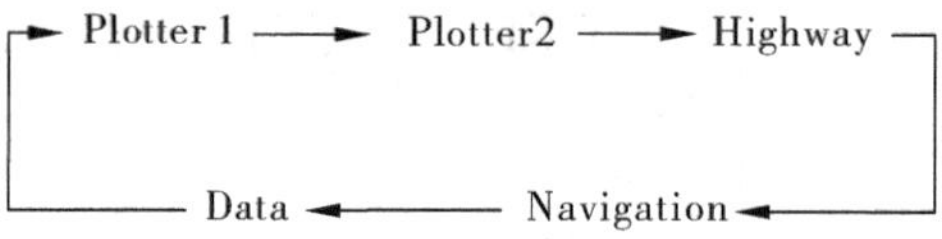

(三)航迹设置

1. 扩大/缩小显示范围

在 Plotter 1 和 Plotter 2 显示模式下,使用【ZOOM IN】键扩大显示范围,【ZOOM OUT】键缩小范围。每按一次【ZOOM】键,范围值显示在屏幕中心大约 3 s。

2. 选择方位显示方式

在 Plotter 1、Plotter 2 和 Highway 显示模式下,按【NU/CU ENT】键,选择方位显示方式。方位显示方式有两种:北向上和航向向上。

北向上显示方式:在北向上显示方式下,真北(0°)处于屏幕顶部,本船以真速度和真运动在屏幕上运动,陆地是不动的。

航向向上显示方式:目的地已设置——目的地处于屏幕顶部,屏幕左边显示真北标志;目的地未设置——船首向或航向指向屏幕顶部,屏幕左边显示真北标志。

3. 切换标尺

(1)按【CURSOR ON/OFF】键,打开标尺。

(2)按方位键,移动标尺。当标尺移到屏幕的边界,屏幕将向相反的方向移动。

标尺的状态决定屏幕上显示的内容:

标尺打开:在 Plotter 1 模式下,屏幕顶部显示标尺所处经/纬度(“+”符号),屏幕左边显示从本船到标尺的距离(RNG To+)和方位(BRG To+)。

标尺关闭：显示本船位置(“▲”符号)、速度和航向等。

4. 移动屏幕

在 Plotter 1 和 Plotter 2 两种显示模式下，屏幕能够移动。如果本船驶离屏幕，会自动重回到屏幕中心。

(1)按【CURSOR ON/OFF】键，关闭标尺。

(2)按方位键，屏幕以方向键的方向移动。

5. 标尺居中显示

(1)按【CURSOR ON/OFF】键，打开标尺。

(2)按方向键确定标尺的位置。

(3)按【CENTER】键。

6. 本船居中显示

(1)按【CURSOR ON/OFF】键，关闭标尺。

(2)按【CENTER】键。

7. 启动/停止航迹的标绘记录

GP-90 型卫星导航仪可储存 2000 个航迹点和标志点。当内存写满，最早的航迹点将被清除，并写入新的。

按【PLOT ON/OFF】键，启动/停止航迹的标绘记录。

8. 清除航迹

(1)按【MENU ESC】键，选择 ERASE TRACK/MARK 菜单。

(2)按【▲】或【▼】键，选择 Erase Track(清除航迹)。

(3)按【▶】键，选择“Yes”，屏幕将显示提示信息。

(4)按【NU/CU ENT】键，内存存储及屏幕显示的航迹被清除。

一旦航迹被清除了，将不再存在，要确认是否清除所有航迹。

9. 选择航迹标绘的间隔

标绘间隔决定航迹的显示方式及其总存储时间。间隔越短提供航迹线的精确越高，但总的存储时间缩短。标绘的间隔可选择为时间或是距离。当船舶抛锚时，以距离作为间隔有利，可使航迹不被存储。

(1)按【MENU ESC】键，选择 TRACK/MARK SETUP(航迹/标志设置)菜单。

(2)按【▲】或【▼】键，选择 Track Rec.(航迹记录)。

(3)按【◀】或【▶】键，选择为 Time(时间)或 Dist(距离)。

(4)输入标绘间隔：

以时间作为标绘间隔：设置范围为 0～60 min，如要输入 30 s，输入“0030”。以距离作为标绘间隔：设置范围 0.01～99.99 n mile，如要输入 0.1 n mile，键入“0001”；要标绘全过程，输入“0000”。

(5)按【NU/CU ENT】键。

(6)按【MENU ESC】键,退出菜单操作。

10. 配置存储器

配置存储器中的 2000 个航迹点和转向点,存储器预设为航迹点和标志点各 1000。当存储器配置发生改变,所有数据会被清除。

(1)按【MENU ESC】键,选择 SYSTEM SETTINGS/PLOTTER SETUP 菜单(系统设置/标绘设置)。

(2)按【▲】或【▼】键,选择 Memory Apportion(内存配置)。

(3)输入航迹点数值,如要存储 1500 个航迹点和 500 个标志点,输入"1500"。

(4)按【NU/CU ENT】键,将询问是否清除所有数据。

(5)按【NU/CU ENT】键。

11. 选择参考方位

显示真方位或磁方位:航向及到转向点的方位能以真方位或磁方位显示。磁方位是真方位加上(或减去)地球磁偏差。

(1)按【MENU ESC】键,选择 SYSTEM SETTINGS/PLOTTER SETUP 菜单。

(2)按【▲】或【▼】键,选择 Bearing Ref.(参考方位)。

(3)按【◀】或【▶】键,选择真方位或磁方位。

(4)按【NU/CU ENT】键,或【▲】、【▼】键。

输入磁差:由于磁北极与地理北极的位置不同,导致真北和磁北方向上的不同,这个偏差叫作磁偏差。随着在地球上观察点的不同,磁差也不同。磁差能通过自动输入或手动输入。

(5)按【▲】或【▼】键,选择 Mag Variation(磁偏差)。

(6)按【◀】或【▶】键,选择 Auto(自动输入)或 Man(手动输入)。

(7)如果选择自动输入,当前的磁差值显示在括号内;如果选择手动输入,应根据海图磁差值输入,例如磁偏差为 10°,输入"10"。

(8)必要时,按【⟲】键,改变东/西经。

(9)按【NU/CU ENT】键。

(四)标志

1. 输入/清除标志

在 Plotter 1 和 Plotter 2 显示模式下,可使用 13 种图形在任何地方插入一个标志,还能连线来表示网状区域。

两种情况下是不能插入标志的:一是内存写满时,先清除不需要的标志;一是在没有定位数据时。这时,设备会发出蜂鸣声,并且在屏幕显示提示信息提醒。

(1)输入标志

在本船位置:

①按【CURSOR ON/OFF】键,关闭标尺。

②按【MARK】键。

在标尺位置:

①按【CURSOR ON/OFF】键,打开标尺。

②把标尺移到要放置标志的位置,按【MARK】键。

(2)清除标志

清除单个标志:

①把标尺移到要清除的标志上。

②按【CLEAR】键。

清除所有标志:

①按【MENU ESC】键,选择 ERASE TRACK/MARK(航迹/标志清除)菜单。

②按【▲】或【▼】键,选择 ERASE MARK(清除标志)。

③按【▶】键,选择"Yes"。将显示提示信息。

④按【NU/CU ENT】键。

2. 选择标志图案和标尺连接线

(1)按【MENU ESC】键,选择 TRACK/MARK SETUP(航迹/标志设置)菜单。

(2)按【▲】或【▼】键,选择 Mark Shape。

(3)按【◀】或【▶】键,选择所要的图形,共有 13 种图案。

(4)按【NU/CU ENT】键,下一个插入的标志的图形即刚刚所选择的。

标志能够用线连接,以表示网状区域、捕鱼地点等。有 3 种连接线。设定"·"表示无连线。

(5)按【▲】或【▼】键,选择 Mark Line(标志连线)。

(6)按【◀】或【▶】键,选择所要的标志线。

(7)按【NU/CU ENT】键。

3. 插入事件标志

事件标志指当前一些重要的位置,如一个好的捕鱼点。事件标志能像普通标志一样存储,设备自动从 01～99 进行编号,01 号是最新的事件标志点。

两种情况下是不能插入事件标志的:一是内存写满时,先清除不需要的标志;一是在没有定位数据时。这时,设备会发出蜂鸣声,并且在屏幕显示提示信息提醒。

(1)插入事件标志:按【EVENT MOB】键小于 3 s,按键时刻的位置作为偶然事件位置被储存。

(2)清除事件标志,同"输入/清除标志"。

4. 选择事件标志图形

(1)按【MENU ESC】键,选择 TRACK/MARK SETUP(航迹/标志设置)菜单。

(2)按【▲】或【▼】键,选择 Event Mark(事件标志)。

(3)按【◀】或【▶】键,选择所要事件标志的图形(共有十种图案)。

(4)按【NU/CU ENT】键,下一个插入的事件标志的图形是这时所选用的。

5. 插入 MOB 标志

MOB 标志点指的是人员落水的地点。设备仅能够插入一个 MOB 点,每插入一个 MOB 标志,旧的标志点会被覆盖。当没有定位数据时,是不能插入 MOB 标志的。

(1)按【EVENT MOB】键至少 3 s。

(2)按【NU/CU ENT】键,这时显示模式会自动转为 Plotter 2 模式,当前的位置自动设置为目的地,MOB 标志("M")出现在按键时刻的位置。

如果按【MENU ESC】键代替【NU/CU ENT】键,MOB 标志将不被作为目的地,但 MOB 标志仍然保留在屏幕上。

6. 清除 MOB 标志点

(1)按【GOTO】键,选择 Cancel,取消目的地,按【NU/CU ENT】键。

(2)按【MENU ESC】键,显示 ERASE TRACK/MARK(航迹/标志清除)菜单。

(3)按【▲】或【▼】键,选择 ERASE MARK(清除标志)。

(4)按【▶】键,选择"Yes"。

(5)按【NU/CU ENT】键。

(五)转向点、计划航线

1. 输入转向点

在航海术语中,转向点是航行中一个特定的起始点、中途点或目的点。在 GP-90 中可存储编号从 001～999 共 999 个转向点。转向点可通过五种方式输入:

(1)通过标尺输入转向点

①按【WPT RTE】键,显示 Waypoint/Route(转向点/航线)菜单。

②按选择标尺,显示模式将转为 Plotter 2。

③按方向键,把标尺放在转向点的位置上。

④按【NU/CU ENT】键。这时弹出一个窗口,显示转向点位置数据和时间。转向点会自动储存在编号最小且为空的编号上,也可输入一个不同的编号。如果转向点和标志在同一位置,标志的位置和时间能作为转向点的数据。

⑤输入转向点编号(001～999)。

⑥按【▼】键,选择 Mark(转向点图形)。按【◀】或【▶】键,从弹出窗口中选择一个图形。

⑦按【NU/CU ENT】键。

⑧按【▼】键输入注释(Cmnt),或按【NU/CU ENT】键跳过。注释可由 12 个字母符号组成。按方向键选择文字和数字符号。按【NU/CU ENT】键,确认输入。要清除错误的数据,按【CLEAR】键。选择"ENTER"完成。

⑨按【NU/CU ENT】键。如果输入的转向点编号已存在,且是当前航线的一部分,

将显示提示信息。如果要覆盖转向点及数据，按【Yes】键；要改变转向点编号，按【No】键。

(2)将 MOB/event 点位置存储为转向点

①按【WPT RTE】键，选择 MOB/EVENT Position(人落水点/事件点)，将显示几个重叠的弹出窗口。

②按【◀】或【▶】键，选择一个 MOB 或 Event 位置作为转向点存储。

③按【NU/CU ENT】键。

④同"通过标尺输入转向点"步骤⑤到⑨。

2. 将本船船位存储为转向点

当没有定位数据时，是不能把本船位置作为一个转向点存储。这时设备发出蜂鸣声，并显示提示信息。

(1)按【WPT RTE】键，选择 Own Ship Position(本船位置)。

(2)同"通过标尺输入转向点"步骤⑤到⑨。

①通过方位和距离的计算输入转向点

a. 按【WPT RTE】键，选择 R/B to Position。

b. 输入基准转向点编号(000 为本船位置)，或按【▼】键，直接输入经纬度值。

c. 按【▼】键，输入用于计算新转向点的方位和距离。

d. 按【NU/CU ENT】键。

e. 同"通过标尺输入转向点"步骤⑤到⑨。

②通过转向点列表输入

a. 按【WPT RTE】键，选择 Waypoint List(转向点列表)。

b. 按【⟳】键，选择定位格式：经/纬度或 LOP。

c. 按【▲】或【▼】键，选择转向点编号。

d. 按【◀】或【▶】键，在弹出窗口中输入经/纬度数据，按【⟳】键，转换 N/S 和 E/W。

e. 按【▼】键，输入转向点图形和注释。

f. 按【NU/CU ENT】键两次。转向点列表更新，输入转向点的位置、日期和时间显示在列表上。

g. 重复上述步骤输入其他转向点。

h. 按【MENU ESC】键完成。

③编辑转向点

同"通过转向点列表输入"步骤。

④删除转向点

通过标尺删除转向点：

a. 把标尺放在要删除的转向点上。

b. 按【CLEAR】键。

通过转向点列表删除转向点：

a. 按【WPT RTE】键。

b. 按【▲】或【▼】键，选择要删除的转向点。

c. 按【CLEAR】键。如果此转向点当前被选为目的点，是航线上一部分，将显示提示信息。

d. 按【NU/CU ENT】键。要取消删除，按【MENU ESC】键，返回转向点列表。

3. 编辑航线

航行中经常要进行一些航向的改变，这要求在航行中有一系列转向点。转向点按照顺序依次连接到最终目的地即成为一条航线。GP-90 可存储 30 条航线，每条航线可容纳 30 个转向点。GP-90 可自动航行到下一个转向点，因此不需要重复改变目的地。在 Plotter 1 和 Plotter 2 模式下，航线能被显示在屏幕上。

航线编辑：

(1)按【WPT RTE】键，选择 Route Panning(航线计划)，显示航线列表。

(2)按【▲】或【▼】键，选择航线编号。

(3)按【▲】键，屏幕进入航线编辑窗口，包括两部分：计划航线和转向点列表。

(4)必要时，可按【▲】键输入速度，以计算航行所需时间。按【◀】或【▶】键，选择自动或手动输入，输入速度值。

Auto：使用当前的平均速度计算 TTG。Man：通过手动输入的速度来计算 TTG。

按【▼】键，输入航线中的转向点，能通过两种方法输入：

(1)直接输入转向点编号

①输入转向点编号。如果输入的转向点不存在，将会被告知，输入被取消。

②按【▼】键继续。

③重复步骤①、②，输入其他转向点。

④按【MENU ESC】键完成。

(2)通过转向点列表窗口(以通过转向点的顺序输入)

①按【⟲】键，计划航线窗口隐藏，转换到转向点列表窗口。

②按【▲】或【▼】键，选择转向点。

③按【NU/CU ENT】键，被选中的转向点编号出现在航线编辑窗口。

④重复步骤②、③，输入其他的转向点。

⑤按【MENU ESC】键完成。要返回到航线编辑窗口按【⟲】键。

删除/重置计划航线中的转向点：

(1)按【WPT RTE】键，显示航线列表。

(2)按【▲】或【▼】键，选择航线。按【▶】键，显示航线编辑窗口。

(3)选择要删除的转向点，按【CLEAR】键删除；或把光标放置在要重新输入的转向点，输入新的转向点编号。

(4)按【NU/CU ENT】键。

(5)重复步骤(3)、(4),继续编辑。

(6)按【MENU ESC】键,航线被重新设计。

删除航线:

(1)按【WPTRTE】键,显示航线列表。

(2)按【▲】或【▼】键,选择航线。

(3)按【CLEAR】键。如果航线正在使用显示提示信息。

(4)按【NU/CU ENT】键。

(六)航线使用

设置目的地:

当没有 GPS 定位数据时不能进行目的地的设置。当设置一个目的地,先前的设置将被取消。可通过 4 种方法设置目的地。

1. 通过标尺设置(使用标尺能设置一个包括 30 个转向点的航线)

设置单个目的地:

(1)按【GOTO】键,选择 Cursor(标尺)。自动转为 Plotter 1 或 Plotter 2 模式。

(2)把标尺放在要设置目的地的地方。

(3)按【NU/CU ENT】键,或按【CLEAR】键取消选择。

(4)按【NU/CU ENT】键完成。一条虚线连接本船和目的地(旗帜图形)之间。

设置多个目的地:

(1)把标尺放在要设置转向点的地方。

(2)按【NU/CU ENT】键。

(3)重复步骤(1)、(2),输入其他转向点。

(4)按【NU/CU ENT】键,在弹出窗口中输入航线编号。

(5)按【NU/CU ENT】键,各转向点以旗帜作为标志并以直线依次连接。

这些转向点是没有编号的,可通过以下方法进行编号:

(1)按【WPT RTE】键,显示航线列表。

(2)按【▲】或【▼】键,选择刚输入航线的编号。按【NU/CU ENT】键。

(3)输入转向点编号的 3 位数。按【NU/CU ENT】或【▼】键,确认输入。如果转向点编号已经存在,显示提示信息,按【MENU ESE】键取消,按【NU/CU ENT】键将覆盖先前存储的转向点。

(4)重复步骤(3),输入其他转向点编号。

(5)按【MENU ESE】键完成。当目的地取消时,直线被清除,但旗帜标志仍然保留在屏幕上。

2. 通过 MOB 或 EVENT 点设置

(1)按【GOTO】键,选择 MOB/event Position,将显示几个重叠的窗口。

(2)按【◀】或【▶】键,选择人员落水位置或偶然事件位置。首先显示 MOB 位置,按

【▶】键,选择各 event 位置。

(3)按【NU/CU ENT】键,旗帜标志显示在被选择的位置上。一条虚线连接本船与 MOB 或 event 点。当目的地被取消,虚线被清除,但旗帜仍然保留在屏幕上。

3. 通过转向点列表设置

按【GOTO】键,选择 Waypoint List,显示转向点列表。

直接输入转向点编号设置:

(1)输入 3 位转向点编号。按【CLEAR】键可清除输入。

(2)按【NU/CU ENT】键。以本船位置作为起点,一条虚线连接本船与被选择的目的转向点。

通过选择转向点设置目的地:

(1)按【⟲】键,转换到转向点窗口,使用方向键进行选择。

(2)按【▲】或【▼】键,选择转向点。

(3)按【NU/CU ENT】键。

4. 设置航线作为目的地

按【GOTO】键,选择 Route List,显示航线列表。

直接输入航线编号:

(1)按【◀】或【▶】键,选择航行方向,前进或返回(FORWARD/REVERSE)。

(2)输入航线编号。

(3)按【NU/CU ENT】键。当前位置作为起点,一条实线连接起点和第一个转向点,其他转向点由虚线连接。

选择一条航线:

(1)按【⟲】键,转换到航线列表,使用【▲】或【▼】键选择航线编号。

(2)按【◀】或【▶】键,选择行驶过航路点的方向;前进或返回。

(3)按【NU/CU ENT】键。

跳过转向点:

在航线列表中,可以通过转向点后选择"DI"(Disable)来跳过一个转向点。

(1)按【WPTRTE】键,显示航线列表。按方向键选择航线。

(2)按【▲】或【▼】键,选择要跳过的转向点。

(3)按【◀】或【▶】键,把光标移动到的转向点编号后面的位置。

(4)按【⟲】键,把"EN"(Enable)转换为"DI"(Disable)。重新选择转向点,按【⟲】键把"DI"变为"EN"。

取消目的地:

(1)按【GOTO】键,选择 Cancel。显示一提示信息。

(2)按【NU/CU ENT】键。

清除航路点(旗帜标志):

(1)把标尺放在要清除的旗帜上。

(2)按【CLEAR】键,按【NU/CU ENT】键。通过清除 Plotter 和 GPS 内存,能清除全部旗帜标志。

5. 计算两点间的距离和方位

选择航线航行方式:

计算到达目的地的距离和方位有两种方法:大圆或恒向线。计算航迹偏差仅可通过恒向线航线。

(1)按【MENU ESC】键,选择 PLOTTER SETUP(标绘设置)菜单。

(2)按【▲】或【▼】键,选择 Calculation(计算)。

(3)按【◀】或【▶】键,选择 R. L. (Rhumb Line,恒向线)或 G. C. (Great Circle,大圆)。

(4)按【NU/CU ENT】键。

计算:

(1)按【MENU ESC】键,选择 MANUAL CALCULATION(手动计算)菜单。

(2)键入起点经纬度。如需要,按【⟳】键转换北纬/南纬、东经/西经。

(3)按【▼】键,输入终点经纬度。

(4)按【▼】键,光标移到 Trial Speed(航行速度)。

(5)按【◀】或【▶】键,选择自动或手动。Auto 模式使用船舶的平均速度来计算航行需要的时间。如果选择"手动",输入速度。

(6)按【NU/CU ENT】键。两点间的距离、方位和航行需要的时间显示在屏幕上。如果数据输入有误或不充分,设备发出蜂鸣声,并显示"INCOMPLETE DATA",计算结果显示"*",并都为"9"。

(七)显示设置

1. 在 Data 模式下,选择显示的数据

在 Data 显示模式下,用户可在 4 个区域中选择显示的数据。可供选择的数据有:

(1)ALT(Altitude)高度(仅在三维定位模式下显示);

(2)AVR COG(Average course)平均航向;

(3)AVR SOG(Average speed)平均速度;

(4)COG(Course) 航迹向;

(5)HDG(Heading)船首向;

(6)SOG(Speed over ground)对地速度;

(7)STW(Speed thru water)对水速度;

(8)XTE(Cross track error)横向航迹偏差;

(9)dCOG(Course error)航向误差;

(10)DFT(Drift)流速;

(11)SET(Set)流向;

(12)RNG(Range to waypoint)距离；

(13)BRG(Bearing)方位；

(14)TTG(Time-to-go to waypoint)到达转向点需要的时间；

(15)ETA(ETA to waypoint)到达转向点的时刻；

(16)RT. DIST(Total route distance)总的航线距离(从当前位置到终止转向点的总距离)；

(17)RT. ETA(ETA to route)总航线到达的时刻；

(18)RT. TTG(Route time-to-go)航线航行需要的时间；

(19)TRIP(Trip distance)航行距离；

(20)TRIP TM(Trip elapsed time)航行已使用时间；

(21)W. DPT(Depth)水深(需要外接传感器)；

(22)W. TMP(WATER temperature)水温(需要外接传感器)；

(23)VTD(Velocity to destination)到达目的地的速度(当正使用一条航线时，在下一个指示中显示是正或负，以表示航线以哪个方向航行的)。

选择显示数据：

(1)按【MENU ESC】键，选择 PLOTTER SETUP(标绘设置)菜单。

(2)按【▲】或【▼】键，选择其中一个“User defined”(用户定义)。

(3)按【◀】或【▶】键，选择要显示的数据。

(4)按【NU/CU ENT】键，要选择其他显示的数据。重复(2)、(3)步骤。

选择定位格式：

位置能用经纬度、LORAN C/Decca 定位曲线来显示。默认格式是经/纬度。

选择定位格式(经/纬度或 LOPs)：

(1)按【MENU ESC】键，选择 LOP SETUP(定位线设置)菜单。

(2)按【▲】或【▼】键，选择 Pos Display(位置显示格式)。

(3)按【◀】或【▶】键，选择经/纬度或定位曲线(Lat/Long 或 LOP)。

(4)按【NU/CU ENT】键。

定位线显示：

(1)定位格式选择以 LOP 显示。

(2)按【◀】或【▶】键，选择 LC(罗兰 C)或 DE(台卡)。

Loran 定位曲线：

(1)按【▼】键，选择 LC 台链。

(2)根据 LC 台链列表，键入 GRI(脉冲组重复周期)编号和选台编号。

(3)按【▼】键，键入精度值，如有需要，按【⟳】键转换数值＋或－。

(4)按【NU/CU ENT】键。

Decca 定位曲线：

(1)按【▼】键，选择 DE 台链。

(2)根据 Decca 台链列表，键入台链编号。

(3)键入台卡的颜色部分：Red[1]，Green[2]，Purple[3]。

(4)按【▼】键，键入精度值，如有需要，按【⟳】键转换数值＋或－。

(5)按【NU/CU ENT】键。现在可使用定位线进行转向点的输入。

2. 模拟演示显示(Demo Display)

演示显示提供仪器的模拟操作。本船将从输入的位置开始，以输入的速度，在一个八角形上航行。可进行所有的操作，能改变航向、输入标志等。

(1)按住【NU/CU ENT】键，然后打开电源。检测结果显示后，进入模拟演示菜单。

(2)按要求键入初始经纬度。如有需要，按【⟳】键。转换南/北纬或东/西经。

(3)按【▼】键，键入速度。

(4)按【NU/CU ENT】键，开始模拟显示模式。

在 Plotter 1、Plotter 2 和 Highway 显示模式下，显示【DEMO】键符号。

要返回到正常模式先关闭电源，然后按住【NU/CU ENT】键，再打开电源。

(八)报警

共有 8 种警报功能。当超出所设置的警报范围时，设备会发出蜂鸣声，并显示警报信息。按【CLEAR】键，关闭报警窗口。

按【MENU ESC】键，选择 ALARM SETTING(警报设置)菜单。

(1)到达警报/锚位监视警报：

按【▲】或【▼】键，选择 Arrival/Anchor。按【◀】或【▶】键，选择 Arr.(到达报警)或 Anc.(锚位监视警报)。要关闭警报，选择 OFF。

按【▼】键，选择“Alarm Range”。键入报警范围(0.001～9.999 n mile)。报警示意如图 7-29 所示。

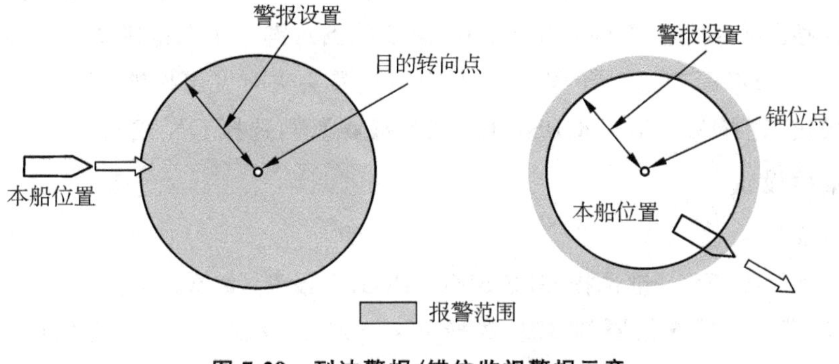

图 7-29　到达警报/锚位监视警报示意

(2)横向航迹偏移(XTE)警报：当本船偏移出计划航线上设置的范围，发出报警。

按【▼】键，选择 XTE。按【◀】或【▶】键，选择 ON。

按【▼】键，选择 Alarm Range。键入报警范围(0.001～9.999 n mile)。报警示意如图 7-30 所示。

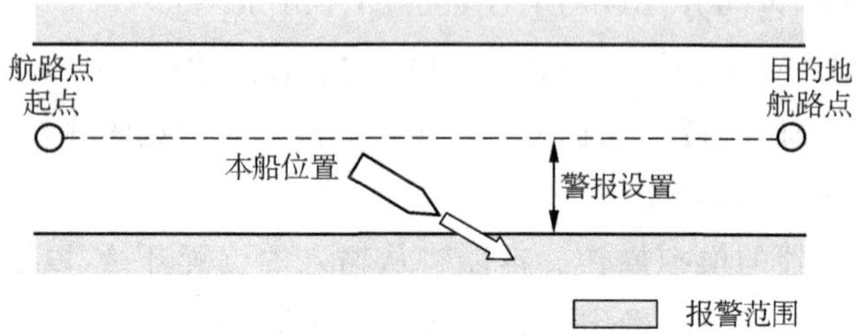

图 7-30　航迹偏移(XTE)警报示意

(3)船速警报：

按【▼】键，选择 Ship Speed。按【◀】或【▶】键，选择 In(或 Over)。要关闭警报，选择 OFF。

In：当船速处在设定范围之内，发出警报。Over：当船速高于或低于设定范围，发出警报。按【▼】键，选择 Speed Range，键入船速范围值。

(4)航程警报：当航行的距离超出所设定的范围，发出警报。

按【▼】键，选择 Trip。按【◀】或【▶】键，选择 ON。如有需要，按【CLEAR】键重置航行距离和时间。

按【▼】键，选择 Trip Range，键入航程范围。

(5)水温警报：当水温大于或小于(或处于)当前的温度，发出报警。此功能要求外部仪器的温度信号。按【▼】键，选择 Water Tempo；按【◀】或【▶】键，选择 In(或 Over)。要关闭警报，选择 OFF。按【▼】键，选择 Tempo Range，键入水温范围值。

(6)深度警报：当水深大于或小于(或处于)当前的水深，发出水深报警。此功能要求与视频回声测深仪连接。

按【▼】键，选择 Depth(深度)。按【◀】或【▶】键，选择 In(或 Over)。要关闭警报，选择 OFF。按【▼】键，选择 Depth Range(深度范围)，键入水深范围值。

(7)WAAS/DGPS 警报：当 WAAS/DGPS 信号丢失时发出报警。

按【▼】键，选择 WAAS/DGPS。按【◀】或【▶】键，选择 ON 或 OFF。

(九)菜单设置

1. GPS 设置

(1)按【MENU ESC】键选择 GPS SETUP(GPS 设置)菜单。

(2)定位模式：按【▲】或【▼】键，选择 Fix mode。设置 2D 模式或 2D/3D 自动转换模式。

(3)不能使用的卫星:按【▼】键,选择 Disable satellite。键入 2 位卫星编号(01～32),共可输入 3 颗卫星的编号。如果输入编号无效,设备会发出蜂鸣声。清除所有不能使用的卫星,按【CLEAR】键,用以屏蔽工作异常的卫星。

(4)GPS 平滑值:按【▼】键,设置 GPS Smoothing。减小当几何因子或接收条件不理想时,GPS 的定位产生的较大误差所带来的影响。平滑越高,原始数据越稳定,但对于实际变化的响应变慢。

按【▼】键选择 Psn(位置平滑),输入 3 位平滑值(001～999)。

按【▼】键选择 Spd(速度平滑),输入 3 位平滑值(001～999)。

(5)速度平均值:按【▼】键,选择 Speed Average,输入 2 位平均值(00～99)。用于计算 ETA、TTG 等以一段时期内的平均速度为基础的量。

(6)RAIM 功能:按【▼】键,选择 RAIM Function,设置为 ON 或 OFF。

按【▼】键,选择 RAIM Accuracy,输入精度值(1～999)。

(7)测地系:按【▼】键,选择 Geodetic Datum。按【⊙】键,选择使用的测地系。对于 WGS-84 或 NAD 27 之外的测地系,选择 OTHER(其他),并根据测地系海图列表键入海图编号(001～171)。

(8)位置修正:按【▼】键,选择 Posn Offest。键入经/纬度修正量,如有需要,按【⊙】键转换北纬/南纬、东经/西经。如果不知道所使用的海图的类型,当停泊在港口时,记下位置的差量,然后菜单中输入这个量以消除 GPS 定位和海图定位之间的不同。

(9)时差:按【▼】键,选择 Time Diff。键入时差值(－13:00 到＋13:00),按【⊙】键,转换正、负号。设置使用当地时或 UTC。

(10)概略船位:按【▼】键,选择 Posn。键入船位经/纬度,如有需要,按【⊙】键,转换北纬/南纬、东经/西经。在第一次开机或冷启动时,输入船位以缩短定位的时间。要求误差在 10°以内。

(11)按【MENU ESC】键。

2. 选择测量单位

(1)按【MENU ESC】键,选择 UNIT SETUP(单位设置)菜单。

(2)距离单位:按【▲】或【▼】键,选择 Unit of distance。按【◀】或【▶】键,选择单位:nm(海里)、km(千米)、sm(法定英里)。

(3)深度单位:按【▼】键,选择 Unit of Depth。按【◀】或【▶】键,选择单位:meter(米)、feet(英尺)、fathom (6 英尺)。

(4)温度单位:按【▼】键,选择 Unit of Temp。按【◀】或【▶】键,选择单位:Centigrade(百分比)、Fahrenheit(华氏温度)。

(5)高度单位:按【▼】键,选择 Unit of Altitude。按【◀】或【▶】键,选择单位。

(6)按【 MENU ESC】键。

3. 设置标记和符号的尺寸、亮度

(1)按【MENU ESC】键。选择 DISPLAY SETUP(显示设置)菜单。

(2)网格亮度:按【▲】或【▼】键,选择 Grid。按【◀】或【▶】键,选择亮度(亮、暗或关闭)。

(3)航线亮度:按【▼】键,选择 Course Bar。按【◀】或【▶】键,选择亮度。

(4)时间标志亮度:按【▼】键,选择 Time Mark。按【◀】或【▶】键,选择亮度。

(5)转向点标志尺寸:按【▼】键,选择 Waypoint Size。按【◀】或【▶】键,选择尺寸大或小。

(6)标尺尺寸:按【▼】键,选择 Cursor Size。按【◀】或【▶】键,选择尺寸。

(7)流向/流速平滑:按【▼】键,选择 Set/Drift AVE。按【◀】或【▶】键,选择开/关。

(8)按【NU/CU ENT】键和【MENU ESC】键。

扩展文字:

在 Data 显示模式下,位置数据或用户定义显示区域的内容能够放大显示。

(1)在 Data 显示模式下,按【CURSOR ON/OFF】键打开标尺。

(2)操作方向键选择要扩大的数据的窗口。按【ZOOM IN】键。要把文字尺寸从扩大恢复正常,按【ZOOM OUT】键。

4. 设置航海仪器的连接

除了显示位置的基本功能,GP-90 能通过 4 个 I/O 接口输出不同的数据到外部设备。数据接口还用以与计算机和 DGPS 接收机数据通信。

按【MENU ESC】(DATA 1、DATA 3 OUTPUT SETUP)键,设置数据 1、3 接口。

按【MENU ESC】(DATA 2 OUTPUT SETUP)键,设置数据 2 接口。

按【MENU ESC】(DATA 4 OUTPUT SETUP)键,设置数据 4 接口。

5. WAAS/DGPS 设置

按【MENU ESC】键,选择 DGPS SETUP。设置差分 GPS 无线电接收机与 GP-90 的连接以进一步提高定位精度。

6. 显示 GPS 监视器

有 3 个 GPS 监视屏幕提供信息:

Satellite monitor(卫星监视器)显示 GPS 卫星的位置。

Beacon receiver monitor(无线电接收机监视器)显示差分 GPS 无线电基准站资料。

DGPS beacon station message monitor(DGPS 无线电台信息监视器)显示从无线电基准站收到的信息。

(1)按【MENU ESC】键,选择 GPS MONITOR。

(2)按【⟳】键,显示想观察的 GPS 监视屏幕。

(3)按【NU/CU ENT】键退出。

(十)故障检查

1. 内存清除

GPS 有两个内存:GPS 存储器和标绘存储器。

GPS 存储器储存 GPS 信息,包括历书等。标绘存储器储存标绘的航迹和标志数据。当清除标绘存储器时,所有航迹和标志被清除,所有相应的设置被还原。

(1)按【MENU ESC】键,选择 CLEAR MEMORY(清除内存)菜单。

(2)按【▲】或【▼】键,选择要清除的内容。

(3)按【▶】键,选择 Yes。显示提示信息。

(4)按【NU/CU ENT】键,确认操作。

在清除 GPS 和标绘存储器后,仪器可能会被锁定,可重新开机还原正常的操作。

2. 自检

按【NENU ESC】键,选择 SELF TESTS(自检)菜单。

存储器,I/O 接口检测。选择 Memory,I/O Port Test。

检查内容包括:PROGRAM(程序存储器)、SRAM(随机存储器)、Internal Battery(内置电池)、DATA 1 PORT(数据接口 1)、DATA 2 PORT、DATA 4 PORT、GPS 接收机、BEACON(无线电接收机)。工作正常,显示"OK";当发生异常时,显示"NG"。如果数据接口没连接设备,显示"NG"作为接口检测的结果。

检测完毕,按【NENU ESC】键退出,返回到自检菜单。如果不按键,继续检测。

键盘检测:选择 Keyboard Test 屏幕。

按每一个控键,如果该键正常,屏幕上相应的区域变亮。要停止键盘检查,按【CLEAR】键三次,返回到 SELF TEST 菜单。

显示器检测:选择 Test Pattern 屏幕。

要改变检测的图案,按【NU/CU ENT】键。按【CLEAR】键三次停止检测。

自动检测:选择 Auto Test。连续进行所有自检。要停止检查,按【NENU ESC】键。

按【NENU ESC】键退出。

第四节　航海六分仪的使用

一、航海六分仪的主要组成部分

航海六分仪是一种测角仪器,航海上常用来测定天体的高度、山头的垂直角和两个物标的水平角等。六分仪(sextant)的结构如图 7-31 所示。

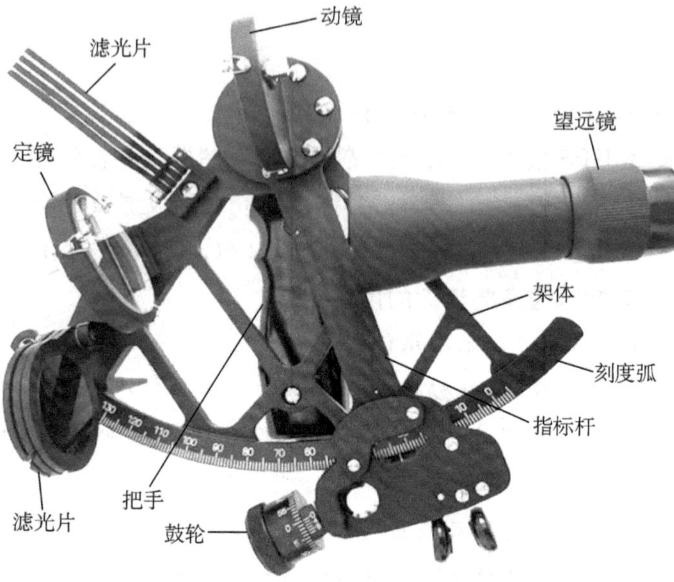

图 7-31 六分仪结构

二、六分仪测角读数

在六分仪刻度弧上，由 0°向左 0°～140°为正角度，称为主弧；0°向右 5°左右为负角度，称为余弧。

根据六分仪的结构及光学原理，指标杆所指的刻度弧读数是动镜面与定镜面夹角的 2 倍。即当动镜面与定镜面相互平行时，指标杆指 0°，当动镜面与定镜面的夹角为 ω 时，指标杆指 2ω 读数。

六分仪测角读数可由刻度弧、鼓轮和游标三个部分的读数相加得到。

1. 主弧读数

如图 7-32 所示，六分仪测角读数为：刻度弧读数 44°＋鼓轮读数 31′＋游标读数 0.6′＝44°31.6′。

2. 余弧读数

因为鼓轮倒转 1 周，指标杆向负角(右)方向移 1°。所以，对于不足 1°的负角小数，应该用 60′减去从鼓轮和游标尺上按正角读法读出的分和分的小数后，才得正确的负角小数。如图 7-33 所示，正确读数为－[0°＋(60′－25.4′)]＝－0°34.6′。

三、航海六分仪的检查和校正

六分仪的测角误差主要有六个，其中三个为不可校误差，其余为可校正误差。

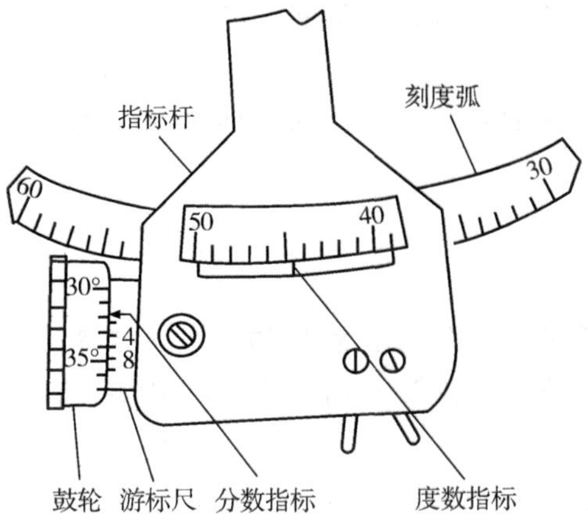

图 7-32　主弧读数

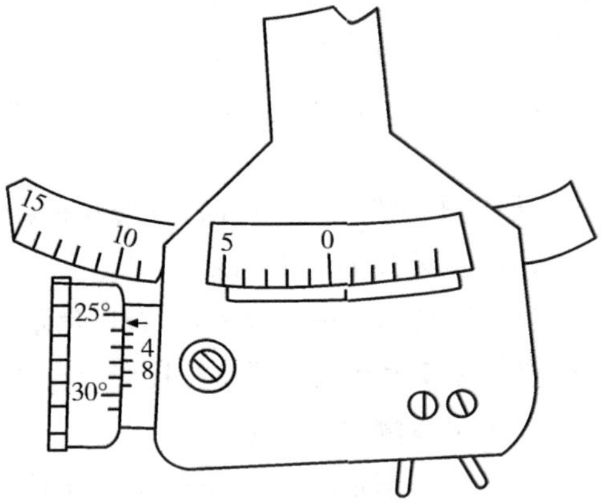

图 7-33　余弧读数

(一)不可校误差

三个不可校误差是偏心差(centering error)、棱性差(option error)和刻度差(worm and rack error),它们对测角的综合影响称为器差(instrument error)。器差由工厂测定并列表,名为"六分仪器差表",一般将此表贴在六分仪箱盖内,供使用者修正测角读数。六分仪器差表的样式如表 7-2 所示。

表 7-2　六分仪器差表样式

测角	0°	10°	20°	30°	40°	50°	60°	70°	80°	90°	100°	110°	120°
器差	0	+10″	+5″	−3″	−3″	−5″	−10″	−12″	−10″	−5″	−5″	0	+10″

六分仪器差的大小反映了六分仪的质量,将器差小于 40″的六分仪列为甲级;器差在 40″～2′之间的列为乙级;器差大于 2′的,便认为不宜用于航海测天。

(二)可校正误差

可校正误差有垂直差、边差、指标差。

1. *垂直差,或称动镜差*(perpendicularity)

原因:动镜镜面不垂直于刻度弧面。

检查与校正:将指标杆移至 35°左右,左手平握六分仪分度弧朝外,眼睛置于动镜后,同时斜视动镜中的反射弧影像与直接看到的真弧成一延续的弧线时,表示没有动镜差。如果不成一延续的弧线而产生高低位置时,表明动镜差存在,需要校正。可用校正扳手慢慢地转动镜面后的校正螺丝。边看边转动直到消除动镜差(反射弧像和实际弧位于同一弧线上)。

2. *边差,或称定镜差*(side error)

原因:定镜镜面不垂直于刻度弧平面。

检查与校正:加适当滤光片,将指标杆放在 0°,六分仪保持垂直对准太阳(或星体),并且慢慢地正、反转动鼓轮,仔细观察太阳和其影像是否有左右分开现象。如有,可用扳手调整定镜后上面的螺丝,最后使两个影像左右不要分开。完全重合为止。

3. 指标差 (index error)

动、定两镜平行时,指标不指 0°的零位置差,若此时的读数为 m,则指标差 i 为

$$i=0°-m$$

指标差的测定方法通常有下列几种:

(1)用水天线测定指标差

指标杆放在 0°,去掉滤光片,调好焦距。竖握六分仪观测水天线,对准水线方向转动鼓轮,使直射和反射水天线严密相接成一直线,无一高一低现象,此时读数为 m,则 $i=0°-m$。

(2)用星体测定指标差

观测星体,当反射影像与真像重合时,读取测角读数 m,则 $i=0°-m$。

(3)用太阳测定指标差

因为测太阳影像重合不易,所以一般均测影像、实像上下相切。

指标杆放在 0°,配好滤光片对准太阳,转动鼓轮,太阳反射影像先与真像上边缘相切,上切一次读数为m_1,再下切一次读数为m_2,两次相切读数的代数和平均值等于两像重合时的读数 $m=\frac{m_1+m_2}{2}$,则 $i=0°-m$。

用太阳测指标差的优点是可以检查观测的质量。六分仪测到的太阳视半径 R 为

$$R=\frac{|m_2-m_1|}{4}$$

如果测量准确,观测半径 R 与当天的太阳视半径$R^{\odot}$应相等或相差不超过 0.2′,所求的指标差可靠;R 若与$R^{\odot}$相差超过 0.2′,则应重测。R 与$R^{\odot}$比较,若$R^{\odot}$观测半径 R 大,说明观测中两个太阳影像没有相切到;如果 R 小,说明相切时有重叠。而太阳视半径可根据$R^{\odot}$日期从《航海天文历》中查得。

一般来说,当指标差超过 6′时,就应当缩小它。缩小的方法:将指标杆移到零位,通过望远镜观测一远物标,例如水天线或一星体,用专用扳手调整定镜背而靠近架体的那颗螺丝,直到反射影像与真像重合为止。调整了指标差,定镜的垂直状态可能受到影响。因此,还得重新检查定镜的垂直情况,并予以校正。校正定镜又会影响指标差,所以又要重新测定指标差。定镜是必须处于垂直状态的,而指标差只要缩小到 6′以内就行了。当六分仪用于观测 1 n mile 内的近物标的夹角时,应利用被测物标重新测指标差。

四、天体高度的观测

1. 观测前的准备工作

(1)事先估计好观测的时间,并选好欲观测的天体。

(2)如舱室内外温差较大,应提前将六分仪箱子放到室外遮阴的通风处。

(3)准备好观测记录簿、铅笔等。

(4)按预定的观测时间,推算出测天时的天文钟差。

(5)若用秒表,应将秒表发条上好,并检查秒表启动、停止、归零等情况。

(6)检查、校正六分仪动、定镜,调整好望远镜焦距,根据需要选配好滤光片(选用一片比选用两片好)。

(7)测定六分仪指标差,记下观测值。若是在昏影中测星,则应抓住水天线还看得清楚的时机,先测星体高度,然后再测指标差。

2. 太阳高度观测方法

指标杆指向0°,加好滤光片,对准太阳保持垂直。慢慢外移指标杆,保持太阳在视野中。接近水天线时,去掉定镜前滤光片,否则看不见水天线。以六分仪望远镜光轴为轴轻轻左右摇摆六分仪,则在望远镜视野中看到天体的反射影像也作弧线状的摆动弧线的最低点是天体垂直圈的方向,测者应调节身体,调整六分仪望远镜的方向,使弧线的最低点处于望远镜视野中央,这样六分仪的方向和天体方位一致,即六分仪处于垂直位置了。在等待相切的过程中,由于天体方位不断变化,天体垂直圈也随之改变,天体反射影像摆动弧线的最低点也随之在水天线上移动。因此应继续摆动六分仪,让天体反射影像继续划出弧线,测者继续调整望远镜方向,以保持弧线最低点处于望远镜视野中央。随着天体反射影像逐渐接近水天线,摆幅也应随之减小,等待天体反射影像在视野中央弧线最低点与水天线准确相切。

当天体反射影像与水天线刚好相切时,立即启动秒表(或者按停事先启动的秒表),以便确定测天时的世界时。

摆动六分仪的要领:开始的摆幅要大些,找出包含最低点的那段弧线,横移六分仪,将最低点置于望远镜视野中央,最后微摆等待相切。

3. 观测天体高度的注意事项

(1)拿取六分仪前,应注意六分仪在箱内的位置,以便重新放入时按原位和原箱放好。

(2)转动滤光镜时,应按次序一片片地转动,不允许抓住整个滤光镜组一起转动。

(3)转动指标杆时,务必用手指捏紧松紧夹,不允许转动指标杆时放松松紧夹,以免蜗杆螺钉与刻度弧齿槽磨损而产生误差。

(4)观测前应先调好望远镜的焦距,使影像变得更清晰。进行观测时应两脚与肩等宽平行自然而立,不允许依靠物体。严禁坐在六分仪箱上观测或休息。

(5)观测太阳时应加适当滤光片,以防损伤眼睛。当指标杆指向0°时,观测太阳可见直射和反射两个影像。如果只见到一个太阳影像,原因可能是:

①动镜或定镜前的滤光片加得太厚,使反射或直射太阳影像被挡住。

②动镜或定镜的镜面倾斜过大,造成反射太阳影像严重偏离,不能进入望远镜。

如果看到两个以上太阳,原因可能是:滤光片间彼此不相平行;滤光镜位置移动或镜片存在质量问题。

第五节　全球海上遇险与安全系统

全球海上遇险与安全系统(global maritime distress and safety system)的英文缩写是GMDSS,是利用卫星通信和数字选呼技术,通过岸上、船上、飞机上、卫星上的设备,提供全球性有效搜救的通信系统。全球海上遇险与安全系统是国际海事组织利用现代化的通信技术改善海上遇险与安全通信,建立的海上搜救通信程序,并用来进一步完善现行常规海上通信的一套庞大、综合、全球性的通信搜救网络。该系统主要由卫星通信系统——INMARSAT(海事卫星通信系统)和COSPAS-SARSAT(极地轨道卫星搜救系统)、地面无线电通信系统(即海岸电台)以及海上安全信息播发系统三大部分构成。

一、全球海上遇险安全系统航行区

A1海区——由甚高频VHF岸台的无线电话所覆盖的区域,一般是半径为25 n mile的海域。

A2海区——由中频MF岸台的无线电话所覆盖的区域,一般是半径为100～150 n mile的海域。

A3海区——由国际海事卫星所覆盖的区域,一般是指南纬和北纬70°以内的海域。

A4海区——A1、A2、A3海区以外的区域,一般是指南纬和北纬70°以外的两极之间的海域。

二、全球海上遇险安全系统的功能

1. 遇险报警

遇险报警是向主管机关或提供援助的单位迅速有效地报告遇险事件,主管机关主要是指陆上搜救中心(RCC),提供援助的单位是指出事地点附近的船舶,RCC在收到卫星地面站或海岸电台转发的遇险报警信号后,向搜救单位(SAR)或指定的遇险船舶发送有关的遇险指令。

通常情况下遇险报警包括船舶的识别信息、船位、遇险的性质等。

GMDSS系统中的遇险报警可以在三个方向上进行,即船到岸方向、船到船方向、岸到船方向,遇险报警主要通过系统中的三个分系统发出,前两个系统的遇险报警主要是船到岸的报警;如果遇险报警信息是通过地面系统设备以数字选择性呼叫(DSC)方式发送,则在DSC覆盖范围内的岸台和船舶也将同时收到预遇险警报,同时实现船与船和船与岸方向的遇险警报;岸到船方向的遇险报警岸上有关单位把遇险报警信息发送给搜救船舶。

2. 搜救与营救协调通信功能

搜救协调通信指的是在遇险报警之后，在搜救协调中心(RCC)与遇险船舶及参加搜救的船舶、飞机和陆上的其他搜救机构之间进行通信，包括RCC和遇险事件海区任何“现场指挥者(OSC)”或“海面搜寻协调人(CSS)”之间的通信。这类通信经常使用无线电话和直接印字电报。

3. 现场通信功能

即遇险船与现场救助单位之间的通信联系，通常使用无线电话或直接印字电报，在中频或甚高频指定用于遇险和安全通信的频率上通信。

4. 定位和寻位功能

船舶在遇险情况下，其位置一般由卫星和地面系统的报警设备发出，接到信息的有关单位可以直接或通过分析得出遇险船舶的具体位置，这就是系统的定位功能。但是由于种种原因，得到的位置信息与遇险船、救生艇筏或幸存者的实际位置有一定的误差，在搜救的过程中为尽快发现遇险船或幸存者，系统也提供可尽快发现遇险船或幸存者的方法，即系统的寻位功能。目前寻位的功能有两种，一种是采用搜救雷达器，另一种是使用应急无线电示位标发射的引航信息。

5. 安全信息播发功能新功能

安全信息是指航行警告、气象警告和气象预报等一些有利于船舶航行安全的信息，GMDSS系统中，专门设立了一套完整的播发体系，用来播发海上安全信息，确保航行安全。

6. 日常无线电通信功能

日常无线电通信，主要是指除遇险、紧急和安全通信以外的船舶业务及公众业务通信，即船舶与岸上的管理部门、用户之间进行的有关管理、调度及个人方面的通信。日常无线电通信经由国际海事通信系统和地面系统在国际电信联盟(ITU)规定的频段内进行。

7. 驾驶台与驾驶台之间的通信功能

驾驶台与驾驶台之间的通信功能指的是船舶驾驶台之间，为船舶航行安全进行的无线电通信，这种通信一般使用驾驶台的VHF无线电话进行。

三、全球海上遇险安全系统GMDSS设备及主要功能

1. MF/HF 通信设备

MF/HF通信设备如图7-34所示，基本功能如下：

(1)单边带SSB无线电话。

(2)数字选择性呼叫设备(digital selective call equipment，DSC)，采用数字技术和微处理机控制等新技术的呼叫设备，十位数字编码，前七位是信息码，后三位是检错码；并采用二重时间分集前向纠错方式发送，主要用于船舶遇险报警和建立通信的预约呼叫。

图 7-34 MF/HF 通信设备

(3)窄带直接印字电报设备(narrow band direct printing telegraph equipment, NBDP)，这是一种中高频无线电通信终端设备，能自动收发电文，并且有纠错、检错能力，配有标准的电传打印机、显示器或纸带读入/读出等设备。

2. VHF/DSC 无线电话设备

VHF/DSC 无线电话设备如图 7-35 所示，基本功能如下：

图 7-35 VHF/DSC 无线电话设备

(1)遇险报警、遇险收妥、遇险转发、组呼或群呼、自动值守。

(2)VHF 无线电话日常通信。

(3)无线电话遇险、紧急、安全通信。

3. NAVTEX 接收机

NAVTEX 接收机如图 7-36 所示，基本功能为：可在国际规定的 518 kHz 频率上，自动接收并能存储和打印海岸电台播发的航行警告、气象警告、气象预报以及紧急信息。

4. 搜救雷达应答器

搜救雷达应答器(SART，图 7-37)收到雷达发射的脉冲信号时，对雷达予以应答，发出 12 个等距离的尖脉冲信号，雷达上这 12 个亮点的距离长度约为 8 n mile。

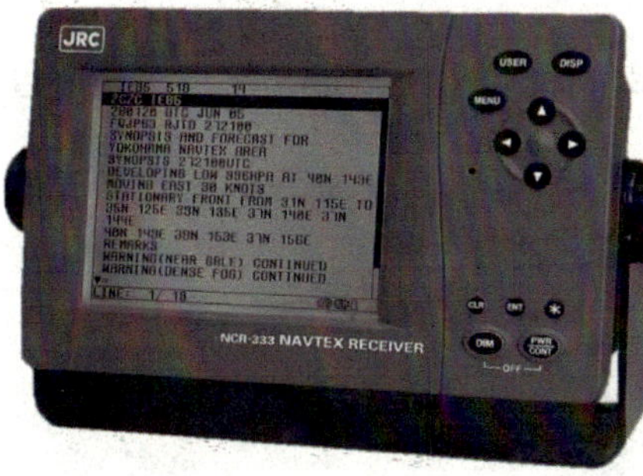

图 7-36　NAVTEX 接收机

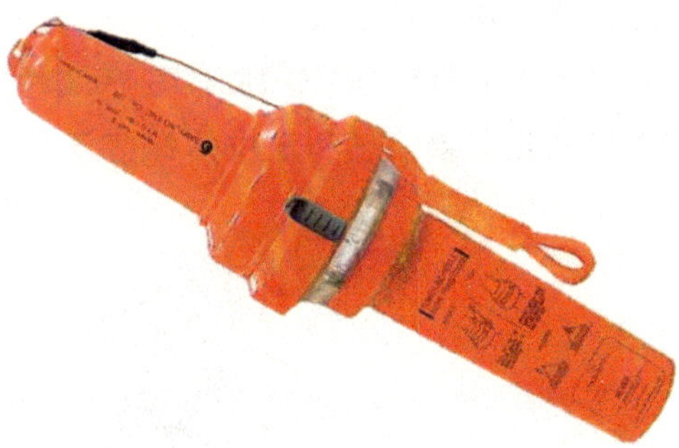

图 7-37　搜救雷达应答器

5. VHF 双向无线电话

VHF 双向无线电话如图 7-38 所示，当船舶遇险或发生紧急情况时，其可用于救生艇筏之间、救生艇筏与母船之间及救生艇筏与救助单位之间的现场通信。

6. INMARSAT-C 船站

INMARSAT-C 船站如图 7-39 所示，可经过陆上通信网络与陆上用户进行电传或数据通信，也可用于接收增强性群呼业务(EGC)，其主要功能：

图 7-38　VHF 双向无线电话

图 7-39　INMARSAT-C 船站

(1)存储转发信息；

(2)遇险报警；

(3)非公众通信时可接收 EGC 信息；

(4)岸上用户可用调取指令获取船位或文件；

(5)可利用存储—转发信息工作方式，定时发送船位或报文；

(6)按 INMARSAT 有关建议规定，在有调取指令时，或者由船站操作者设置定时发送后，可利用岸站设备以数据突发的方式在信令信道传输船位或数据。

7. INMARSAT-F 船站

INMARSAT-F 船站如图 7-40 所示，F 船站可进行电话、传真和数据通信。其最大特点是数字化、高速化。

8. 紧急无线电示位标

紧急无线电示位标(EPIRB,图 7-41)主要功能是在船舶遇险时能够自动或通过人工启动发射遇险求救信息和定位信标信息。

图 7-40　INMARSAT-F 船站

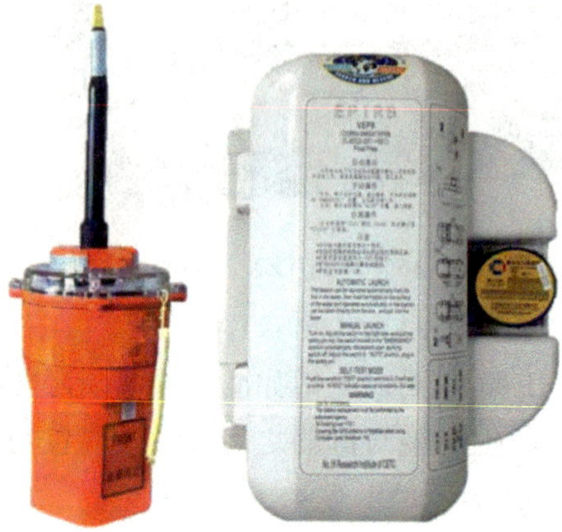

图 7-41　紧急无线电示位标

第八章

船舶应急

船舶应急是指船舶进入或临近进入某种事故或紧急状态时所采取的应对措施和行动的活动过程。船舶应急的目的是使海上人命、财产及海洋环境能摆脱或远离事故危险，尽快恢复安全状态。成功的应急必须具备以下四个条件：

(1)训练有素的人员；

(2)完备的应急设施和器材，符合规范的船体结构；

(3)高效的应急预案；

(4)正确果断的指挥和组织，良好的群体协作和配合。

本章主要介绍救生、消防设备状态的保持、船舶应急反应计划与应急准备、船舶应急演习与训练、船舶应急行动等内容。

第一节　救生、消防设备状态的保持

一、船舶救生设备状态的保持

1. 基本要求

(1)船舶应按SOLAS公约、LSA规则、国家主管部门以及各公司安全管理体系的规范要求配备救生设备。

(2)三副为船舶救生设备状态保持的责任人。

(3)对船舶救生设备的维护保养情况应分别记入“船舶消防、救生设备检查养护登记簿”和“船舶应急设备试验、检查、修理记录簿”内。

2. 维护保养、检查和试验计划

(1)应为船舶救生设备制订维护保养、检查和试验计划。三副负责制订该计划，并报大副列入“船舶年度维修计划”中。

(2)船舶救生设备的维护保养、检查和试验应依据所制订的维护保养、检查和试验计划进行。

(3)制订船舶救生设备维护保养、检查和试验计划时,应充分考虑到在计划实施时能确保船舶救生设备的可靠性。

(4)船舶救生设备维护保养、检查和试验计划应用通俗易懂的文字和图示予以表达。

(5)船舶救生设备维护保养、检查和试验计划应涉及下列船舶救生设备:

①救生(助)艇、筏:包括救生艇及其属具、救生艇降落与回收装置、救助艇及其属具、救助艇降落和登乘设备及其回收装置、救生筏、救生筏存放和降落设备、静水压力释放器等。

②救生圈:包括救生圈、自亮灯、自发烟雾信号、可浮救生索等。

③救生衣:包括救生衣、救生衣上的灯、救生服(抗暴露服)、保温用具、逆向反光材料等。

④救生视觉信号:包括火箭降落伞火焰信号、手持火焰信号、漂浮烟雾信号等。

⑤无线电救生设备:包括双向甚高频(VHF)无线电话设备、雷达应答器(SART)、紧急无线电示位标(EPIRB)等。

⑥其他设备:包括抛绳器、通用紧急报警设备、有线广播等。

(6)全船的救生设备状态的保持并不都是由三副亲自完成的,如对救生艇、救生艇架降落装置、承载释放装置的彻底检查需要水手长和木匠等的配合;对救生艇和救助艇的发动机的检修和试验应由三管轮负责等,但三副应及时邀请或提醒有关人员配合,及时做好有关救生设备的状态保持工作。

3. 船舶救生设备状态的保持

(1)救生(助)艇

①每周

a. 所有救生艇、救助艇和降落设备均应进行外观检查以确保其随时可用。外观检查的内容应包括:吊钩、吊钩与救生艇的连接;承载释放装置等部件的状况,救生艇体有无裂缝;艇身各固定部件是否完好;艇内是否清洁,有无积水;吊艇架和滑车有无障碍及卡死现象;艇身各标志是否清晰,反光带是否按要求贴在救生艇相应部位。

b. 只要环境温度在发动机启动和运转所要求的最低温度以上,所有救生艇和救助艇的发动机均应进行运转(正、倒车)试验,总时间不得少于 3 min,或按制造商手册中规定的时间进行。

c. 只要天气和海况允许,货船上除了只有降落式救生艇以外的救生艇,应在不载人的情况下从其存放位置作必要的移动,以证实降落设备可正常操作。

②每月

a. 只要天气和海况允许货船上除自由降落式救生艇外的所有救生艇,应在不载人的情况下移离其存放位置(扬出)。

b. 只要天气和海况允许，应至少将救助艇降落下水一次，并在水面操纵。

c. 每月或每次开航时，按救生艇属具清点手册清点、检查救生艇属具及备品是否符合规定配备的数量，是否被放置在艇内，有没有被移至别处或被挪作他用。

d. 全面检查艇内急救药箱内的药品，清点数量，检查药品是否缺少和超出有效期。

e. 救生艇淡水每月更换一次(密封罐装的除外)。

f. 为吊艇钢丝抹油，防止锈蚀；为吊艇架和滑车的活动部位加油活络。

g. 检查确认吊艇钢丝通过的滑轮情况是否正常；吊艇机制动器和收绞装置、脱钩装置、吊艇架限位器是否有效可靠；蓄电瓶电量是否充足；供集合和弃船用的应急照明工作是否正常。

h. 对于封闭式救生艇洒水系统进行试验。

i. 检查确认救生艇操作规程和救生艇标志保持是否完好。

③每 3 个月

a. 结合演习，每艘救生艇应至少降落下水一次，并在水面操纵。

b. 给吊艇架、吊艇机滑车等活动部分以及吊艇索和其他钢索加(抹)油，必要时应对滑车做拆装检查。

④每半年

检查救生艇中的救生干粮，发现过期、变质应及时更换。

⑤每年

a. 结合船舶年度检验，对救生艇、救生艇架降落装置、承载释放装置进行彻底的检查。

b. 以最大降落速度对绞车制动器进行动态试验(该检查应由制造商代表或由制造商授权的人员进行。如果制造商不能提供此项服务，可以由主管机关授权的机构进行)。

c. 将救生艇的内外表面油漆一次。

⑥每 5 年

a. 检查确认救生艇吊艇索已换新。

b. 对救生(助)艇的降落装备进行全面彻底的检查。

c. 对救生艇承载释放装置进行检修和操作试验。

(2)气胀式救生筏

①每周

对救生筏及降落设备做外观检查，确认救生筏的标志清晰。

②每月

a. 对救生筏及筏架进行外观检查；

b. 检查救生筏系固件(包括静水压力释放器、花兰螺丝、系固绳索等)，确认救生筏充气拉索处于完好状态。

③每年

a. 将救生筏送至船检部门认可的检修站检修(可向船检申请展期到 17 个月)。

b. 将静水压力释放器送至船检部门认可的检修站检修(可向船检申请展期到 17 个月)。

④每 5 年

彻底检查救生筏降落设备。

(3)救生圈

①开航前

检查确认救生圈放置在指定位置,没有绑死,也未被挪作他用。

②每月

a. 检查确认所有救生圈上的编号、船名和船籍港等保持清晰。

b. 如救生圈上附有烟雾信号和自亮灯,检查确认其处于正常的技术状态下。

c. 如发现救生圈有裂痕或其系绳损坏时,应及时更换。

d. 检查救生圈上的反光带,必要时予以更换。

(4)救生衣

①开航前

检查确认工作场所的救生衣按规定的数量配置,放置在指定位置,没有绑死,也未被挪作他用。

②每月

a. 检查确认所有救生衣清洁、干燥,其上的编号船名、船籍港清晰,并附有哨笛和自亮灯;保温救生衣自亮灯电量充足并在有效期内。

b. 检查确认发给船员的救生衣,放置在各自的救生衣架上或各自床铺附近,没有被系牢,没有随意放置或被挪作他用;备用救生衣和放在客房内供旅客用的救生衣有专人负责,妥为保管。

c. 检查救生衣上的反光带,必要时予以更换。

(5)保温救生服(浸水服)

①每月

a. 检查确认所有保温救生服清洁、干燥,其上的编号、船名、船籍港清晰,并附有哨笛和自亮灯;保温救生服自亮灯电量充足并在有效期内。

b. 检查保温救生服上的反光带,必要时予以更换。

②每 3 年

保温救生服应进行一次压力试验和检测(此试验和检测应由主管机关或船级社认可部门完成)。

(6)抛绳器

抛绳器每个月应检查一次,查看是否干燥,火箭、药筒、绳索是否完好无损,绳索是否摆放整齐。应注意抛绳器的有效期,到期应更换。

(7)无线电救生设备

①每月

a.试验一次双向甚高频无线电话设备,注意其电池的电量和有效性。

b.试验一次雷达应答器,注意其电池的电量和有效性。

②每3个月

试验一次紧急无线电示位标,检查其安装是否正确、自由释放能力是否受影响,电池和静水力释放装置是否在有效期内。

③每年

对紧急无线电示位标示进行全面操作效用试验。

④每5年

确认紧急无线电示位标已在经认可的岸基维修站进行过维修。

(8)救生视觉信号

救生视觉信号每月或每次出航时应检查一次,检查内容包括:外观是否破损;数量是否短少;是否在有效期内;是否放置在固定地点;标志是否清晰;电池发光信号灯是否电量充足。发现短缺按规定数量补齐;对于将要超过使用期限的救生视觉信号,应予以更换。

(9)通用紧急报警系统

与船舶消防设备状态的保持要求相同。

(10)公共广播系统

每月至少检查、试验一次,以保证各个要害位置(控制站、集合和登乘地点等)之间的双向通信联系畅通无阻。如发现问题,应及时解决。

二、船舶消防设备状态的保持

1.基本要求

(1)船舶应按SOLAS公约、FSS规则、国家主管部门以及各公司安全管理体系的规范要求配备消防设备、设施。

(2)三副为船舶消防设备状态保持的责任人。

(3)对船舶消防设备的维护保养情况应分别记入"船舶消防、救生设备检查养护登记簿"和"船舶应急设备试验检查、修理记录簿"内。

2.维护保养、检查和试验计划

(1)应为船舶消防设备制订维护保养、检查和试验计划。三副负责制订该计划,并报大副列入"船舶年度维修计划"中。

(2)船舶消防设备的维护保养、检查和试验应依据所制订的维护保养、检查和试验计划进行。

(3)制订船舶消防设备维护保养、检查和试验计划时,应充分考虑到在计划实施时能确保船舶消防设备的可靠性。

(4)船舶消防设备维护保养、检查和试验计划应用通俗易懂的文字和图示予以表达。

(5)船舶消防设备维护保养、检查和试验计划应涉及下列船舶消防设备：

①固定灭火系统：包括水灭火系统(消防总管、消防泵、应急消防泵、消防栓、消防皮龙、消防水枪、国际通岸接头、消防总管上的各种阀门等)、CO_2灭火系统、机舱水雾灭火系统、自动喷水系统(供水泵、压力水柜、监控装置、喷水器)等，以及油轮上的泡沫灭火系统、惰性气体灭火系统。

②火灾探测和报警系统：包括固定式探火系统、火灾报警系统等。

③隔离系统：包括通风筒上的防火(烟)挡板、防火门及其控制系统、供电和燃油的应急切断系统、风机及其控制系统等。

④消防器材与装备：包括手提(便携)式灭火器、推车式灭火器、消防员装备、紧急逃生呼吸装置等。

⑤其他设备：包括公共广播系统、通用应急报警系统、应急发电机、应急照明系统、应急通信系统、脱险通道等。

(6)全船的消防设备状态的保持并不都是由三副亲自完成的，如船上的防火门应由木匠负责；机舱的通风装置上的挡火(烟)闸、机舱天窗和烟囱的应急速闭装置、油泵速闭阀等应由大管轮负责；风机应急速闭装置、油泵应急切断等应由电机员负责；消防泵和应急消防泵应由三管轮负责等，但三副应及时提醒这些设备的主管人员及时做好设备的状态保持工作。

3. 船舶消防设备状态的保持

(1)固定灭火系统

①每周

应检查确认固定灭火系统所在处所的应急照明正常；消防栓附近没有堆积杂物；消防皮龙(水带)及水枪放置在消防栓附近的消防皮龙箱内，处于可使用状态并摆放整齐，没有被挪作他用；消防皮龙数量符合防火控制图的要求；消防皮龙箱的铰链正常，箱内均配有 F 或 Y 形扳手。

②每月

a. 应检查确认：

(a)消防栓标识清晰，各部件完好，出水阀保持活络。

(b)消防皮龙无破损和霉变，与接头连接可靠；消防皮龙接头的橡皮垫圈(密封圈)无破损、变形和老化。

(c)水雾/水柱型消防水枪的关闭和转换装置保持活络；水枪接口处的橡皮垫圈(密封圈)无破损、变形和老化；水枪喷嘴无堵塞。

(d)消防总管管路无锈蚀、破损；所有控制阀、截止阀、泄水阀阀门活络，标志清晰。

(e)所有固定式灭火系统的控制阀、截止阀处于适当的开或关位置。

(f)CO_2间清洁、干燥，没有堆放杂物。

(g)自动喷水系统的喷头无损坏、变形，管路通畅；自动喷水系统的压力表显示工作压力正常。

b. 结合消防演习，启动所有消防泵及应急消防泵一次，检查出水情况所需时间以及消防水柱的射程。

c. 如航行至寒冷地区，检查确认消防总管及消防枪在使用后已将残留的水放尽。

d. 检查 CO_2气瓶的储量是否充足，有没有泄漏现象，检查 CO_2系统的管路标识和操作说明是否清晰；检查 CO_2间里的通风机工作是否正常，检查置于 CO_2间里的温度计(表)工作是否正常；外观检查 CO_2系统的管路及各释放口的情况。

e. 对 CO_2系统的拉索、导向轮等进行加油活络。

③每 3 个月

a. 检查确认 CO_2气瓶固定牢固，CO_2瓶头与释放操纵系统夹头(卡子)间连接紧密。

b. 检查确认国际通岸接头处于适用状态，各附件完好无损，没有变形损坏。

c. 对水灭火系统的各控制阀、截止阀、泄水阀进行加油活络。

d. 消防皮龙至少应取出摊开并重卷一次，使得折叠处得到变换。

e. 对自动喷水系统的每一分区自动报警功能进行试验；随机检查自动喷水系统的喷嘴状况。

④每年

a. 进行泡沫固定灭火系统和机舱水雾灭火系统的工作试验。

b. 对 CO_2气瓶控制拉索的传动系统进行检查，并按情况进行必要的调整。

c. 检查消防总管接头和自动喷水系统并进行工作试验，启动所有消防泵(包括自动喷水系统的水泵)，检查其工作压力和流量。

d. 对所有消防栓进行工作试验；对所有消防皮龙进行水压试验。

e. 通过外观检查，确定所有固定灭火系统可以到达部位的各系统部件处于正常状态。

f. 仔细检查固定灭火系统的控制阀；对整个固定气体灭火系统进行全面检查，及时修复损坏部件。

g. 对所有固定灭火系统进行全面的除锈、油漆，并重做各类标志。

h. CO_2气瓶使用 10 年后，每年应进行总数 10%的气瓶水压试验。

i. 对固定灭火系统的管路进行空气吹通试验(此为 SOLAS 公约要求，可由船上人员完成，但需做相应的吹通试验记录，内容包括吹通的日期、时间、船位、操作人员、吹通操作方法及过程、吹通结果等)。

⑤每 2 年

a. 对 CO_2灭火系统中的钢瓶(含起动瓶)进行称重检查；

b. 对 CO_2灭火系统的管路进行空气吹通试验(此为 CCS 要求，需由有资质的机构完成，并出具吹通试验报告）。

⑥每 5 年

进行固定式灭火系统控制阀的内部检查。

(2)火灾探测和报警系统

①每周

对火灾探测和报警系统的主控面板进行外观清洁、检查。

②每月

a. 检查火灾探测和报警系统的电气控制部分。

b. 对火灾探测和报警系统进行手动测试。

c. 用烟雾测试剂测试每个探测头。

③每 3 个月

a. 对火灾探测系统进行一次试验，确认其处于正常的技术状态；查看火灾探测系统的探头有无损坏、污渍；检查火灾探测系统的电源是否可靠，符合要求。

b. 对火灾报警系统进行一次试验，确认其可以正常工作。

c. 检查船上各场所的火灾报警按钮是否完好，标志是否清晰。如有损坏，应立即修复。

(3)隔离系统

①每月

a. 检查确认全船防火门处于常关状态，没有被绳或铁丝捆绑处于敞开状态，自闭器能起到自闭作用。

b. 外观检查防火门的完整性并清除其周围的障碍。

c. 给防火门铰链和手柄加油活络。

②每 3 个月

a. 对通风筒上的挡火（烟）闸进行一次检查，查看是否有损坏、变形，标识是否清晰；试验通风筒的挡火（烟）闸的自动和手动开关装置能否正常工作。

b. 对所有防火门进行就地开关操作试验，并检查其自闭和关闭后的密封情况。

c. 对机舱天窗、风机应急速闭装置进行一次检查，查看开关是否正常，关闭后密封是否良好。

d. 对供电和燃油的应急切断系统进行就地试验，查看是否工作正常。

③每年

对可遥控开关的通风系统的挡火（烟）闸以及防火门进行遥控开关操作试验。

(4)手提（便携）和推车式灭火器

①每月

对手提（便携）式和推车式灭火器检查一次，检查的主要内容有：

a. 灭火器的存放是否与防火控制图标识的位置一致（包括正确固定，有明显和合格的标识，易于提取）。

b. 灭火器压力表、安全阀铅封、安全帽泄气孔、喷嘴喷射管、推车式灭火器的行走机构、支架等零部件是否完整无缺并处于适用状态。

c. 灭火器的瓶壳外表有无锈蚀发生。

d. 铭牌、标签和标识是否清晰完好。

e. 灭火器用过后是否已及时重新充装新的灭火剂。

检查中如发现灭火器存在严重损坏，应予以报废并及时补充。

②每年

a. CO_2灭火器每年应至少进行一次称重检查，如灭火剂泄漏量超过10%时，应予检修并补足灭火剂。

b. 干粉灭火器里的干粉每年或按制造厂规定（取时间短者）进行一次性能检测，如有干粉结块或质量减少达10%时，应重新充装。干粉灭火器本身每年应结合干粉的性能检测进行一次性能检测。

③每2年

a. 泡沫灭火器里的灭火剂每2年或按制造厂规定（取时间短者）进行一次性能检测，如有灭火剂变质，应重新充装。

b. 泡沫灭火器应每隔2年或根据制造厂规定（取时间短者）由专业机构进行一次水压试验。

④每5年

除泡沫灭火器以外的其他形式的灭火器应每隔5年或第二次充装前由专业机构进行一次水压试验。

(5)消防员装备与紧急逃生呼吸装置

①每周

检查确认消防员装备与紧急逃生呼吸装置中的供气瓶完好、无泄漏。

②每月

a. 检查确认消防员装备的数量、位置、标志和防火控制图保持一致；消防员装备完好无损；消防员防护服各部件完整、完好；防火绳、手提灯、太平斧完整、完好；空气呼吸器装备完整、完好；供气瓶的压力在允许的范围内，手提安全灯的电量充足；所有的消防员装备处于适用状态。

b. 检查确认船上的紧急逃生呼吸装置按规定配足并保持在有效期内；紧急逃生呼吸装置存放位置与防火控制图标识的位置一致；紧急逃生呼吸装置外观清洁，标识清晰。

③每3个月

对紧急逃生呼吸装置进行外观检查。确保该装置处于可用状态，供气瓶的压力处于正常范围，必要时充气或维修。

④每年

a. 检查确认消防员装备的备用气瓶压力在允许的范围内。

b. 全面检查、保养消防员装备。

⑤每 5 年

请专业机构对自给式呼吸器供气瓶进行水压试验，保存检验证明。

(6)通用应急报警系统

①每周

对通用应急报警系统进行外观检查，并进行测试。

②每个月

结合消防演习，试验一次通用应急报警系统，要求能在驾驶台进行操作，全船各处均能听到警报；测试通用报警装置的声响及灯光报警效果；抽查船上各处的应急报警按钮能否正常启动报警。

③每 3 个月

检查船上各处的应急报警按钮和警铃等设备是否完好，标识是否清晰。

④每年

全面检查位于驾驶台的通用应急报警系统控制装置；检查所有报警点的实际效用及报警设备(应急报警按钮和警铃等)的实际状况。

(7)其他设备

①每周

a. 检查确认所有的公共广播系统和应急通信系统均能正常工作。

b. 检查确认应急照明系统工作正常。

c. 进行应急发电机启动与并电试验，确认其工作正常。

②每个月

检查确认存放灭火设备的处所和防火控制站处于适用状态。

③每年

对公共广播系统进行全面检查。

第二节　船舶应急反应计划与应急准备

一、应变部署表作用

船舶应变部署表的作用是使每个船员明确当船舶发生火灾、弃船求生、人落水、进水抢险、溢油时各自的岗位和职责。平时应定期演习和训练，掌握操作技能，一旦发生意外能迅速组织船员投入抢险工作。

二、应变信号

应变种类和应变信号见表 8-1。

表 8-1　应变种类和应变信号

应变种类	应变信号
救生(弃船)	七短声一长声（• • • • • • •—）
进水	二长声一短声(— —•)
人员落水	三长声（— — —)
消防	乱钟、急促警铃或连放短声汽笛 1 min
前部失火	乱钟后一长声
中部失火	乱钟后二长声
后部失火	乱钟后三长声
机舱失火	乱钟后四长声
上甲板失火	乱钟后五长声
警报解除	一长声
船舶溢油	一短声二长声一短声(•— —•)

应变任务卡见表 8-2。

表 8-2　应变任务卡

<table>
<tr><td rowspan="2">编号:10</td><td colspan="2">职务:水手</td><td>性别:男</td><td>艇号:2</td><td>筏号:2</td></tr>
<tr><td>信号</td><td colspan="4">• • • • • • •—七短一长声重复连放 1 min</td></tr>
<tr><td>弃船</td><td>任务</td><td colspan="4">管理登乘梯,检查登乘人员及其救生衣着装,照料登乘,弃船前如时间允许协助水手长关闭货舱、通风筒、阀门、泄水孔、水舱透气管、舷窗、天窗、水密门、防火门和其他类似开口</td></tr>
<tr><td rowspan="3">消防</td><td rowspan="2">信号</td><td colspan="4">• • • • • •短声连放 1 min 之后接火警位置信号</td></tr>
<tr><td colspan="4">—船首　— —船中　— — —船尾
— — — —机舱　— — — — — 生活区</td></tr>
<tr><td>任务</td><td colspan="4">消防员,甲板失火时,协助穿戴消防员装备,探火抢险;
机舱失火时穿戴消防员装备待命</td></tr>
<tr><td rowspan="4">人员落水</td><td rowspan="3">信号</td><td colspan="4">— — —(三长声)</td></tr>
<tr><td colspan="4">— — —• • 人员左舷落水</td></tr>
<tr><td colspan="4">— — — —• 人员右舷落水</td></tr>
<tr><td>任务</td><td colspan="4">应急组艇员携带救生圈,救助落水人员,管理艄缆</td></tr>
<tr><td rowspan="2">油污</td><td>信号</td><td colspan="4">•— —•(一短两长一短声重复连放 1 min)</td></tr>
<tr><td>任务</td><td colspan="4">艇员放艇,随艇下,穿救生衣,携带胶管防止溢油扩散,回收清除溢油</td></tr>
</table>

续表 8-2

编号:10	职务:水手	性别:男	艇号:2	筏号:2
	信号	········—七短一长声重复连放 1 min		
堵漏	信号	— —·(两长声一短声)		
	任务	准备堵漏器材堵漏		
解除	信号	—(一长声)		
	任务	器材归位		

弃船/救生应变部署表见表 8-3。消防应变部署表见表 8-4。人员落水应变部署表见表 8-5。船舶堵漏应变部署表见表 8-6。船用油溢油应变部署表见表 8-7。

表 8-3　弃船/救生应变部署表

弃船/救生报警信号:········—(七短声一长声连放 1 min)

右舷 1 号救生(救助)艇

编号	职务	姓名	职　　责
1	船长		总指挥,施放弃船/救生报警信号,广播宣布弃船或救生演习,签发求救信号和 电文;携带双向 VHF、船舶证书及相关日志、国旗、重要文件、图章、现金、账册等;如果时间允许,抛下双锚,按程序报告公司
3	三副		艇长,随艇下,持有艇员名单,核对艇员,指挥放艇,管理操纵抛绳器携带双向 VHF、SART。操纵艇内遥控拉索,使艇下降到水面时松遥控拉索,(替代者水手长)操纵艇内自动脱钩手柄,使艇与吊艇钩脱开;需要时替代三管轮发动艇机,使艇迅速离开母船;松脱 NO. 3 救生筏静水压力释放器脱钩装置,施放救生筏,拉出充气拉索使其充气成型,扶正救生筏松脱 NO. 3 救生筏与船舶连接拉索,使筏脱离船舶
5	水手长		副艇长,持艇员名单,协助艇长工作,操纵放艇机(抬起重锤或随艇下,控制遥控拉绳索),艇应急舵舵手;弃船前如时间允许负责关闭货舱、通风筒、阀门、泄水孔、水舱透气管、舷窗、天窗、水密门、防火门和其他类似开口;施放救生筏时,松脱 NO. 1 筏静水压力释放器脱钩装置,将救生筏投入水中,拉出充气索使其充气成型,松脱 NO. 1 救生筏与船舶连接拉索,使筏脱离船舶;扶正 NO. 1 救生筏,投放救生浮环,协助落水人员登乘,管理海锚,控制救生筏漂流速度
7	水手		打开前固艇索脱钩,使前固艇索脱开,拔吊艇架前保险插销,打开吊艇架横向保险钢索,弃船时携带救生圈随艇下,撑篙;施放救生筏时将救生筏投入水中,拉出充气索使其充气成型

续表 8-3

编号	职务	姓名	职 责
9	水手		管理登乘梯，检查登乘人员及其救生衣着装，照料登乘，弃船前如时间允许协助水手长负责关闭货舱、通风筒、阀门、泄水孔、水舱透气管、舷窗、天窗、水密门、防火门和其他类似开口
11	水手		降下国旗交船长，操舵，协助瞭望，协助二副工作；管理操纵抛绳器，携带雷达反射器
13	大管轮		弃船时负责关闭所有通往机舱的水密门、防火门、阀、泄水孔、舷窗、天窗和其他类似开口；按总指挥命令停止有关机器，操纵遥控阀门及电钮，携带轮机日志
15	三管轮		发动艇机，使艇迅速离开母船；当替代大管轮时，按总指挥命令停止有关机器，操纵遥控阀门及电钮；携带轮机日志
17	机工长		管理操纵集合地点应急照明和救生艇电气设备，解充电电缆，带艇首缆；弃船前负责关闭所有通往机舱的水密系统和通风系统
19	机工		打开后固艇索脱钩，使后固艇索脱开，拔吊艇架后保险插销，打开吊艇架横向保险钢索，弃船时携带救生圈，随艇下，塞艇底塞，撑篙
21	机工		管理登乘梯，检查登乘人员及其救生衣着装，照料登乘，弃船前如时间允许协助机工长负责关闭所有通往机舱的水密系统和通风系统
23	服务员		携带食品、毛毯、保温服
25	实习生		现场待命
27	实习生		现场待命

备注：1. 弃船/救生部署的集合地点为艇甲板，编号单号为右舷 1 号艇，双号为左舷 2 号艇。

2. 弃船信号、求救信号仅由船长下令签发，无线电操作员发出。

3. 救生信息可由船员报告给船长/值班驾驶员。

编制：三副　　审核：大副　　批准：船长　　日期：

表 8-4　消防应变部署表

消防火警信号：………………（短声连放 1 min）后并伴随有线广播/或

一长声表示船首，二长声表示船中，三长声表示船尾，四长声表示机舱，五长声表示生活区。

编号	职务	姓名	所在组	职 责
1	船长		驾驶台	总指挥
4	二副		驾驶台	负责船内外通信，瞭望，操纵车钟，管理烟火探测装置，联络传令，悬挂信号；管理操纵抛绳器

续表 8-4

编号	职务	姓名	所在组	职　　责
11	水手		驾驶台	驾驶台/甲板值班,负责显示信号,操舵;协助二副工作,协助瞭望
2	大副		技术组	现场指挥,清点人数,报总指挥,负责组织现场灭火;机舱失火时,协助轮机长现场指挥
3	三副		技术组	携带手提式灭火器,管理国际通岸接头,管理消防站的烟火探测装置。管理机舱固定 CO_2 灭火系统,按船长命令施放 CO_2
12	轮机长		技术组(机)	机舱失火时,现场指挥;甲板失火时协助大副现场指挥,替代大管轮管理操纵主机,替代三副管理消防站烟火探测装置,管理固定 CO_2 灭火系统,按船长命令施放 CO_2
13	大管轮		技术组(机)	机舱值班,管理操纵主机,机舱失火时,协助轮机长现场指挥;需要时切断有关油路阀门、关闭天窗/速闭阀,替代二管轮关机舱水密门、机舱和舵机房水密门,替代三管轮管理操纵应急消防泵
15	三管轮		技术组(机)	管理操纵主消防泵/应急消防泵,替代二管轮管理操纵辅机,机舱初期起火时管理操纵 20 L 移动式手提泡沫枪和 135 L 舟车式泡沫灭火器
5	水手长		消防组	消防员,甲板失火时,穿戴消防员装备,探火抢险,机舱失火时协助穿戴消防员装备待命,替代三副管理国际通岸接头,管理消防站烟火探测装置,管理机舱固定 CO_2 灭火系统,按船长命令施放 CO_2
7	水手		消防组	携带手提式灭火器,灭火
8	水手		消防组	消防员,管理消防栓、水龙带、水枪,主枪手
9	水手		消防组	消防员,管理消防栓、水龙带、水枪,副枪手
10	水手		消防组	消防员,甲板失火时,协助穿戴消防员装备,探火抢险;机舱失火时穿戴消防员装备待命
17	机工长		消防组	消防员,管理消防栓、水龙带、水枪,主枪手
18	机工		消防组	消防员,管理消防栓、水龙带、水枪,副枪手
19	机工		消防组	消防员,机舱失火时,协助穿戴消防员装备,探火抢险;甲板失火时穿戴消防员装备待命

续表 8-4

编号	职务	姓名	所在组	职　　责
20	机工		消防组	机舱值班，协助轮机员工作
21	机工		消防组	消防员，机舱失火时，穿戴消防员装备，探火抢险；甲板失火时协助穿戴消防员装备待命
6	木匠		隔离组	携带消防钩、应急工具，关闭防火门窗、舱口、孔道、通风筒、防火挡板、隔离阀，隔离现场易燃物；机舱失火时，还应巡视生活区火场周围及甲板温度，如温度升高应用消防水降温
14	二管轮		隔离组	隔离组成员，关闭防火门、舱口/天窗、孔道、通风筒，隔离现场易燃物，关闭门窗/速闭阀、机舱和舵机房水密门，管理操纵辅机、切断有关油路，替代电机员关闭通风机、切断有关电路，替代大管轮关闭天窗/速闭阀，机舱初期起火时管理操纵 20 L 移动式手提泡沫枪和 45 L 舟车式泡沫灭火器
16	电机员		隔离组	隔离组成员兼组长，关闭防火门、舱口/天窗、孔道、通风筒、防火挡板、隔离阀，隔离火场附近易燃物，切断有关电源，管理应急发电机；机舱失火时，应巡视生活区周围及甲板温度，如温度升高应用水降温
22	大厨		救护组	组长，救护指挥，携带救助药箱和担架、氧气瓶（医用），运送伤员并抢救；需要时运送饮用水、食物。替代者：服务员
23	服务员		救护组	副组长，组长接替人，协助组长工作，携带救助药箱和担架、氧气瓶（医用）运送伤员并抢救；需要时运送饮用水、食物
24	实习生		救护组	预备人员，现场待命

备注：按公司要求，人员除携带相关器材外，还必须携带半湿毛巾、救生衣和保温救生服。

编制：三副　　　　审核：大副　　　　批准：船长　　　　日期：

表 8-5　人员落水应变部署表

落水报警信号：— — —（人员落水）；— — — · ·（左舷）；— — — ·（右舷）

编号	职务	姓名	所在组	职　　责
1	船长		驾驶台组	总指挥
2	大副		应急组	组长，集中清点人数，指挥放艇、收艇，救助落水人员
3	三副		应急组	艇长，负责艇与船之间联系，协助大副工作，指挥放艇，救助落水人员
4	二副		驾驶台组	组长，激活人落水 MOB 信号，记下时间位置，发出警报，采取威廉逊旋回法搜索落水人员
5	水手长		应急组	副艇长，协助艇长工作，操纵放艇机，放艇，救助落水人员

续表 8-5

编号	职务	姓名	所在组	职　　责
6	木匠		支援组	组长，做好回收艇准备，操纵收艇机，收艇，救助落水人员
7	水手		支援组	管理艏缆，做好回收艇准备，救助落水人员
8	水手		应急组	艇员，打开后固艇索脱钩，使后固艇索脱开，拔吊艇架后保险插销，打开吊艇架横向保险钢索，救助落水人员
9	水手		应急组	艇员，打开前固艇索脱钩，使前固艇索脱开，拔吊艇架前保险插销，打开吊艇架横向保险钢索，解开前固艇装置，救助落水人员
10	水手		应急组	艇员，携带救生圈，救助落水人员，管理艏缆
11	水手		驾驶台组	负责操舵、瞭望，搜索落水人员，投掷救生圈
12	轮机长		机舱组	组长，集中清点人数，备车，救助落水人员
13	大管轮		机舱组	协助轮机长备车，救助落水人员
14	二管轮		机舱组	协助轮机长备车，救助落水人员
15	三管轮		应急组	艇员，携带救生圈，管理艇机，救助落水人员
16	电机员		应急组	管理集合地点应急照明，救助落水人员
17	机工长		机舱组	协助轮机员备车，救助落水人员
18	机工		支援组	管理尾缆，做好回收艇准备，救助落水人员
19	机工		支援组	做好回收艇准备，救助落水人员
20	机工		机舱组	值班，协助轮机工作
21	机工		应急组	艇员，塞艇底塞，救助落水人员
22	大厨		救护组	组长，携带救助药箱和担架、氧气瓶（医用），运送伤员并抢救；需要时运送饮用水、食物，为落水人员准备保暖用品
23	服务员		救护组	携带救助药箱和担架、氧气瓶（医用），运送伤员并抢救；需要时运送饮用水、食物，为落水人员准备保暖用品
24	实习生		预备组	组长，现场待命
25	实习生		预备组	预备人员，现场待命
26	实习生		预备组	预备人员，现场待命
27	实习生		预备组	预备人员，现场待命

备注：集合站，驾驶台组在驾驶台，机舱组在集控室，应急组、支援组、救护组、预备组在左艇甲板。

编制：三副　　　　审核：大副　　　　批准：船长　　　　日期：

表 8-6　船舶堵漏应变部署表

堵漏报警信号：— — ·（二长声一短声连放 1 min）

后并伴随有线广播或一长声表示船首，二长声表示船中，三长声表示船尾，四长声表示机舱。

编号	职务	姓名	所在组	职　责
1	船长		驾驶台组	总指挥
2	大副		应急组	清点人数，现场指挥，判断计算破损
3	三副		应急组	协助大副判断计算破损
4	二副		驾驶台组	发出警报，更新 GPS 船位
5	水手长		应急组	准备潜水泵抽水
6	木匠		应急组	测量污水井、压载柜等向大副报告
7	水手		应急组	准备堵漏器材堵漏
8	水手		应急组	准备堵漏器材堵漏
9	水手		应急组	对隔壁舱进行加固
10	水手		应急组	准备堵漏器材堵漏
11	水手		驾驶台组	负责操舵，协助瞭望
12	轮机长		机舱组	机舱组组长清点人数报总指挥，机舱现场指挥
13	大管轮		机舱组	管理主机，备车
14	二管轮		机舱组	测供油舱油位判断破损部位，管理电机
15	三管轮		机舱组	准备使用排水设施
16	电机员		机舱组	负责供电，确保排水设备正常，检查机舱是否有损坏
17	机工长		机舱组	检查机舱是否有损坏
18	机工		机舱组	检查是否有火灾
19	机工		机舱组	协助三管轮排水
20	机工		机舱组	机舱值班，协助大管轮工作
21	机工		机舱组	关闭水密门，检查机舱是否有损坏
22	大厨		救护组	准备药箱及担架
23	服务员		救护组	准备药箱及担架
24	实习生		应急组	待命
25	实习生		应急组	待命
26	实习生		机舱组	待命
27	实习生		机舱组	待命

备注：集合站，驾驶台组在驾驶台，机舱组在集控室，救护组和应急组在 NO. 7 舱左。

编制：三副　　　　审核：大副　　　　批准：船长　　　　日期：

表 8-7 船用油溢油应变部署表

溢油报警信号：· — — ·

集合地点：主甲板 NO.7 舱左舷；当靠左舷时，NO.7 舱右舷

编号	职务	姓名	负责部位	职　　责
1	船长		驾驶台/溢油现场	总指挥，执行“船上油污应急计划”
2	大副		溢油现场	协助轮机长做好溢油现场指挥工作
4	二副		驾驶台/溢油现场	值班，采取应急措施做好现场记录；对外通信/回收清除溢油
3	三副		溢油现场/回收艇现场	提供并携带消防器材，艇长，指挥放艇，随艇下，回收清除溢油
5	水手长		溢油现场/回收艇现场	提供并携带消防器材，艇员，随艇下，协助指挥放艇，回收清除溢油
6	木匠		溢油现场	检查甲板出水孔，检查有关通道，携带木塞、棉包，回收清除溢油
8	水手		溢油现场/回收艇现场	艇员，放艇，随艇下，穿救生衣，携带吸油毡、扫把，回收清除溢油
9	水手		溢油现场/回收艇现场	艇员，放艇，随艇下，穿救生衣，携带吸油毡、集油桶，回收清除溢油
11	水手		驾驶台/溢油现场	值班，负责显示信号、操舵；协助二副工作，回收清除溢油
7	水手		溢油现场	携带集油桶、破布、拖把，回收清除溢油
12	轮机长		溢油现场	现场指挥
13	大管轮		机舱/溢油现场	管理机舱设备，回收清除溢油
14	二管轮		溢油现场	采取紧急措施，控制有关阀门，防止溢油扩散，做好现场记录
15	三管轮		溢油现场/回收艇现场	艇员，协助放艇，随艇下，操作艇机，回收清除溢油
10	水手		溢油现场/回收艇现场	艇员放艇，随艇下，穿救生衣携带胶管防止溢油扩散，回收清除溢油
16	电机员		机舱/溢油现场	管理电站，负责照明，回收清除溢油
17	机工长		溢油现场	携带应急工具，提供并携带防污器材（气动泵），回收清除溢油

续表 8-7

编号	职务	姓名	负责部位	职　　责
20	机工		机舱	机舱值班，协助大管轮管理机舱设备
21	机工		溢油现场/回收艇现场	艇员，放艇，随艇下，穿救生衣，携带集油铲、扫把，回收清除溢油
18	机工		溢油现场	携带集油桶、吸油毡，协助运送气动泵防止溢油扩散，回收清除溢油
19	机工		溢油现场	携带集油桶、铁铲、集油铲、木屑，防止溢油扩散，回收清除溢油
22	大厨		厨房/溢油现场	检查厨房火情，关闭有关通道，携带吸油毯，回收清除溢油
23	服务员		溢油现场	携带急救医疗器械，药品回收，清除溢油
24	实习生		溢油现场	现场待命，回收清除溢油
25	实习生		溢油现场	现场待命，回收清除溢油
26	实习生		溢油现场	现场待命，回收清除溢油
27	实习生		溢油现场	现场待命，回收清除溢油

备注：编号 3、5、8、9、10、15、21 为溢油现场/NO.1 艇现场，均为随艇下人员，需穿救生衣。

溢油器材在溢油间，溢油间在主甲板一楼尾右；演习完后携带器材者必须把器材归位。

编制：三副　　　审核：大副　　　批准：船长　　　日期：

第三节　船舶应急演习与训练

一、对船舶应急演习的组织

1. 应急演习的目的

组织船舶应急演习是为了：

(1)增强船员安全意识，树立居安思危、常备不懈的思想。

(2)使船员熟悉应变岗位及职责，避免应急时惊慌失措。

(3)使船员熟练掌握各种应急设备的操作技能，以便在应急时能正确操作这些设备。

(4)检查、试验各类应急器材、设备的技术状态，发现问题及时解决，使其处于随时可用状态。

2. 应急演习的时间间隔

根据 SOLAS 公约及国内的有关规定：

(1)应急演习应当以适当的时间间隔进行，既要保证全船处于良好的可随时应急的状态，又不致干扰船上的正常工作。船长可根据情况和需要，酌情增加应急演习。例如，在前往油污控制严格的国家或前往海盗活动频繁海区时，可以临时增加油污演习或反海盗演习等。

(2)每位船员应在开航前熟悉其应急职责。

(3)每位船员每月应至少参加弃船演习和消防演习各一次，若有25%以上的船员未参加上个月的演习，应在离港后24小时内举行上述两项演习。

(4)客船每周进行一次弃船演习和消防演习，每次演习不必全体船员都参加，但每位船员应每月参加弃船演习和消防演习各一次。对于航行时间超过一周的客船，在离港前应举行一次全面的水密门、舷窗、泄水孔的阀及关闭装置、出灰管与垃圾管的操作演习，此后在航行中至少每周举行一次这样的演习。

(5)从事非短途国际航行的客船上，应在乘客上船后24小时内举行乘客集合演习。从事短途航行的客船上，如在离港后未能举行乘客集合演习，则应通过广播或其他有效手段，提请乘客注意“应急须知”的内容介绍。

(6)应急操舵演习每3个月应进行一次。

(7)油污应变演习每3个月，最长不超过6个月应进行一次。

3. 应急演习的策划

各类应急演习尽管有一定的时间间隔规定，但船长还是需要对在什么时间、什么地点、进行哪种应急演习予以适当的安排。需要考虑的因素包括：

(1)演习对人员、船舶、设备、环境的安全性，例如放艇操作应选择在遮蔽海区或平静海面进行。

(2)港内演习或在某些敏感区域举行演习，须事先经有关主管当局的批准。

(3)是否需要对某种应急情况增加演习次数，可能的演习效果和是否需要在演习前进行必要的培训。

(4)是进行单项演习，还是进行多项演习或综合演习等。

演习是用来保障应急能力和完善应急部署的，如果在当时情况和环境下演习会严重危及船舶或人员的安全，则应另择时间、地点进行演习，并将原因记录于航海日志。

4. 对应急演习的监督

成功的应急必须具备的条件包括：训练有素的人员；完备的应急设备和器材；高效的应急预案；正确果断的组织和指挥。为使船舶能够成功应急，在平时组织的应急演习过程中，船长应对演习的全过程进行监督，并注意检查下列事项：

(1)在施放应急警报信号后，参加演习的船员能否在2 min内到达指定地点；消防演习时，机舱能否在5 min内开泵供水；弃船演习时，能否在船长下达放艇命令后5 min内将艇放至水面。

(2)参加演习的船员能否按应急部署表或应急计划的要求正确携带指定的器材。

(3)对参加演习的船员所规定的、布置的行动是否能切实有效地进行。

(4)参加演习的船员能否熟练地使用应急设备和了解应急设备的性能。

(5)船上应急系统、设备、器材等是否处于随时可用状态。

(6)针对不同的应急情况和船舶状况，所采取措施的有效程度。

(7)应急逃生通道是否通畅；救生艇筏的释放是否无障碍；消防栓附近有无妨碍消防皮龙连接的货物或物品；消防控制站内有无堆放杂物；应急操作说明和示意图是否张贴良好和方便阅读等。

(8)参加演习的船员对应急初期所取得成果的有效性的认识如何。

(9)通信、联络、送电、送水等有关系统的有效性。

(10)参加演习船员的应变意识，重视程度，整体配合的协调程度；对任务变换的适应能力；接替人的适任性；应变部署表的有效性；船岸协同应急的效果如何等。

5. 应急演习总结

对演习监督过程中发现或暴露出来的问题，应及时总结并迅速制定整改措施。应通过下一次演习(必要时可尽快组织补充演习)来验证整改措施的有效性。

6. 应急演习记录

由大副将演习的起止时间、地点、演习内容和有关情况，如实正确地记入航海日志的重大记事栏内。若在指定时间未举行全部应变演习或训练项目时，则应在航海日志内记述其原因和已举行演习或训练项目的范围。

7. 应急演习善后

演习结束后，演习中所使用过的应急设备应立即恢复到原状，以便能被立即用来应急。

二、对船舶各类应急演习的要求

1. 消防演习

(1) SOLAS公约规定，每次消防演习应包括下列内容：

①向集合地点报到，并准备执行应急部署表中规定的任务；

②检查是否按应急部署表上的规定携带指定的器材；

③检查消防员装备和其他人员的救助设备；

④启动一个消防泵，要求至少射出两股水柱，以表明该系统是处于正常的工作状况；

⑤检查有关的通信设备；

⑥检查演习区域内水密门、防火门、防火闸和通风系统的主要进、出口的操作情况；

⑦检查供随后弃船用的必要装置。

(2)消防演习应根据消防演习计划进行。在制定消防演习计划时应充分考虑船舶和货物实际可能发生的各种紧急情况。

(3)在每次进行消防演习时，可分别模拟机舱着火、厨房着火、生活区着火、货舱着火，进行消防程序的演练，以及相应的火灾报警、鸣放警报信号、集合、关闭通风、组织探火、灭火等消防程序结束后的讲评，最后宣布演习结束。

2. 弃船演习

（1）SOLAS 公约规定，每次弃船演习应包括下列内容：

①先使用报警系统，然后通过公共广播或其他通信系统宣布进行演习，将乘客和船员召集至集合站，并确保他们知道弃船命令；

②向集合地点报到，并准备执行应急部署表中规定的任务；

③查看船员和旅客的穿着是否合适；

④查看是否正确地穿好救生衣；

⑤在完成任何必要的降落准备工作后，至少降下一艘救生艇；

⑥启动并操作救生艇发动机；

⑦操作降落救生筏所用的吊筏架；

⑧模拟搜救几位被困于客舱中的乘客；

⑨介绍无线电救生设备的使用。

（2）弃船演习应根据弃船演习计划进行。

（3）每艘救生艇应每 3 个月在弃船演习时降落下水一次，并由指定操作的船员进行水上操纵（演习）。在这样的演习中，救生艇在降放时可不乘载操作的船员。

（4）从事短途国际航行的船舶，每艘救生艇至少每 3 个月下降一次，并每年降落下水一次。

（5）自由降落式救生艇，每 3 个月至少有一次船员登上救生艇，在其座位中正确系固并开始降落下水程序，但不必实际释放救生艇（即释放钩不应松开）；在不超过 6 个月的间隔期内，搭载操艇船员自由降落下水，或按 IMO 制定的指南进行模拟降落下水。

（6）在合理可行的情况下，专用救助艇应乘载被指派的船员每个月降落下水一次，并在水中操纵。无论如何，这个要求每 3 个月至少进行一次。

（7）航行中降落救生艇、救助艇下水演习时，应在遮蔽水域进行，并在有此项演习经验的驾驶员监督下进行。

（8）每次弃船演习应试验供集合和弃船用的应急照明系统。

（9）在每次进行弃船演习时，应进行鸣放弃船信号、完成弃船前的甲板和机舱自我保护动作、集合、放艇（筏）前的检查、放艇（筏）、回收艇（筏）等弃船程序的演练，以及演习结束后的讲评，最后宣布演习结束。

3. 人落水演习

（1）在船上举行的人落水演习应包括下列内容：

①向船长报告，鸣放人落水警报信号，模拟观察和抛掷救生圈；

②向集合地点报到，并准备执行应急部署表中规定的任务；

③检查是否按应急部署表上的规定携带指定的器材；

④做好救助艇的放艇准备；

⑤检查参加演习的人员是否熟悉自己的相应的应急职责，能否按应急部署表中的规定进行人落水应急操作。

(2)人落水演习应根据人落水演习计划进行。

(3)在每次进行人落水演习时，应进行鸣放警报信号、操船甩尾、模拟观察和抛掷救生圈、集合、模拟放艇等人落水应急程序的演练，以及演习结束后的讲评，最后宣布演习结束。

4. 油污演习

(1)在船上举行的油污演习应包括下列内容：

①检查、试验有关油污警报和通信系统；

②发出油污警报，向集合地点报到，并准备执行应急部署表中规定的任务；

③检查参加演习的人员是否熟悉自己的油污应急职责，能否按应急部署表和船上油污应急计划中的规定进行油污应急操作；

④模拟向公司及有关主管机关报告；

⑤演练关闭阀门堵塞甲板排水孔甲板围栏和收集溢油、清除溢出舷外的溢油等油污应急行动。

(2)油污演习应根据油污演习计划进行。在制定油污演习计划时，应充分考虑油污应急计划中的要求。

(3)油污演习可以和其他演习联合进行。

(4)在每次进行油污演习时，应进行鸣放警报信号集合、关闭阀门堵塞甲板排水孔、模拟收集溢油等油污应急程序的演练，以及演习结束后的讲评，最后宣布演习结束。

5. 应急操舵演习

(1)SOLAS 公约规定，每次在船上举行的应急操舵演习应包含下列内容：

①在舵机间对舵机的直接控制；

②驾驶台与舵机间的通信程序；

③转换动力供应的操作。

(2)应急操舵演习应按应急操舵演习计划进行。

(3)每三个月至少进行一次应急操舵演习(试验)，每次演习前应对应急操舵装置各部件进行检查，在演习中应模拟舵机故障及模拟故障检查和排除、在舵机间进行应急操舵、在驾驶台与舵机间进行通信；进行操舵装置的动力转换的演练。演习结束后应进行讲评，最后宣布演习结束。

三、船上训练与授课

1. 训练与授课安排

(1)应尽快地(不迟于船员上船后的两周内)进行船舶救生、消防设备用法的船上训练。

(2)在装有吊架降落救生筏的船上，应在不超过 4 个月的间隔期内进行一次该设备用法的船上训练。

(3)应与应急演习相同的间隔，讲授船舶消防、救生设备用法和海上救生须知方面的课程。每一课程的内容可以是船舶救生和消防设备系统中的不同部分，但每 2 个月一期的课程应覆盖全部救生和消防设备。

(4)每次授课有未参加听课的值班人员应专门补课。

2. 授课内容

每位船员均应听课。课程内容包括但不限于：气胀式救生筏的操作与使用；低温保护问题；低温急救护理及其他合适的急救方法；在恶劣天气和海况中使用救生设备所必需的专门知识；消防设备的操作与使用。

3. 训练手册

(1)根据公约要求编写的训练手册应存放在餐厅、娱乐室、船员舱室及其他公共场所。目前船上通常在下列场所放置训练手册：驾驶台、机舱集控室、机舱工作间、船首仓库、消防系统控制室、餐厅、娱乐室、救生艇内等处所。目前，国内船上通常配置由国家海事局组织编写的训练手册，外国籍船上通常配置由国际海事组织编写的海员手册。大的船公司通常还制定有自己的船员训练手册。

(2)训练手册应使用船舶的工作语言。

(3)船上训练应参考训练手册中的内容进行。

(4)训练手册应包括(但不限于)以下内容：

①消防

不同部位消防演习的程序和步骤，灭火系统和消防设备的操作与使用；消防员装备(包括自给式呼吸器)的使用方法；有关烟气的危害、电气火灾、易燃液体和船上类似的常见危险的一般防火安全实践和预防手段；有关灭火行为和灭火程序的一般性应知、应会的内容，包括火灾报告及使用手动报警按钮的程序，即火的类型和灭火原理及应选用的灭火介质；如何辨别火源，判断火势的扩延和爆炸可能性；防火门挡火(烟)闸的操作和使用；脱险通道系统和设备的使用；紧急逃生呼吸装置的使用；在注满烟气的封闭处所如何采取安全措施；厨房火灾的应急处理；机器处所火灾的应急处理等。

②救生

弃船、救生演习程序和步骤；救生艇筏和救助艇的登乘、降落和离开，包括海上撤离系统的使用；封闭式救生艇在艇内的降落方法，如何从降落设备上脱开；救生艇筏和救助艇的回收，包括存放和系固；救生艇艇机启动及附件的使用方法；气胀式救生筏的操作与使用；暴露的危险和穿保温服的必要性；救生衣、救生服、浸水保温服和抗暴露服的穿着方法；低温保护、低温急救护理以及其他合适的急救方法；在恶劣气候和恶劣海况中，船舶救生设备的正确使用；降落区域照明和防护设备的用法；海锚及艇内所有救生属具的用法；无线电救生设备的用法；救助的方法，包括直升机救助装置，连裤救生圈、海岸救生工具和船舶抛绳设备的用法;应急部署表与应急须知所列出的所有其他措施;救生设备的应急修理须知等。

第四节 船舶应急行动

一、船舶自救行动

1. 船舶自救的基本准则

船舶发生海事,应尽最大努力采取自救行动。船舶是海上人命生存的良好基础,在尚未严重危及人身安全时,船长、船员必须采取一切有效行动保全船舶。当确认无法避免船舶的沉没或灭失时,船长应果断下令撤离船舶或弃船求生以保证旅客船员的安全。

2. 船舶在紧急情况下的自救行动要点

(1)不同种类的海事应采取不同的自救行动。对于碰撞、触礁等海事导致船体破损进水进而有沉船危险时,首先应将主要精力放在堵漏和排水方面,以保证船舶有足够稳性、浮力及抗沉能力。如进水速度较快,难以控制时,则应考虑选择适当的水域实施抢滩。对于火灾或爆炸等海事,应立即按照应急部署表组织船员灭火,并尽可能驶离会危及邻近船舶和设施的水域。

(2)船舶自救重点因船而异。客船的自救重点永远是旅客安全;而油船及液化气船的自救重点则在于灭火,防止发生爆炸,控制货油外泄,防止船体断裂和沉船。

(3)船舶自救组织工作应在准确地查清当时船舶所处的环境、受损情况以及可能面临的危险等基础上进行。情况不清就盲目地实施自救,可能会导致损失的扩大与险情的加重。

(4)一旦开始自救,应抓紧时机,按事先拟定的应急部署和应变程序进行。船舶自救是否能够有效实施,往往取决于能否抓住有利时机。而按事先拟定的应急部署和应变程序进行自救,是有条不紊地做好自救工作的保证,但不妨碍根据船舶实际受损情况以及可以参加应急的船员情况,临时调整应急方案。

二、在紧急情况下保护船上人命安全的行动

1. 保护人命安全的行动应遵循的原则

船舶在紧急情况下,最优先的措施是保证人命安全,因此应遵循下列原则:首先检查是否有人员伤亡,然后判断是否需要救助,最后决定是否需要撤离船舶或弃船。

2. 保护人命安全的行动要点

(1)将人员撤离至安全区域

船舶发生碰撞、火灾、爆炸等紧急情况时,除迅速采取必要的应急措施外,还应将旅客撤离事故现场,转移至安全区域。遭遇海盗袭击时,如有必要及可能,应将船员、旅客

迅速撤至预先设定的安全区域(如安全舱)。对于武装海盗,在船员生命尚未受到严重威胁时,应审时度势,不应鲁莽地或盲目地进行抵抗,以避免遭受不必要的报复和人员伤亡。

(2)伤员救治

船舶发生紧急情况后,如有人员受伤时,若在港内,可立即联系送往医院治疗,若在海上,可根据船舶的具体情况,按照船舶医疗指南的指导,由负责的驾驶员进行治疗。当因伤势严重或船上条件限制等原因无法进行有效治疗时,应在请示船舶所有人后,选择申请直升机救助,或绕航驶往最近港口寻求医疗。

(3)争取外界援助

船舶发生紧急情况,特别是发生较严重的海事时,应首先立足于自救,即按应急部署尽力采取必要的应急措施进行自救。如果船舶受损程度已超出自救的可能范围,或经自救努力之后仍无转危为安的希望时,则应在继续采取自救措施以争取时间的同时寻求外界的援助。

(4)决定撤离船舶或弃船

当船舶遇险并严重危及船上人员的生命安全时,船长可以决定撤离船舶:在船舶可能沉没、灭失的情况下,船长可以决定弃船。撤离船舶或弃船时,应按先旅客、后船员、船长最后离船的原则,有秩序地安全、迅速离船。客船决定弃船后,应按应急部署表的规定,指派船员专门负责指导、引导和保护旅客,包括向旅客告警;指导、检查旅客穿好衣服和救生衣;召集旅客到各登乘点并登艇;维持通道及梯道上的秩序;控制旅客的动向;保证把毛毯送到艇上;检查旅客舱室有无遗漏人员等。

三、船舶应急行动基本程序

不论船舶发生哪种紧急情况需要应急,船舶在应急时不论采取哪种具体的应急方案,其应急行动的基本程序大体相同。

1. 初始阶段的应急行动基本程序

在船舶应急的初始阶段,应急行动的基本程序为:

(1)发现险情者报警;

(2)对险情进行初步控制;

(3)确定紧急情况的性质;

(4)通过一定手段获得与险情有关的信息以及应急所需要的信息;

(5)组建应急反应小组,准备应急设备和器材;

(6)确定应急方案;

(7)召集船员按应急预案或商定的应急方案进行应急行动。

2. 应急阶段的应急行动基本程序

在船舶应急阶段,应急行动的基本程序为:

(1)实施应急预案或商定的应急方案;

(2)对实施应急预案或商定的应急方案的效果予以评估;

(3)必要时调整应急方案和应急行动;

(4)必要时寻求外部援助;

(5)必要时,为保护人命安全而采取某些特别行动(如弃船等)。

3.善后阶段的行动程序

(1)现场检查,消除隐患;

(2)记录与报告;

(3)恢复船舶的正常航行或停泊状况。

四、弃船时的应急行动

1.弃船时的应急行动程序要点

(1)在决定弃船的情况下,船长应亲自发出弃船信号或宣布弃船命令。

(2)听到弃船信号或接到弃船命令后,船员应按应急部署表规定进行弃船准备:

①降下国旗;

②销毁秘密文件;

③关停主机、发电机和机舱内正在运转中的其他设备;

④关闭油舱(柜)在甲板上的透气孔、阀门;

⑤关闭海底阀、应急遥控油阀等;

⑥封死油舱在甲板上的呼吸口;

⑦做好放艇筏的准备工作;

⑧利用GMDSS设备发出遇险求救信息和投放卫星EPIRB。

(3)有关船员应检查并准备好携带下列物品登乘艇筏:航海日志、轮机日志、车钟记录簿、无线电日志;出事地点及附近的有关海图;国旗、船舶证书、机密文件;雷达应答器;救生圈、望远镜、便携式双向VHF无线电话;现金、账册和货运单证(舱单、积载图、提单副本)等。

(4)机舱值班人员应坚守岗位,完成弃船前规定的保护动作,直至船长通知撤离为止。

(5)各艇筏负责人在做好救生艇筏的降放准备后报告船长,船长应立即通知值班人员撤离至救生艇筏登乘甲板,登艇筏前应认真检查清点人数。

(6)根据船长命令放下救生艇筏,船员有秩序地登乘艇筏,人齐后迅速驾驶艇筏驶离大船。

(7)在客船上,必须执行下列撤离顺序原则:

①先儿童和妇女,后成年男性;

②先旅客,后船员,最后船长。

(8)在客船上,还应指定船员负责保护和照顾旅客,并完成:

①向旅客告警并维持正常的秩序;

②指导、帮助并检查旅客正确穿好救生衣;

③有组织地集合旅客至指定地点;

④引导旅客有序地登乘救生艇筏;

⑤清点旅客人数,确保所有旅客安全登乘艇筏。

(9)在弃船过程中,每位船员和指挥人员应保持镇定,确保旅客情绪稳定,防止惊慌和恐惧情绪蔓延。弃船时,所有人员都必须正确穿着救生衣。

2.登乘救生艇筏前的告知和请示

在登乘救生艇筏前,各艇筏负责人应向船长请示下列事项:

(1)本船遇险地点;

(2)是否发出遇险求救信号及遇险求救信号是否有回答;

(3)可能遇救的时间、地点;

(4)驶往最近陆地或交通线的航向、距离;

(5)放多艘救生艇筏后的救生艇筏集合地点;

(6)是原地等待还是驶向指定的地点;

(7)其他有关救生方面的指示。

五、船舶发生火灾时的应急行动

1.初始阶段

(1)火灾发现者应大声呼叫报警。如火势不大,可用就近的灭火器材进行扑救;倘若火势较大,应按下就近的火灾报警装置,向全船报警。

(2)航行中,驾驶台接到火灾报警后,应立即发出消防应急警报信号。

(3)有关船员应立即按应急部署表规定的分工和职责,携带指定的器材赶到火灾现场。

(4)大副或轮机长(如火灾发生在机舱)担任应急现场指挥,现场指挥到达应急现场后应立即与驾驶台取得联系。

2.应急阶段

(1)现场指挥应尽快查清以下情况,并向驾驶台报告:火源及火灾的类别;火场周围情况;有无人员受困;是否威胁全船人员的生命安全等。如对火势、起火部位不明,可派出熟悉现场的探火员,身着消防员装备,携带必要的消防员用具,进入现场,探明火情。如发现有人员受困火场,应在控制火势的同时及时设法解救。

(2)现场指挥应与船长尽快地商定具体的应急方案,确定拟使用的灭火剂和灭火方法等,并组织实施。

(3)在确认着火处无人时应切断该处通风、关闭防火门窗;切断通往火场的电源、油路；转移或隔离火场周围的可燃物、贵重物品；喷水降低火场周围的温度；做好使用固定灭火系统的准备。

(4)在控制火势的同时，立即展开灭火。如探明为初起小火，应立即组织人员进行现场扑救。如为小面积油类火，用泡沫灭火器、干粉灭火器扑救；如为电器火，应立即切断有关部位电源，切断通风，然后再扑救。

(5)如船长指示使用固定灭火系统，应立即撤出舱内人员，隔绝火灾现场的通风，然后根据船长的命令开启固定灭火系统，并根据火种，一次性向火灾舱室释放规定剂量的有效灭火剂。释放灭火剂后至少要封舱 24 小时，开舱前必须派探火员探火，确认火已经被扑灭。

(6)如火势不能控制，危及船舶安全，应备妥救生艇、筏，做好弃船的准备。

3. 应急结束后

(1)火被基本扑灭之后，应及时检查、清理现场，及时发现和扑灭余火以及隐蔽的燃烧物，防止死灰复燃。

(2)彻底检查紧靠火场的区域，确定火是否蔓延到其他地方。

(3)清点全船人数，并组织人员监视火场。

六、船舶发生爆炸时的应急行动

1. 初始阶段

(1)爆炸发现者若非值班驾驶员，则应立即向驾驶台报警。

(2)航行中，当船舶发生爆炸时，驾驶台应立即报告船长和通知机舱，并向全船发出警报。若爆炸引起火灾，应发出消防应急警报信号；若爆炸引起船体破损进水，应立即发出漏损(堵漏)应急警报信号。

(3)有关船员应根据发出的警报信号，按应急部署表中规定的分工和职责，携带指定的器材到现场参加应急。

(4)大副或轮机长(如爆炸发生在机舱)担任应急现场指挥。现场指挥到达应急现场后应立即与驾驶台取得联系。

2. 应急阶段

(1)现场指挥应尽快查清以下情况，并向船长报告：爆炸发生的地点；爆炸事故再次发生的可能；有无发生火灾的原因；人员伤亡和被困情况；船体及设备损害情况；是否存在继续爆炸可能；有无可能隔离爆炸物；是否威胁全船人员的生命安全等。

(2)现场指挥应与船长尽快地商定具体的应急方案并组织实施。

(3)如情况允许，由大副或轮机长(如爆炸发生在机舱)亲自指挥隔离爆炸物。

(4)若爆炸后发生火灾、油污染，则按相应的应急部署采取消防、控制油污等应急反应行动。

(5)若出现下列情况，应根据船长命令，执行弃船应急行动计划：

①爆炸后船体发生严重倾斜；

②爆炸引起船舶迅速下沉；

③爆炸引起的火灾已经或将波及全船，火势无法控制，威胁到全船人员的生命安全。

3. 应急结束后

（1）及时清查现场，查找隐患避免再次发生爆炸。

（2）采取措施，设法保持或恢复船舶的续航能力，以便驶往挂靠巷、目的港或避难港。

七、船舶发生碰撞后的应急行动

1. 初始阶段

（1）船舶发生碰撞后，驾驶台应立即报告船长和通知机舱。

（2）如碰撞造成油污、火灾、人落水等，应立即发出油污、消防、人落水等应急警报信号。有关船员应根据发出的警报信号，按应急部署表中规定的分工和职责，携带指定的器材到现场参加应急。

（3）大副或轮机长（如碰撞部位在机舱）担任应急现场指挥。现场指挥到达应急现场后应立即与驾驶台取得联系。

2. 应急阶段

（1）大副应在现场指挥有关人员做连续测量和记录；木匠负责观察（测量）淡水舱、污水沟（井）、双层底压载舱、干隔舱等有无进水以及水位变化情况；机舱有关人员测量各油舱（柜）的液位变化情况；水手长带领水手测量船舶周围水深，尤其是船首尾的水深变化情况。

（2）在保证人身安全的前提下，大副应带领水手长检查货物有无移位、倒塌。

（3）如碰撞导致船体结构损坏船壳破损、进水等紧急情况，应立即组织力量排水、堵漏，进水严重应设法抢滩。如碰撞引起火灾，应立即启动消防应变部署。如碰撞引起油污，应立即按船上的油污应急部署和油污应急计划进行应变。如碰撞后导致人员受伤，应立即组织抢救。

（4）如本船装有遇水燃烧或吸水膨胀的货物，应根据具体情况及时妥善处理（包括抛货）。

（5）在不严重危及自身安全的情况下，根据船长指示救助对方船上的船员及旅客，并设法尽力减轻对方船舶因碰撞而造成的损失。

（6）如本船有沉没危险，根据船长的命令迅速发出求救信号，并做好弃船准备。

3. 应急结束后

（1）与相碰船互通船名、国籍、船籍港、始发港、目的港。

（2）迅速向有关主管当局报告。

（3）检查确认船舶的续航能力。

（4）采取措施设法保持或恢复船舶的续航能力，以便驶往挂靠港、目的港或避难港。

八、船舶触礁搁浅后的应急行动

1. 初始阶段

(1)航行中，船舶发生触礁或搁浅后，值班驾驶员应立即停车，并报告船长和通知机舱。

(2)如因触礁搁浅造成油污、人落水等，应立即发出油污、人落水等应急警报信号。有关船员应根据发出的警报信号按应急部署表中规定的分工和职责，携带指定的器材到现场参加应急。

(3)驾驶台值班人员应详细记录触礁、搁浅的时间、船舶概位，并按规定显示号灯、号型。

(4)船舶触礁或搁浅后，为防止损失进一步扩大，应避免盲目用车、舵企图脱浅或摆脱礁石。

2. 应急阶段

(1)设法判断触礁搁浅部位及船舶和货物受损害的程度。在保证人身安全的前提下，应检查货物有无移位、倒塌。

(2)如船体进水或漏油，应立即执行船体破损进水应急程序或油污应急部署：

①大副应在现场指挥有关人员做连续测量和记录；木匠负责观察(测量)淡水舱、污水沟(井)、双层底压载舱、干隔舱等有无进水以及水位变化情况；机舱有关人员测量各油舱(柜)的液位变化情况；水手长带领水手测量船舶周围水深，尤其是船首尾的水深变化情况。

②轮机长应带领机舱人员检查主机、副机、舵机是否受损，能否正常工作，能否提供脱浅所需要的动力和电力。

③在保证人身安全的前提下，大副应带领水手长检查货物有无移位、倒塌。

(3)连续测定船位，检查、判断船舶触礁、搁浅后船位是否有移动，险情是否会进一步加剧。

(4)当船舶搁置在礁石上严重横倾时，应设法调整(如采用打排和移驳油水等方法)。为防止因大船严重横倾而无法放艇，应先将高舷救生艇放出，以备急需。

(5)如船体进水或漏油，应立即执行堵漏或油污应急部署。

(6)如触礁或搁浅导致火灾、人落水或需要弃船时，按相应的应变部署行动。

3. 起浮脱浅

(1)起浮脱浅方案必须考虑下列因素：可打排和移驳的油水、可移动的货物、本船主机功率和锚机的最大负荷、潮汐和风流、所需拖轮的功率、船体强度、待救和脱浅所需的时间等。

(2)船舶低潮时搁浅且不严重时，可根据搁浅部位，采取调整船舶载荷沿纵向或横向分布来改变船舶的纵、横倾，或利用减少载荷(排出压载水、淡水、抛货等)来减少船舶吃水，以达到争取下一个高潮时自力起浮脱浅的目的。

九、船体破损进水时的应急行动

1. 初始阶段

(1)发现者应立即向驾驶台报告，驾驶台应立即报告船长和通知机舱。

(2)发出漏损(堵漏)应急警报信号。有关船员应根据发出的警报信号，携带指定的器材到现场参加应急。

2. 应急阶段

(1)现场指挥应带领有关船员迅速查明漏损的部位，测量本船的油、水舱以及压载水舱、污水井，确定船体是否已破损进水以及进水情况。

(2)立即关闭与进水舱室相邻舱室的水密门及其他水密装置。

(3)现场指挥应对船舶的进水量进行正确的估算并报告船长。进水量与船速快慢、破损面积的大小及破损位置在水面下的深度有关，可按下式估算：

$$Q=4.43\mu S\sqrt{H-h} \tag{8-1}$$

式中，Q 为破洞每秒进水量(m^3/s)；μ 为流量系数，取 0.6～0.75，破口越大系数越大；S 为破洞面积(m^2)；H 为破洞中心位置到舱外海面距离(m)；h 为破洞中心位置到舱内水面距离(m)，当舱内水面未淹及破洞中心时，h 取 0。

根据本船的实际排水能力，对险情的发展作出充分的估计，以便决策下一步的应急行动，包括排水状态下自力航行、请求援助、抢滩或弃船等。

(4)根据船体破损的具体情况，采用当时可行的方法，调整船舶的横倾和吃水差，以保持船舶具有适当的浮态。

3. 应急结束后

(1)继续观察和监视破损部位以及船舶的浮态。

(2)采取措施，设法保持或恢复船舶的续航能力，以便驶往挂靠港、目的港或避难港。

4. 船舶进水的探测和判断方法

船舶进水可通过直接探测、观察，也可通过某些特征来分析判断。以下是一些探测和判断的方法：

(1)测量各油、水舱和污水井，根据液位变化来判断。测量时应注意倾听空气管中有无空气被挤压出的啸声。

(2)对淡水舱，可取样尝试水中是否含有盐分来分析判断。

(3)舷侧破孔位置可在舷外用自制探测器(铁丝圈缝上帆布或铁丝缠绕泡沫板)进行探测，如发现有吸力处，则破孔就在该处。

(4)在空舱的情况下，可以派人下舱查看。但当舱内有货时，禁止下舱查看。

(5)如果观察到舷侧有气泡从水线下冒出，或船舶吃水差发生异常变化，或船舶发生横倾，应考虑有破舱的可能。

十、船舶发生溢油后的应急行动

1. 防止继续溢漏

船舶溢油后，应立即采取相应的措施，防止继续溢漏。措施包括：

(1)立即停止有关操作，通知供油船或供油设施停止供油作业，关闭管系上的所有阀门。

(2)发出溢油报警信号，实施最初的溢油应急反应程序。

(3)核实并确保甲板排水孔已堵塞，甲板溢油不至于流出舷外。

(4)将泄漏油舱中的油驳入空油舱或其他未满舱，必要并可能时，将油转驳到他船或岸上设施。

2. 防止溢油扩散

一旦出现溢油首先要防止溢油扩散。常用的方法有：

(1)围油栏包围：围油栏是防止溢油扩散最常用的，也是较为有效的设备，但普通商船上通常没有这样的设备。

(2)化学凝聚剂阻止：在油膜周围撒布一种比溢油的扩散压大的化学凝聚剂，它在水面上扩散并压缩油膜，使油膜面积大大缩小，从而阻止溢油扩散。撒布化学凝聚剂的作业比铺设围油栏容易且迅速，对防止煤油、柴油等轻油和重油扩散是行之有效的方法。

十一、救助落水人员的应急行动

1. 发现落水人员时的紧急处置

(1)采取操船措施，避开落水者；

(2)立即投下就近的带自发烟雾信号(夜间带自亮灯)的救生圈；

(3)值班驾驶员应迅速按下 GPS 上的“SAVE”或“MOB”按钮；

(4)立即向船长报告；

(5)指派专人登高瞭望，不使目标丢失；

(6)发出人落水警报，开始实施人落水应变部署；

(7)有关人员应做好放下救助艇的准备工作。

2. 驶近落水者的操船方法

可采用单旋回法(安德森回旋法)、威廉姆逊(Williamson)旋回法、斯恰诺(Scharnow)旋回法等操船方法，将船舶驶向落水者附近。

3. 放艇救助

(1)根据船长指令做好放艇前的准备工作。

(2)本船驶向落水者的上风一侧，准备释放下风舷的救生艇(或救助艇，下同)。

(3)最好是在本船停住后放艇。本船前进中放艇，则船速应在 5 节(1 节＝1 海里/小时＝1.852 千米/小时)以下。

(4)艇准备好后,2 人登艇,放艇时艇员集中于艇的中部。

(5)按规定降放救生艇。

(6)在救生艇降落下水前,发动艇机,以便艇降落至水面后可迅速驶离。

(7)当波峰即将到达时,将艇降至水面,当下两个波峰来临之前,同时解脱前后吊艇钩,如不能同时脱钩,应先脱后钩,并解去艇缆,用外舷舵进车驶离大船。

(8)救助:

①救生艇最好从落水者下风一侧接近,将落水者置于上风舷,利用救生圈或网具将落水者救至艇内,然后送上本船(施救船,下同)。

②若需立即将落水者送上本船,如风浪较大,救生艇难以驶回本船,本船应驶至救生艇的上风舷侧,放出艇缆,救生艇驶向艇缆并带好。由本船绞救生艇缆,将救生艇绞至本船边,再使用本船吊货装置或用网具从艇内将遇险人员吊起。

十二、救助遇险船舶、遇险艇筏上人员以及海上漂浮遇险人员的应急行动

1. 救助遇险船上人员的应急行动

救助海上遇险船上的人员可按下述步骤进行:

(1)如果遇险船不能放艇,而需要本船释放救生(助)艇救助遇险船上的人员时,本船(施救船,下同)驶向遇险船的上风一侧,自本船下风舷放艇。收艇时,本船应绕航至遇险船的下风侧,等待救生(助)艇驶靠本船的下风舷后,再行收起。

(2)如遇险船可放出救生艇或救生筏时,本船应驶往遇险船的下风侧停留,等待对方救生艇驶来。也可驶至遇险船首或船尾的近距离处,使本船位于遇险船上风,以便遇险船放下的救生艇筏来靠本船的下风舷。

(3)作为救助作业的场所,应在本船的下风舷侧张挂攀网,并在两侧备好软梯,以便遇险人员攀上本船。还应根据需要,及早备好系艇筏用的绳索。

2. 救助遇险艇筏上的人员的应急行动

(1)到达载有遇险人员的艇筏之前的准备工作

①在本船两舷沿水线从船首到船尾各系好一条供艇筏系靠用的大缆;

②如条件许可,在本船两舷各备妥一根吊杆以及吊货网、盘;

③在本船的最低开敞甲板两侧备妥撇缆、软梯、攀网;

④备妥一只作为登船点用的救生筏,但在到达现场前不要充气;

⑤备好抛绳器和一根引缆、一根大缆,以便连接遇险艇筏;

⑥准备至少 2 根有足够强度的吊艇钢索(两端为琵琶头或一端为吊钩);

⑦应采用使本船非常容易地被遇险艇筏看到的措施,如昼烟夜灯、鸣放汽笛等;

⑧做好医疗、担架准备。

(2)到达后的工作

①在到达载有遇险人员的救生艇筏后,一般应为救生艇筏做下风,但若艇筏漂移太

快而难以靠近时，可考虑将艇筏置于本船的上风舷。

②本船和救生艇筏之间慢慢地靠近。

③当救生艇筏靠拢本船后，为艇筏带上首缆、尾缆和横缆。

④风浪不大时，可让艇筏上身体健壮的人员由软梯或攀网直接登船或攀爬上本船，让力竭和伤病人员在本船派出水手的协助下用吊货网、盘等器材吊上本船。

⑤在风浪大、干舷高、艇上人员体能差情况下，船长应当下令释放作为登船点用的救生筏。船长可指派经验丰富、身体健壮的水手身穿救生衣经该救生筏登艇系好吊艇钢索，并指挥本船直接将救生艇吊上本船，对有吊放环的救生筏，也可直接吊上本船。

3. 救助海上漂浮遇险人员的应急行动

(1)到达现场前的准备工作

在船舶到达现场前，救助船应做好下列准备工作：

①如条件许可，在本船的两舷各备妥一根吊杆以及吊货网。

②在本船最低开敞甲板两侧备妥撇缆、软梯、攀网；

③做好本船救生艇筏的释放准备工作；

④指派经验丰富、身体健壮的水手穿好救生衣，以便能进入水中救助海上漂浮的遇险人员；

⑤做好医疗急救的准备工作。

(2)到达现场后的工作

①通常考虑将本船驶到漂浮人员的下风不远处。

②对仅有少量的海上漂浮遇险人员，可采取类似于救助落水人员的应急行动，放艇进行救助。

③对有大量的海上漂浮遇险人员，则应：

a. 释放救生(助)艇或救生筏；

b. 让救生(助)艇或救生筏拖曳各种浮具在海上漂浮遇险人员的上风处旋回，让漂浮人员抓附；

c. 帮助抓附浮具的海上漂浮遇险人员登上救生(助)艇或救生筏；

d. 将登上救生(助)艇或救生筏的遇险人员转移到本船。

④对距本船较远的漂浮遇险人员，可用抛绳枪向其抛掷带浮体的救生索，让其抓附，再设法对其进行救助。

⑤对本船周围的那些还有一定体能的海上漂浮遇险人员，可采用类似于救助落水人员的应急行动放艇进行救助，首先让这些海上漂浮遇险人员登上救生(助)艇或救生筏，然后通过软梯、攀网自行攀爬上本船，或直接将救生(助)艇或救生筏吊上本船。

十三、恶劣天气条件下释放救生艇的行动

1. 大风浪中放艇

(1)大风浪中应放大船下风一舷的艇。大船尽量减速，把定航向，利用下风舷海面比

较平静时放艇。应避免横风横浪导致的剧烈横摇，必要时可使用镇浪油。

(2)救生艇放至登乘甲板时，系上止荡索，带上首尾缆(首尾缆可适当带远点)，使用碰垫和艇篙，以避免救生艇撞击大船船舷，保证人员安全登艇。

(3)大船横摇较大时，应等待有利时机。在第二、三个大浪过后海面相对比较平静时立即解除止荡索，降艇下水，保证艇在大船横摇至中间位置时，艇已放至水面。

(4)艇处于波谷时做好准备，当艇身被波峰抬起，利用大船向救生艇一侧横摇，前后吊艇索都松弛时，立即解脱吊艇钩。在解吊艇钩时尽可能做到前、后同时脱钩，防止先脱前钩。恶劣天气中解除吊艇钩有一定困难，受到大船横摇和波浪起伏的综合作用，负责脱钩者应有一定经验，在吊艇索刚松弛之际立即操作脱钩。

(5)若大船一舷不止一艘救生艇，大船顶浪时应先放靠近船尾的救生艇。

2. *大船横倾情况下放艇*

(1)固定横倾较小时应先放高舷艇，横倾较大以致高舷艇无法施放时，应立即放低舷艇。艇入水后，立即依次摘去后吊艇钩、前吊艇钩后驶离，大船有前进速度时严禁先脱前钩，以防拖翻救生艇。

(2)降放高舷救生艇时，救生艇会斜压在大船船舷上，只能依靠滑橇慢慢滑下，因此放艇速度要慢。为避免吊艇索过度松弛，艇内舷下滑受阻而倾覆，艇首尾可用艇篙抵住大船船舷，以加强滑降能力。

(3)低舷救生艇很容易放至水面。但船艇之间间距很大，应利用定位索并装上止荡索，使艇员能够登艇。从登乘甲板继续降放时，应先解定位索，然后慢慢松出止荡索，避免救生艇在降放过程中剧烈摇晃，撞击大船。

十四、反海盗的行动

1. *海盗活动主要水域*

海盗袭击船舶的事件多发生在一些欠发达国家的沿海水域，而在北美、北欧、西欧、大洋洲等的较为发达国家的沿海水域几乎没有海盗的踪影。

海盗的主要活动水域有：

(1)南中国海，包括马六甲海峡、新加坡海峡，以及印度尼西亚、东马来西亚和菲律宾等国家的沿海水域。

(2)印度洋与红海，包括孟加拉湾、亚丁湾及索马里沿海水域。

(3)西非，包括几内亚湾东岸的塞内加尔向南至安哥拉之间的沿海水域以及尼日利亚的拉格斯海域。

2. *海盗活动规律*

(1)在世界范围内，一年四季都会有海盗袭击船舶事件的发生，目前亚丁湾及索马里沿海水域是海盗袭击船舶事件发生最多的地区。

(2)大多数海盗袭击船舶事件发生在沿海水域内，但索马里海盗袭击船舶有向深海延伸的趋势，袭击地点距海岸越来越远。

(3)以盗窃为主的海盗通常袭击停泊中的船舶，而以抢劫为主的海盗则既可能袭击停泊中的船舶，也可能袭击航行中的船舶。

(4)以盗窃和抢劫为主的海盗袭击多发生在下半夜，但以劫持船舶和船员为目的的海盗袭击可以发生在一天里的任何时候。

3. 海盗袭击的目标

(1)海盗袭击船舶通常并不考虑船旗，船型也考虑得较少，途经某一特定水域的船舶都有可能成为活动在该水域的海盗袭击的目标。

(2)低速、低干舷、戒备松懈、自我保护措施不足、应急反应明显缓慢的船舶更易受到海盗的袭击。

(3)除索马里海盗外，大多数国家、地区的海盗一般选择在近岸、近岛屿、近主航线、便于海盗船活动的水域袭击船舶。

(4)有一定组织规模，以劫持船上货物为目的的海盗，一般根据事先得到的情报选择袭击目标。

(5)索马里海盗袭击船舶有一定的随意性，通过劫持船舶和船员进而勒索赎金，成为索马里海盗袭击船舶的主要目的。

(6)从事恐怖活动的海盗，往往对袭击的目标进行精心选择，客船、油船等为袭击的主要目标，以达到制造较大政治影响的目的。

(7)大多数海盗登船后，船长房间是海盗袭击的主要目标，驾驶台、物料间船员生活区等也可成为海盗袭击的目标。索马里海盗登船后以控制船舶和船上的船员为其主要目标。

4. 海盗登船方式

(1)对于停泊中的船舶，海盗一般选择在船首部位，沿着锚链攀爬，从锚链孔处进入船舶；对航行中的船舶，海盗一般选择在船舶两舷的中后部，使用专门的抓钩抓住船舷，然后攀爬进入船舶。

(2)索马里海盗通常采用“群狼战术”使用几艘或十多艘高速小艇追逐、围攻船舶，然后从船舶的左舷尾部或船尾靠近，并在这些部位使用抓钩，攀爬进入船舶。

5. 进入海盗活动区域前的防海盗措施

在进入海盗活动区域前船舶可采取下列防海盗的措施：

(1)及时收集有关海盗活动的信息，制定反海盗的应急预案；妥善制定航行和航线计划。

(2)对全体船员进行反海盗的教育和训练：根据本船反海盗的应急预案，模拟海盗袭击的各种场景，适时做好反海盗的演练；通过演练，掌握反海盗的方法和注意事项，确保全体船员熟悉各自的反海盗职责。

(3)规定船舶遭遇海盗袭击时的船内警报信号，确保所有船员熟知该信号。

(4)按照规定的程序对船舶保安警报系统进行测试;确保船舶保安警报系统和船舶内部警报系统处于良好的工作状态。

(5)检查船舶主机、副机、舵机、锅炉、消防泵和应急消防泵等设备,确保这些设备处于良好的工作状态。

(6)可在船舶两舷舷外安装照明灯,并在驾驶台两翼甲板准备好强光探照灯;检查船舶甲板消防管系,测试水压;在甲板两舷至少准备两只高压消防水龙,并备妥砍断缆绳用的太平斧。

(7)检查船舶所有内部通信和外部通信设备,保证这些设备处于良好的工作状态;在驾驶台和船长室以外的地方设置一台备用的 VHF 无线电装置,以备急需;提前给对讲机或便携式 VHF 无线电话包括其备用电池充电;测试驾驶台/船首/船尾之间的有线通话或对讲系统(如有)。

(8)将甲板上所有可移动设备包括救生艇内物品全部移进储物间并锁好;甲板上不常取用东西的储藏间、油漆间、工作间的门可焊死。

(9)可根据舱室结构和有效封闭程度,在船上建立一个或几个海盗难以进入的安全区。安全区应远离船舶外部舱壁和舷窗,并配有无线电话、强光手电筒、信号发射装置以及食品、饮用水等,最好在该安全区内可控制或关闭操舵系统。

(10)准备反海盗的设备、器材。可准备一些灌满汽油或燃油的啤酒瓶(但装有易燃易爆货物的船舶不得采用),堆放在甲板适当的位置。准备好强光手电、应急火箭、信号发射枪、木棍、铁棒以及用于砍断抓钩绳或挑落抓钩的太平斧、长杆火钩等。有条件的情况下可准备防弹头盔、防弹背心、红外线夜视望远镜、大功率探照灯、激光耀眼系统、高频声波装置(声波炸弹)等。甲板栏杆和船壳上涂以滑油或牛油;在船舷绑上汽油桶,或用其他方法增加船舷上缘的宽度,以增加海盗登船的难度。

6. 进入海盗活动水域后防海盗的措施

进入海盗活动水域后,船舶可采取下列防海盗的措施:

(1)除保留 1～2 个只与生活区之间的通道外(该通道的门应能很方便地从内部关闭),将其他甲板与生活区之间的通道锁闭;主甲板和尾甲板通往其上一层甲板的室外楼梯应设法进行临时性阻断;生活区对外的所有门窗必须关闭并扣牢。船员应尽量减少到甲板上去活动。

(2)加强驾驶台值班,采用视觉、雷达以及借助望远镜等手段保持不间断的瞭望。两部雷达应当同时打开,一台远距离扫描,一台近距离监视。应特别注意对船舶尾部和雷达盲区水域的监视,可将与本船保持同向同速的小船或尾随的小船作为疑似海盗船,进行重点监视。

(3)在通过亚丁湾及索马里沿海水域时应尽量减少对外无线电通信联系,仅保留必要的安全和保安通信。可考虑关闭 AIS 设备,如需开启 AIS,建议将 AIS 的货物信息设置为“压载”状态。

(4)安排24小时不间断的防海盗值班，如有必要，可安排夜间巡逻。巡逻人员应以2人为一组，携带对讲机，配备必要的自卫器材。在巡逻期间，应经常与驾驶台保持联系，互通情况，保持高度戒备。夜间在生活区外部巡逻时，应避免单独一个人行动。

(5)船舶在航行中，在遵守避碰规则并不影响本船航行安全的前提下，可开启舷外照明灯和生活区甲板照明灯，以照亮船舶两舷舷外水域和生活区甲板及通道。但建议在船舶航行期间仅开航行灯，除非有特别需要，才开启甲板照明。

(6)船舶在锚泊期间，应盖好锚链筒盖并保持锚链水常开；夜间除了将所有甲板照明灯打开外，还应将船舶两舷舷外装设的照明灯打开；梯口应始终保持有人值班，必要时可将梯子收起或保持悬空状态。

(7)通知机舱送甲板消防水，始终保持甲板消防水处于高压和随时可用状态。

7. 当发现海盗和海盗企图登船时的反海盗措施

(1)第一个发现海盗者，应立即通知值班驾驶员。

(2)值班驾驶员应立即向全船发出规定的遭遇海盗袭击的警报，船长应立即上驾驶台指挥反海盗应变。

(3)有关船员听到警报后，应立即按船舶反海盗应急预案，戴上防弹头盔、穿上防弹背心，到达指定部位，全力阻止海盗登船。

(4)船长应亲自操纵船舶，保持全速前进，尽可能早地采用“Z”字形航线航行，把海盗船让在上风、上浪舷。驾驶台值班人员可拉响汽笛，连续鸣放急促的短声，以营造紧张的气氛，并利用广播喇叭对海盗予以警告，表示本船已做好反击的准备，给海盗造成一定的心理压力。如在夜间，还可利用强光探照灯照射海盗船，但要注意船员的人员安全，防止被海盗用枪射伤。

(5)在甲板上阻止海盗登船的船员都应尽量隐蔽前进，其中要有人携带对讲机，并保持与驾驶台的通信和联系。当海盗船靠近本船的船舷时，可根据情况使用高压消防水喷射海盗，以影响海盗的视线，增加其登船的难度，或向其泼洒滑油或油漆。当海盗抛抓钩企图登船时，应果断地使用工具将抓钩的绳子砍断或将抓钩挑落。如舷侧绑有大油桶，可以砍断绑桶的绳索，使大油桶砸向海盗船。在采取上述行动时，不要害怕和犹豫。但任何船员都要注意保护自身安全，例如：在砍断抓钩的绳子、砸下油桶、使用高压水枪时尽可能使用长柄工具，不要轻易将身体暴露出来；在采取反海盗的行动时，应避免向舷外探头看，谨防海盗用枪或其他武器伤害船员。

(6)如果在经过海盗活动水域时关闭了AIS，那么一旦遭到海盗袭击建议立即启动该系统，以便护航海军对船舶信息进行确认。但船长可根据当时实际情况决定是否开启。

8. 当海盗登船后的反海盗措施

(1)一旦数名武装海盗已经登上船舶，船员不要直接与持枪的海盗对抗，应迅速撤离甲板，进入生活区，退回或据守事先设定的安全区域或安全室(何时进入安全室由船长决定)，封闭通道，熄灭通道的照明，保持与海盗隔绝的状态，保持与外界的通信畅通，固守待援。此时全部船员应尽量选择待在一起。

(2)当海盗已控制船舶且已劫持一个或数个船员作为人质时，船长应当采取措施，确保人质的生命安全。如果袭击者已经控制驾驶台机舱或劫持船员，或者可能对船舶的安全造成严重威胁，船长和值班驾驶员应当保持镇静，并在保证船舶安全、人质安全以及海盗尽早离船的前提下与海盗谈判，以让海盗主动离开为优选策略。

(3)在驱赶海盗的过程中，要坚持以保护船员人身安全为第一的原则，采取相应的应变措施，除非有十分特殊的危险，否则不要置海盗于死地。

(4)武装海盗登轮后如果收获不大，或受到威胁，或担心被认出，想劫持整个船舶时，可能会加害船员。如海盗已在杀害船员或这种企图十分明显，在别无选择的情况下，必须采取抵抗行动，以保全自己的生命，但应注意把握时机和讲究策略。行动前应尽可能搞清楚海盗的人数、武器以及首领。一旦开始抵抗行动，就应毫不犹豫地将行动进行到底，直到制服海盗。

参考文献

[1] 王捷.航海概论[M].大连:大连海事大学出版社,2020.

[2] 张本.轮机概论[M].2版.武汉:武汉理工大学出版社,2016.

[3] 杨星.船舶结构与设备[M].武汉:武汉理工大学出版社,2016.

[4] 张钢,惠子刚.船舶操纵[M].大连:大连海事大学出版社,2019.

[5] 王建明,宁文才,张如凯.船舶驾驶台资源管理实用教程[M].大连:大连海事大学出版社,2014.

[6] 王凤武,张卓.驾驶台资源管理(中英文对照)[M].大连:大连海事大学出版社,2008.

[7] 刘军坡,张正生,沙小进.航海学[M].大连海事大学出版社,2020.

[8] 张锡海.航海学基础[M].大连:大连海事大学出版社,2019.

[9] 翁建军,刘明俊.船舶值班与避碰[M].武汉:武汉理工大学出版社,2021.

[10] 薛满福,张钢,陈进涛.船舶操纵与避碰:船舶操纵[M].大连:大连海事大学出版社,2022.

[11] 陈厚忠,郭国平,杨亚东.船舶操纵[M].武汉:武汉理工大学出版社,2018.

[12] 杨森,邱景飞,胡湘慧.船位自动报告系统[J].世界海运,2000(3):9-10.

[13] 杜忠平,王建江,孙玲玲,等.中国船舶远程识别与跟踪系统(LRIT)[J].数字通信世界,2010(6):44-47.

[14] 刘柏森,黄耀倧.GMDSS通信设备[M].大连:大连海事大学出版社,2005.

[15] 陈德明.船舶保安报警系统(SSAS)[J].航海技术,2003(6):35-37.

[16] 刘立柱.传真图像和传真信号处理原理与技术[M].北京:国防工业出版社,2006.

[17] 国际海事组织.国际海上人命安全公约(综合文本)[M].中国船级社,译.北京:人民交通出版社,2001.

[18] 唐信源,邓洪章,郑作雄.中国海事搜救通信发展策略[J].中国航海,2000(1):49-53.

[19] 傅俊璐,张建飞.海事卫星F系统的MPDS业务及其应用[J].数字通信世界,2005(1):50-53.

[20] 陈俊华.GMDSS设备与综合业务[M].大连:大连海事大学出版社,2014.

[21] 陈放,张国强.GMDSS通信设备与业务[M].大连:大连海事大学出版社,2015.

[22] 刘正江.船舶安全管理[M].大连:大连海事大学出版社,2016.

[23] 刘伟潮.GMDSS系统与设备[M].上海:上海交通大学出版社,2017.

[24] 杜海林，戚发勇，吴金龙. 值班水手业务[M]. 大连：大连海事大学出版社，2015.
[25] 俞秋明，臧继明. 水手业务[M]. 大连：大连海事大学出版社，2020.
[26] 李炎. 港口船舶作业与系泊安全应用技术研究[M]. 北京：人民交通出版社，2019.
[27] 龚玉广，王新. 水手工艺[M]. 大连：大连海事大学出版社，2007.
[28] 任玉清，吕世勇. 航海仪器实验[M]. 北京：中国农业出版社，2020.
[29] 刘彤，汪伟，刘德荣. 船舶助航系统[M]. 大连：大连海事大学出版社，2020.
[30] 王勇，马海洋. 航海仪器[M]. 大连：大连海事大学出版社，2019.
[31] 姜毅，张淑芳，龚大亮. 北斗卫星导航系统海事应用[M]. 北京：国防工业出版社，2021.
[32] 陈立家，李胜为，魏天明. GMDSS通信设备与综合业务[M]. 武汉：武汉理工大学出版社，2022.
[33] 高等学校交通运输类专业教学指导委员会，航海技术教学指导分委员会. 船舶管理 船长 大副[M]. 大连：大连海事大学出版社，2018.

附录

航海教学实习涉及的图、表、要素

一、船舶概况

船名		呼号		船籍港	
IMO 编号		船舶登记号		MSI 编号	
船级符号		船舶所有人		船速	
建造厂名		建造时间		下水日期	
总吨		净吨		夏季载重量	
总长		垂线间长		压载水量	
型宽		型深		最大高度	
散装容积		包装容积		满载排水量	
满载吃水		空载吃水		空船排水量	
货舱数		舱盖类型		起货设备类型	
主机类型		主机转数		主机功率	
发电机台数		发电机功率		电压/频率	
主机燃油		主机日耗油		经济航速日耗油	
发电机燃油		航行日耗油		停泊日耗油	

二、船舶结构图

1. 侧视图

2. 主甲板俯视图

3. 船体主要尺度和技术性能数据

三、船舶操纵要素

1. 船舶旋回圈(图示)

2. 其他(列表或图示)

四、测罗经差

1. 观测低高度太阳方位 $CB(GB)$,同时记录观测时间

$CB(GB)$		时间	

2. 选择相应的《太阳方位表》,从附表"太阳赤纬表"和"时差表"查取太阳赤纬 Dec 和时差 ET

Dec(准确至 0.1°)		ET(准确至 1 min)	

(1)求观测时的视时:

		ZT	区时
λ_c	推算船位经度	$D\lambda$	经差换算后的时间
$-)\lambda_m$	所在时区中央经线	ET	时差
$D\lambda$		LAT	观测时视时
$\approx$	换算成时间	a. m. /p. m.	换算成上午或下午视时

(2)查太阳方位表求计算方位 A_c 和陀螺差:

A_T	查表求取半圆方位
ΔA_{Dec}	赤纬内差
ΔA_{LAT}	时间内差
ΔA_{φ}	纬度内差
A_c	换算成圆周方位
GB/CB	
$\Delta G/\Delta C$	

(3)若是利用陀螺罗经观测方位,则比对罗航向 CC 和陀螺航向 GC 求出磁罗经差。若是使用磁罗经观测越过此步骤:

GC		CC	
$\Delta C=TC-CC=(GC+\Delta G)-CC=$			

(4)在海图上查取船舶所在位置的磁差,需进行内差:

$var=$

(5)求取磁罗经自差:

$dev=\Delta C-var=$

(6)与船上自差表所载数值(用 CC 为引数查取自差表)进行比对,验证测量精度(在某些情况下会与自差表中的数值相差较大,比如装卸钢铁货物等):

测量值		表列值	

五、六分仪误差校正及测太阳高度

1. 方法

观测太阳求六分仪指标差,观测太阳高度。

2. 观测条件

能见度较好,水天线清晰。

3. 准备工作

将六分仪从箱中拿出,安装好望远镜筒;了解六分仪的结构、测角原理和读数方法。

4. 校正边差、垂直差,测量六分仪指标差

(1)垂直差检查及校正;

(2)边差检查及校正;

(3)指标差的检查及校正。

方法 1:利用水天线进行测量

$i=0°-m=$

方法 2:利用太阳测量

上切读数 m_1		下切读数 m_2	

$i=0°-\frac{m_1+m_2}{2}=$

$R^{⊙}=\frac{m_2-m_1}{4}=$　　　　从《航海天文历》查取当天太阳视半径

$R^{T}=$

$R^{⊙}-R^{T}=$

注:观测所求太阳视半径 $R^{⊙}$ 与表列太阳视半径 R^{T} 之差若大于 0.2′应重新测量。

观测值的比较:

水天线测量值		太阳测量值	

5. 观测太阳高度

(1)观测方法:

(2)观测值:

观测值 1		观测值 2	

六、雷达操作

1. 规程

2. 雷达观测盲区示意图

3. 雷达定位

<table>
<tr><th>项目</th><th>物标名称</th><th>测量值</th><th>DGPS 船位</th><th>实测船位</th><th>差值</th></tr>
<tr><td rowspan="3">三距离定位</td><td></td><td></td><td rowspan="3"></td><td rowspan="3"></td><td rowspan="3"></td></tr>
<tr><td></td><td></td></tr>
<tr><td></td><td></td></tr>
<tr><td rowspan="3">两距离定位</td><td></td><td></td><td rowspan="3"></td><td rowspan="3"></td><td rowspan="3"></td></tr>
<tr><td></td><td></td></tr>
<tr><td></td><td></td></tr>
<tr><td rowspan="8">单标方位距离定位</td><td rowspan="2"></td><td></td><td rowspan="2"></td><td rowspan="2"></td><td rowspan="2"></td></tr>
<tr><td></td></tr>
<tr><td rowspan="2"></td><td></td><td rowspan="2"></td><td rowspan="2"></td><td rowspan="2"></td></tr>
<tr><td></td></tr>
<tr><td rowspan="2"></td><td></td><td rowspan="2"></td><td rowspan="2"></td><td rowspan="2"></td></tr>
<tr><td></td></tr>
<tr><td rowspan="2"></td><td></td><td rowspan="2"></td><td rowspan="2"></td><td rowspan="2"></td></tr>
<tr><td></td></tr>
<tr><td rowspan="3">三方位定位</td><td></td><td></td><td rowspan="3"></td><td rowspan="3"></td><td rowspan="3"></td></tr>
<tr><td></td><td></td></tr>
<tr><td></td><td></td></tr>
<tr><td rowspan="4">二方位定位</td><td></td><td></td><td rowspan="4"></td><td rowspan="4"></td><td rowspan="4"></td></tr>
<tr><td></td><td></td></tr>
<tr><td></td><td></td></tr>
<tr><td></td><td></td></tr>
</table>

七、陆标定位

1. 陆标定位

项目	物标名称	测量值	DGPS船位	实测船位	差值
三方位定位					
两方位定位					
单标方位距离定位(利用六分仪测距)					

2. 各种定位方法精度的比较以及提高定位精度的方法

八、进出港或狭水道航行航标记录与总结

1. 观测记录

地点：________________　日期：________________　潮汐涨落时间：________________

经过时间	航标名称	特征或灯质	*CA*	*GC*	至下标距离

2. 进出港口航道航法总结

九、车钟记录

1. 车钟记录簿的记载要求
2. 车钟记录簿的保管要求

3. 车钟记录簿记录符号

符号内容	符号	英文	符号内容	符号	英文
校对时钟车钟			半速前进		
备车			快速前进		
停车			微速后退		
完车			慢速后退		
定速			半速后退		
微速前进			快速后退		
慢速前进					

4. 车钟记录

动态：__________________

日期：__________________

时间	主机动作

记录人签字：______________________

动态：____________________________

日期：____________________________

十、计划航线表

船长对海图上计划航线的确认(签名):						抵达时间:		预计速度:		
转向点 Way Point			真航向 True C	航程 Dist	航时 Using Time	预计 Planning	实际 Actual	航程累计 Dist		主用海图 图号 Chart No.
								TO UP	TO GO	

二副：________________

十一、舵设备及操舵训练

1. 舵设备及手操舵、自动舵、应急舵转换程序
2. 操舵要领和体会

十二、开航前准备及程序

包括测试助航仪器、报警设备、汽笛，对舵、对车钟、对时、驾驶台清洁等。

十三、航行要素观测记录表

<table>
<tr><td colspan="2">船时/时区</td><td></td><td></td><td></td><td></td></tr>
<tr><td rowspan="2">船位</td><td>纬度</td><td></td><td></td><td></td><td></td></tr>
<tr><td>经度</td><td></td><td></td><td></td><td></td></tr>
<tr><td rowspan="5">云</td><td>总云量/低云量</td><td></td><td></td><td></td><td></td></tr>
<tr><td>高云</td><td></td><td></td><td></td><td></td></tr>
<tr><td>中云</td><td></td><td></td><td></td><td></td></tr>
<tr><td>低云</td><td></td><td></td><td></td><td></td></tr>
<tr><td>最低云高</td><td></td><td></td><td></td><td></td></tr>
<tr><td colspan="2">能见度</td><td></td><td></td><td></td><td></td></tr>
<tr><td colspan="2">当前天气现象</td><td></td><td></td><td></td><td></td></tr>
<tr><td colspan="2">过去天气现象</td><td></td><td></td><td></td><td></td></tr>
<tr><td rowspan="4">风</td><td>合成风向</td><td></td><td></td><td></td><td></td></tr>
<tr><td>合成风速</td><td></td><td></td><td></td><td></td></tr>
<tr><td>真风向</td><td></td><td></td><td></td><td></td></tr>
<tr><td>真风速</td><td></td><td></td><td></td><td></td></tr>
<tr><td colspan="2">干球温度</td><td></td><td></td><td></td><td></td></tr>
<tr><td colspan="2">湿球温度</td><td></td><td></td><td></td><td></td></tr>
<tr><td colspan="2">相对湿度</td><td></td><td></td><td></td><td></td></tr>
<tr><td colspan="2">气压</td><td></td><td></td><td></td><td></td></tr>
<tr><td colspan="2">水深</td><td></td><td></td><td></td><td></td></tr>
<tr><td colspan="2">CA/CC/GC</td><td></td><td></td><td></td><td></td></tr>
<tr><td colspan="2">航速/主机转速</td><td></td><td></td><td></td><td></td></tr>
</table>

十四、气象报告

1. 英文气象报告(选录)
2. 译文

十五、锚设备及锚泊操纵

1. 锚设备及组成
2. 抛起锚操纵方法
3. 偏荡运动总结和止荡方法

4. 判断锚抓牢及走锚方法

5. 锚泊船在风流作用下发生偏荡的运动

船桥距船首距离________ 抛锚链长________ 风力________ 风向________

水尺：D_f________ D_a ________ 载况________ 锚位________

①锚位运动轨迹观测数据：

时间	艏向	纬度	经度	时间	艏向	纬度	经度

②偏荡运动轨迹绘图：

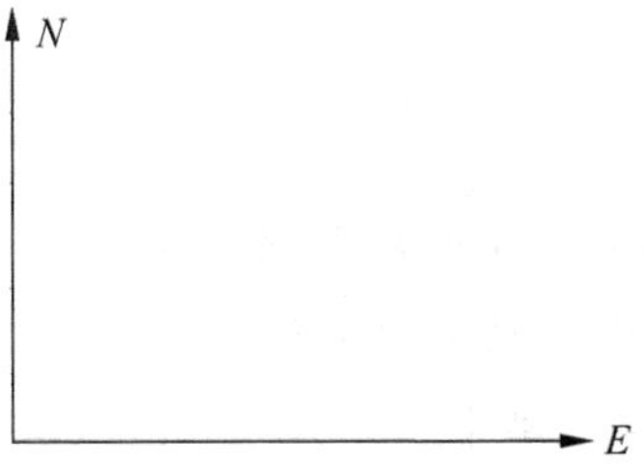

十六、系泊设备

1. 船艏、艉系泊设备及操作方法

2. 系解缆操作程序和方法、注意事项

3. 某一泊位系缆状态、卷扬滚筒与导向滚轮的使用(画图示意)

十七、观测水密度

1. 观测数据

时间	港口	气温	表面密度	中层密度	深水密度

2. 总结

3. 密度变化吃水换算

十八、水尺观测

1. 观测数据

时间	地点	船舱吃水	船首吃水	船尾吃水	平均吃水

2. 提高观测精度方法体会

十九、海上船舶避碰

1. 机动船号灯、号型，渔船号灯号型显示（图示）

2. 机动船对遇、交叉、追越会遇局面避碰规则

3. 渔船捕鱼、航行特点及避让渔船要点总结

4. 海上避碰实例分析

二十、船体保养

1. 冲洗甲板的注意事项

2. 船舶除锈的方法

3. 船舶油漆时应注意事项

二十一、船用缆绳

1. 船舶常用绳结的用途

序号	绳结名称	绳结用途
1	单套结	
2	双索花	
3	鲁班结	
4	撇缆活结	
5	系缆活结	
6	架板结	
7	架板活结	
8	松降结	
9	圆材结	

2. 钢丝绳插接应注意事项

3. 八股化纤缆插接应注意事项

二十二、水手工艺

1. 上高作业的操作步骤

2. 舷外作业的操作步骤

二十三、船长、船员授课学习记录

1. 船长业务简介和驾驶员应具备的素质

2. 大副业务简介、货物运输、船体维护保养工作

3. 航海仪器操作及航海图书资料的使用及管理

4. 消防、救生设备的使用、配备和管理

5. 机舱主要设备和应急防污设备

6. 其他